世界思维名题
600道

斗南　主编

中国华侨出版社

图书在版编目 (CIP) 数据

世界思维名题 600 道 / 斗南主编 . — 北京 : 中国华侨出版社 ,2017.8
ISBN 978-7-5113-6965-9

Ⅰ . ①世… Ⅱ . ①斗… Ⅲ . ①思维训练 Ⅳ . ① B80

中国版本图书馆 CIP 数据核字 (2017) 第 171100 号

世界思维名题 600 道

主　　编：斗　南
出版人：方　鸣
责任编辑：王　委
封面设计：彼　岸
文字编辑：贾　娟　黎　娜
美术编辑：刘欣梅
经　　销：新华书店
开　　本：720mm×1020mm　1/16　印张：28　字数：580 千字
印　　刷：三河市龙大印装有限公司
版　　次：2017 年 8 月第 1 版　2021 年 7 月第 8 次印刷
书　　号：ISBN 978-7-5113-6965-9
定　　价：75.00 元

中国华侨出版社　北京市朝阳区西坝河东里 77 号楼底商 5 号　邮编：100028
法律顾问：陈鹰律师事务所
发 行 部：（010）88893001　　　传　　真：（010）62707370
网　　址：www.oveaschin.com　　E - m a i l：oveaschin@sina.com

如果发现印装质量问题，影响阅读，请与印刷厂联系调换。

前言
Preface

　　爱因斯坦说过："人们解决世界的问题，靠的是大脑的思维和智慧。"思维创造一切，思维是进步的灵魂。如果思维是石，那么它将敲出人生信心之火；如果思维是火，那么它将点燃人生熄灭的灯；如果思维是灯，那么它将照亮人生夜航的路；如果思维是路，那么它将引领人生走向黎明！

　　思维控制了一个人的思想和行动，也决定了一个人的视野、事业和成就。不同的思维会产生不同的观念和态度，不同的观念和态度产生不同的行动，不同的行动产生不同的结果，而不同的结果则昭示着不同的人生。只有具有良好的思维，才能升华生命的意义，收获理想的硕果。成功者无一不具有创造性思维，而失败者总是困于僵化的思维之中。人的命运常常为思维方式所左右，创造性思维就是打开命运之门的金钥匙。

　　当今世界的发展日新月异，我们面临着一次又一次的重要变革，挑战无处不在。越来越多的人意识到，思维训练不只是专家和高层管理人员的事情，它对于一个普通人的学习、生活和工作也起着至关重要的作用。一个人只有接受更多、更好的思维训练，才能有更高的思维效率和更强的思维能力，才能从现代社会中脱颖而出。

　　人的一生可以通过学习来获取知识，但思维训练从来都不是一件简单容易的事情，也不可能一蹴而就，许多心理学家和社会学家都认为思维命题训练是一种好方式。美国著名心理学家米哈伊·奇克森特米哈伊把思维命题训练称为"使思维流动的活动"，它不但能够帮助发掘个人潜能，而且能使人感到愉快，是一种通过轻松有趣的游戏训练思维、提高智力的方式。

　　本书精选了一些具有挑战性、趣味性与科学性的思维名题，列举了急智思维、推理思维、发散思维、转换思维、逻辑思维、空间思维等类型，每一个类型都经过了精心的选择和设计，每个命题都具有代表性和独创性，荟萃了古今中外众多思维大师的思维方法，让读者能够更深切地体会到这些人类思维长河中大浪淘沙后的智慧沉淀。

书中的思维名题难易有度，有看似复杂却非常简单的推理问题，有让人迷惑不解的图形难题，有运用算数技巧及常识解决的谜题，以及由词语、数字组成的字谜等。书中的思维名题丰富多彩，无论大人、孩子，或是学生、上班族、管理者，甚至高智商的天才们，都能在此找到适合自己的题目。在解决思维名题的过程中，你需要大胆地设想、判断与推测，需要尽量发挥想象力，突破固有的思维模式，充分运用创造性思维，多角度、多层次地审视问题，将所有线索纳入你的思考。你会发现，每一个题目都能让你的思维能力在潜移默化中改变，从而在轻松解答时体味到自信，在一筹莫展中体味到坚持，在曲折离奇中体味到惊奇……

本书适合利用点滴时间进行阅读和练习，既可作为思维提升的训练教程，也可作为开发大脑潜能的工具。无论你是9岁，还是99岁，对于任何一个想变聪明的人来说，它都是不二的选择。阅读本书，能让你思维更缜密，观察更敏锐，想象更丰富，心思更细腻，做事更理性，心情更愉快。

目录 Contents

| 20 | 28 | 40 | 56 | ? |

题1

| 8 | 26 | 56 | 100 | 160 | 238 | ? |

题2

第四章 空间思维名题

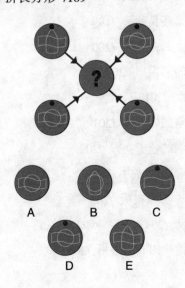

第五章 转换思维名题

第六章 急智思维名题

答案 /335

第一章

逻辑思维名题

001 最大周长

从A、B、C、D中找出周长最长的那个图形。

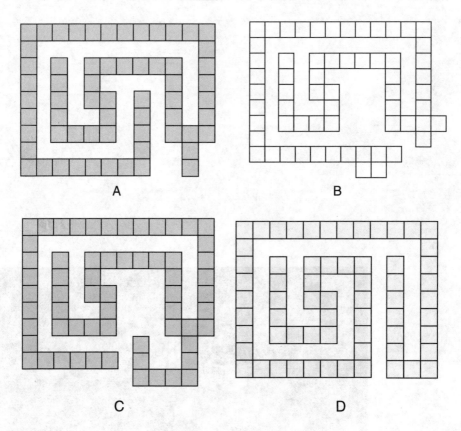

002 数字球

你能找出与众不同的那个数字球吗?

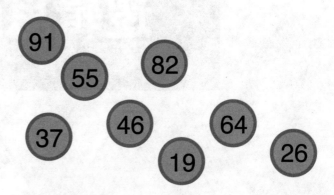

003 通往目的地

不要使用指示物，只用眼睛看，标有数字的路线中，哪一条能够到达标有字母的目的地？

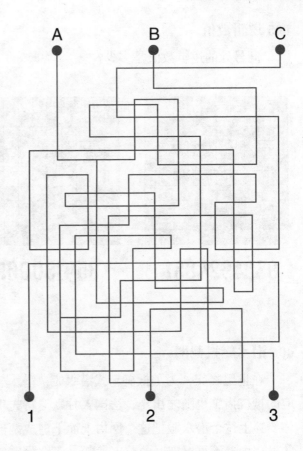

004 逻辑图框

这个图框是按照一定的逻辑排列的，你能找出问号部分应该使用的数字吗？

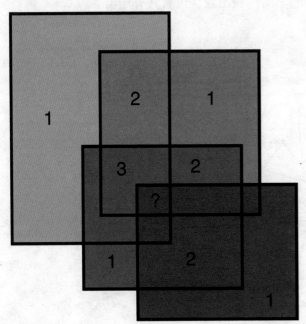

005 逻辑数值

问号处的逻辑数值是多少？

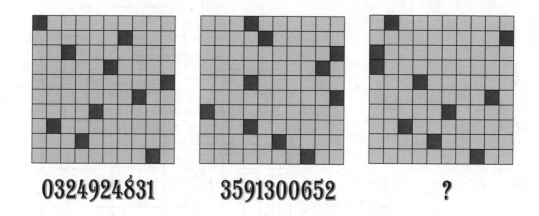

0324924831   3591300652   ?

006 潜水艇拦截网

在世纪之交，为了抵御新式潜水艇，潜水艇拦截网便孕育而生。但是，相应的抵抗措施也随之出现，法国人甘默尼特先生发明了著名的潜水服。现在，你要穿上这个潜水服把这个网由上而下剪成两部分，要用最少的次数。在你剪的过程中，不可以把网的节点剪断。请你找出最佳位置并开始剪。

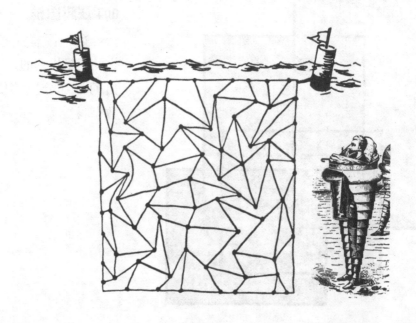

007 4个"4"

游戏的规则是将数字4使用4次，通过简单的加减乘除将尽可能多的数展开。允许使用括号。

例如：

1 = 44/44

2 = 4/4 + 4/4

用这种方式可以将数字1～10都展开。

如果允许使用平方根，你可以将数字11～20都展开，这中间只有一个无解。

很多有趣和具有挑战性的思维游戏所运用的都是最简单的加减乘除，这道题就是如此。

1 =	44⁄44
2 =	4⁄4 + 4⁄4
3 =	
4 =	
5 =	
6 =	
7 =	
8 =	
9 =	
10 =	
11 =	
12 =	
13 =	
14 =	
15 =	
16 =	
17 =	
18 =	
19 =	
20 =	

```
  1 1 1
  3 3 3
  5 5 5
  7 7 7
+ 9 9 9
─────────
1 1 1 1
```

008 加减

从竖式里去掉9个数字，使得该竖式的结果为1111。

应该去掉哪9个数字呢？

009 类似的数列

一个有趣的数列的前8个数如图所示。

请问你能否写出该数列的第9个数和第10个数？

序数	数
1	1
2	11
3	21
4	1211
5	111221
6	312211
7	13112221
8	1113213211
9	?
10	?

010 连续整数

天平上放着3个重物，这3个重物的重量为3个连续的整数，它们的总和为54克。问这3个重物分别重多少？

011 数学式子

只凭直觉，你能否将黑板上的 7 个数学式子按照从大到小的顺序排列？

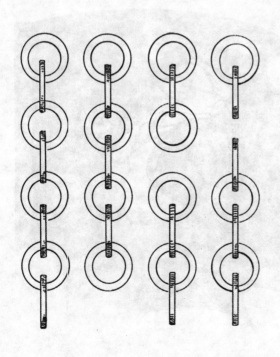

012 链子

一个人有 6 条链子，他想把它们连成一条有 29 个节的链子。他去问铁匠这个需要花费多少钱。铁匠告诉他打开一个环要花 1 元，而要把它焊接在一起则要花 5 角。请问，做这条链子最少要花多少钱？

013 整除

可以被下面的所有数整除的最小的数是多少?

123456789

014 总数游戏

两个游戏者轮流将从1开始的连续整数写在两栏中的任意一栏。

每次放进某一栏的数字不能等于这一栏中已经有的两个数字之和。不能继续放数字的游戏者为输家。

在这盘示范游戏中,游戏者2(红色数字代表的)为输家,因为他不能把8放进任意一栏。

在第1栏中:1+7=8;

在第2栏中:3+5=8。

你能否找到一种方法使得其中一个游戏者每次都赢?

015 被拴起来的狗

菲多被人用一条长绳拴在了树上。拴它的绳子可以到达距离树 10 米远的地方。

它的骨头离它所在的地方有 22 米。当它饿了，就可以轻松地吃到骨头。

它是怎么做到的?

016 3 个色子

掷 3 个色子可以有多少种方式?

3 个色子的总点数可以从 3 到 18。那么你能算出总点数为 7 和 10 的概率吗?

很久以来，人们都认为掷 3 个色子只有 56 种方法。人们没有意识到组合与排列之间的区别，他们只数了这 3 个色子的组合方法，却没有意识到要计算精确的概率必须考虑到 3 个色子的不同排列。

017 滚动色子

使色子的一面与棋盘格的大小相等，然后将色子滚动到邻近的棋盘格，那么每移动一次，色子朝上那一面的数字就会变化。

如图所示，一个色子放在棋盘格的中央，要求滚动6次色子，每次滚动一面，使得它最后落在图中红色的格子里，并且色子的"6"朝上。

018 数字

让我们来看看你是否有资格在润滑油补给站获得这份免费赠品。你所要做的就是将数学表达式里的字母用数字代替，相同的数字必须代替相同的字母。竞赛的时限是1个小时。祝你好运！

解决了这个题，你就可以在汽车销售站免费获得润滑油！

		F	D	C
A B /	G	H	C	B
	A	B		
	F	F	C	
	F	E	E	
		F	C	B
		F	C	B

019 弄混了的帽子

3个人在进餐馆时将帽子存在了衣帽间，但是粗心的工作人员将他们的号牌弄混了。等他们出来时，至少有一个人拿到的是自己的帽子的概率是多少？

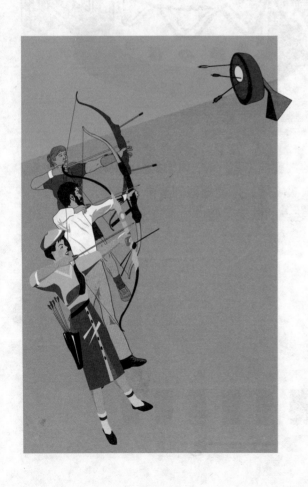

020 射击

3个射手轮流射一个靶。但他们可不是什么射击能手。

艾丽丝射5次会中2次。

鲍勃射5次会中2次。

卡门射10次会中3次。

请问在一轮中他们至少有一个人射中靶子的概率是多少？

021 生日问题

随机选择几个人组成一组，问至少要多少人，才可以使这个组里面至少有2个人生日相同的概率大于50%？

022 随机走步

反复掷一枚硬币。

如果出现的是正面，上图中的人就向右走一格；如果是反面，则向左走一格。

掷硬币很多次以后，比如36次之后，你能够猜到这个人离起点多远吗？

你能说出这个人最后会回到起点的概率（假设他一直走）吗？

有些人在思考的时候喜欢走来走去，希望这个题目不要让你团团转哦。

023 幸运的嘉年华转盘

玩这个游戏先要交 10 美元，然后选择一个转盘，转动指针，指针指向的数字就是你赢到的钱数。

最好选择哪个转盘呢?

024 最牢固的门

A、B、C、D 是 4 扇木制门框，哪一扇门框的结构最牢呢? 为什么?

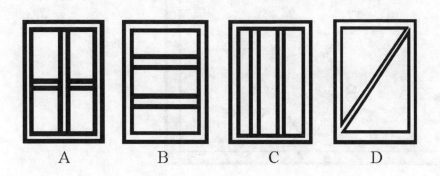

025 长方形与格子

请将表格分隔成多个长方形，使得每一个长方形里都包含一个数字，而这个数字正好等于该长方形所包含的格子个数。

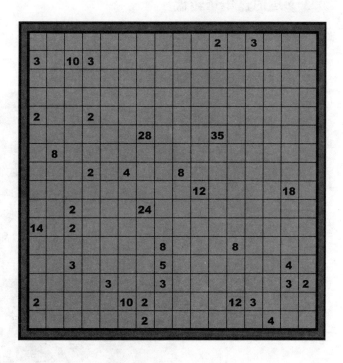

026 箭头与数字

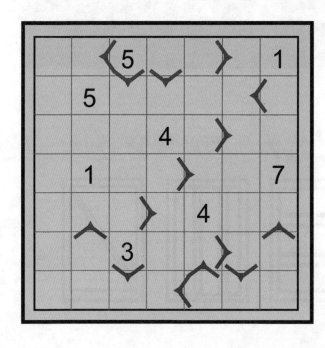

在方框中填上数字1～7，使得每一横行和每一竖行中这7个数字分别出现一次。方框中红色箭头符号尖端所对的数字要小于另一端的数字。

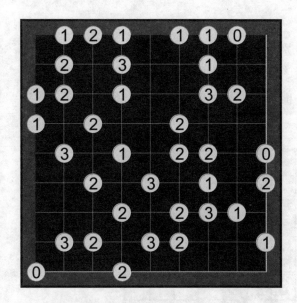

027 对角线和闭合图形

请按如下要求在每个格子里画一条对角线：图中数字指的是相交于此的对角线的数量；这些对角线相互不可以构成任意大小的闭合图形。

028 掷硬币

图中的这位女士将一枚硬币连掷 5 次，一共会出现多少种可能的结果？

■ 正面
□

029 不相交的路线

方框中相同颜色的两个格子分别代表起点和终点。从起点出发，格子之间前后相连一直到终点形成一条路线，把这条线上的所有格子都涂成与起点相同的颜色。这些路线不能分叉，也不能与其他颜色的格子组成的路线相交。这些路线分别是怎样的？

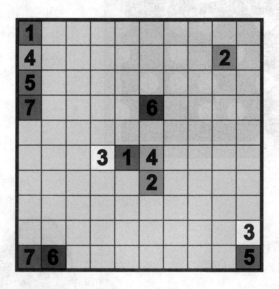

030 长条图案

将方框中的小格子连接起来，使它们组成一个完整的长条图案。其中每个格子里的数字表明该格子有几条边属于这个长条图案。

031 只剩一点

有 17 个如图中所画的点。从任何一点画一条比点粗的直线连接其他的点，最后应让每一个点至少都能与另一点连接起来。但是，某人做这项工作，虽然连接了所有的点，最后却还是剩下一点。有这种可能吗？

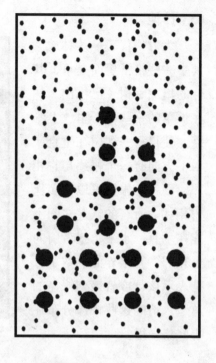

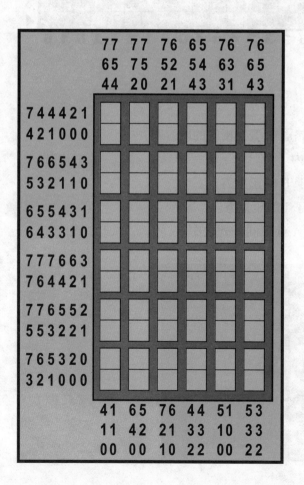

032 打乱的多米诺骨牌

一套包括（0，0）到（7，7）所有数字组合的多米诺骨牌竖放在右边的格子中，每张骨牌上的上部分的数要大于下部分的数。格子上面的数是这一列的所有骨牌上部分的数，格子下面的数是这一列的所有骨牌下部分的数。格子左边的数是与之相对应横行的骨牌上的数。所有给出的数都被打乱了顺序，按照数字从大到小的顺序重新排列的。原来多米诺骨牌的顺序是怎样的？

033 林地

大方格代表一片林地。其中一些格子里面是草，其他的里面是树（已标出）。在长草的一些格子里放上帐篷，使得每一棵树在垂直或水平方向有一个帐篷与它相邻，而一个帐篷可以与多棵树相邻。所有的帐篷之间不能在垂直、水平，或者斜向上相邻。方格外面的数字分别表示该行或者该列帐篷的总数。请问这些帐篷分布在哪些格子里？

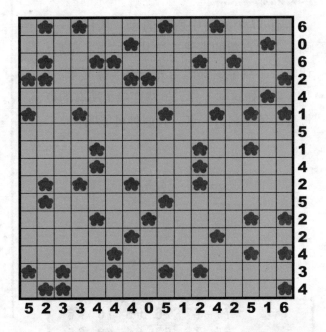

034 填字母

你能根据这些线索在下面的格子中填上相应的内容吗？

1. B 与 E 和 H 处在同一列之内。

2. F 位于 B 的左方，并且位于 D 的正上方。

3. G 位于 E 的右方，并且位于 I 的正上方。

4. D 位于 H 的左方，并且和 A 处于同一列之中。

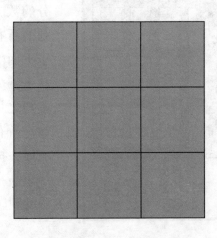

035 表格中的星星

表格被分成了多个不同的图形，每个图形的中心都有一颗星星，而且所有这些图形都是中心对称的——旋转180°图形保持不变。这些图形分别是什么样的？

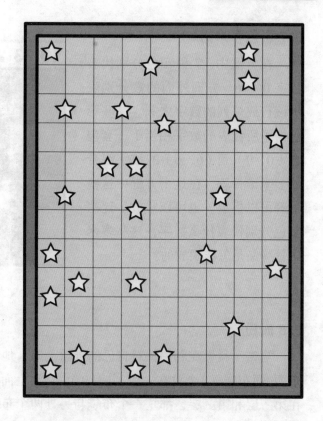

036 颜色小组

不同颜色的格子分别组成不同的小组，格子里的数字分别表示该颜色的小组由几个格子组成。例如，一个深蓝色格子里面是6，就表示该深蓝色的小组是由6个格子组成。小组可以是任何形状的，但是两个相同颜色的小组不能在垂直或水平方向上的任一点相邻，且方格不能留空。不是所有小组的数字都给出了。这些小组应该如何排列？

037 彩色多米诺

在方框中，7 种颜色分别代表数字0　6。方框外面的数分别表示该行或该列的数字之和。这些彩色格子所代表的数字相当于一套包含（0，0）到（6，6）的数字组合的多米诺骨牌，在这个方框中这些骨牌可以横放，也可以竖放。这些颜色分别代表什么数字，这些多米诺骨牌又是怎样摆放的？

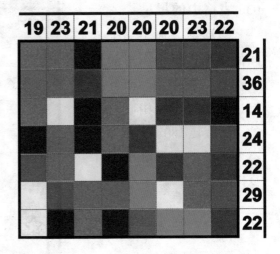

038 面粉

当塞·科恩克利伯核对自己的补给品时，他在面布袋上发现了一些有趣的东西。面布袋每3个放在一层，共有9个布袋，上面分别标有从1到9这几个数字。在第一层和第三层，都是一个布袋与另外两个布袋分开放，而中间那层的3个布袋则被放在一起。如果他将单个布袋的数字（7）乘以与之相邻的两个布袋的数字（28）得到196，也就是中间3个布袋上的数字。然而，如果他将第三层的两个数字相乘，则得到170。

塞·科恩克利伯于是想出来一道题：你能否尽可能少地移动布袋，使得上、下两层上的每一对布袋上的数字与各自单个布袋上的数字相乘的结果都等于中间3个布袋上的数字呢？

039 醉汉走步

如图所示，以这个矩形方阵的中心作为起点，掷 2 枚硬币（1 枚红色、1 枚黄色）来决定醉汉的走步。每掷一次，醉汉向上或向下走一步，然后向左或向右走一步。

这是最简单的无规则运动，与布朗运动（液体或气体分子受到其他方向分子的撞击而不停地做无规则运动）的解释非常类似。

请问掷这两枚硬币 100 次以后，这个醉汉的位置在哪里呢？

你能否同时猜一下醉汉回到起点的概率？

醉汉只能在这个矩形方阵里面走步，不能走到外面去。如果走到了边缘，忽视所有使他向外走的投币，重新掷硬币，直到他可以重新向里走为止。

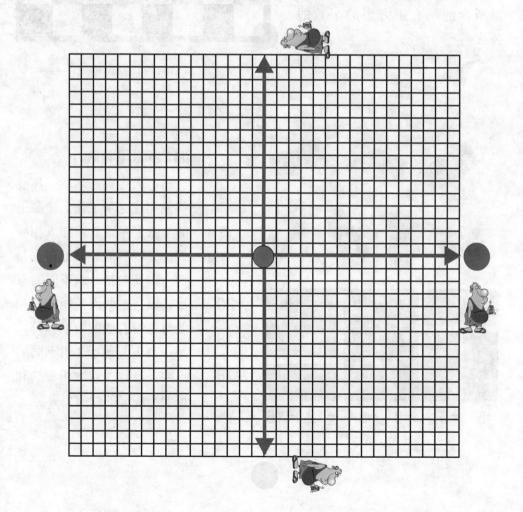

040 棋盘正方形

在一个象棋棋盘上一共有多少个正方形？你可能会想当然地说是 64 个。不要忘了，除了小的棋盘格以外，还有比它大的正方形。

你能说出这个棋盘上正方形的总数吗？

你能找到一种计算大正方形（边长包含 n 个单位正方形）里所含的所有正方形的个数的公式吗？

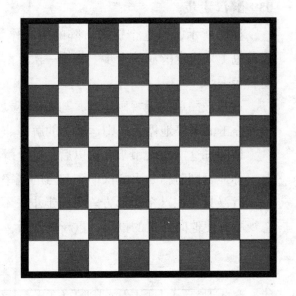

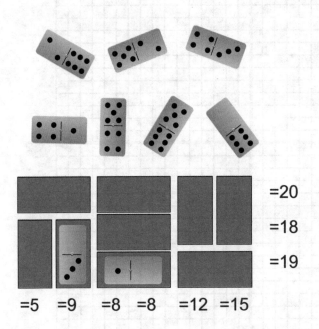

=20

=18

=19

=5 =9 =8 =8 =12 =15

041 多米诺骨牌

有人在砌一堵墙。你能替他完成这项工作，把剩下的 7 张多米诺骨牌插入相应的位置吗？但是要记住，每一行中要包括 6 组不同的点数，而且这些点数相加的和要与每行右侧的数值相等；每一列也要包括 3 组不同的点数，且这些点数相加的和也要与底部的数值相等。

042 天文

威拉德·斯达芬德发现太阳系中的 6 个恒星是在 3 个重叠的轨道上旋转的，他在它们会聚在一点产生超新星之前很快给它们起了名字。威拉德把这几个恒星从 1 到 6 标上号，这样就形成了一个恒星思维游戏。那么，你能否重新给这几个恒星标号，使每个轨道上的 4 个恒星相加的和是 14 呢？

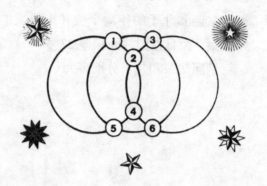

043 睡莲

一个小池塘里的睡莲每天以 2 倍的速度增长。如果池塘里只有 1 朵睡莲，那么需要 60 天睡莲才会长满一池塘。

按照这个速度，如果池塘里有 2 朵睡莲，那么多少天之后睡莲会长满池塘？

044 父亲和儿子

父亲和儿子的年龄个位和十位上的数字正好颠倒，而且他们之间相差27岁。

请问父亲和儿子分别多大？

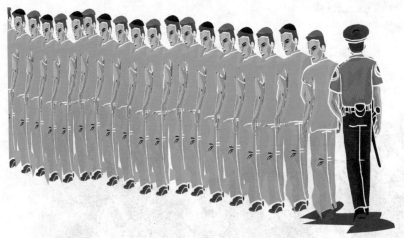

045 战俘的帽子

第二次世界大战中，一个战俘营里有100名战俘。战俘营的看守准备将他们全部枪毙，司令官同意了，但是他又增加了一个条件：他将向这些战俘提一个问题，答不出来的将被枪毙，答出来的则可以幸免。

他把所有的战俘集合起来，说：

"我本来想把你们全部枪毙，不过为了公平起见，我准备给你们最后一次机会。一会儿你们会被带到食堂。我在一个箱子里为你们准备了相同数量的红色帽子和黑色帽子。你们一个接一个地走出去，出去的时候会有人随机给你们每人戴上一顶帽子，但是你们谁都看不到自己帽子的颜色，只能看到其他人的，你们要站成一列，然后每一个人都要说出自己戴的帽子是什么颜色。答对的人将会被释放，答错了，就要被枪毙。"

之后，每一个战俘都戴上了帽子，现在请问，战俘们怎样做才能逃脱这场灾难呢？

046 最长路线

在这个游戏里，需要通过连续的移动从起点到达终点，移动时按照每次移动 1，2，3，4，5，…个格子的顺序，最后一步必须正好到达终点。

必须是横向或是纵向移动，只有在两次移动中间才可以转弯，路线不可以交叉。

下面分别是连续走完 4 步和 5 步之后到达终点的例子。你能做出最右边的题吗？

很多路线游戏都必须经过很多次的回旋才能最后到达终点。你能够根据题目要求完成任务吗？

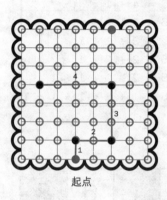

起点

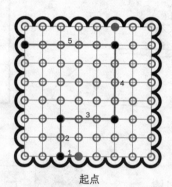

起点

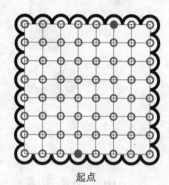

起点

047 二进制图形

如图所示，4×4 的正方形分别被涂上了黑色和白色。

现在的任务是通过下面的规则将正方形中所有黑色的格子都变成白色：

你每次可以选择

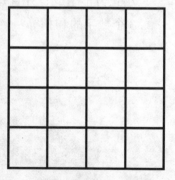

任一横行或者竖行，将该行的所有格子都变色（全部变成黑色格子或全部变成白色格子），不限次数。

请问用这种方法将所有黑色格子全部变成白色格子最少需要变多少次？

048 数字分拆

高德弗里·哈代和锡里尼哇沙·拉玛奴江共同研究了数字分拆问题，即将正整数 n 分拆成几个正整数一共有多少种方法？

比如，数字 5 就有 7 种不同的分拆方法，如图所示。

请问：数字 6 和 10 分别有多少种分拆方法？

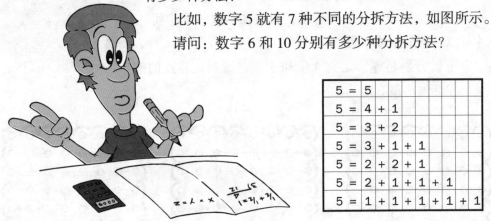

5	=	5				
5	=	4	+	1		
5	=	3	+	2		
5	=	3	+	1	+	1
5	=	2	+	2	+	1
5	=	2	+	1	+	1	+	1
5	=	1	+	1	+	1	+	1	+	1

049 3个小正方形网格

你能否将右边的格子图划分成 8 组，每组由 3 个小正方形组成，并且每组中 3 个数字的和相等？

加入颜色及花样可以说是一种增加魔方难度的方法。看你能否运用你的识图能力和数字技巧找到这个题目的解决方法。

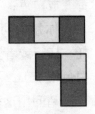

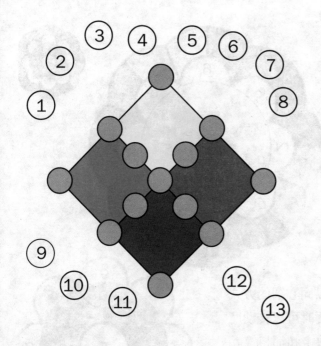

050 贝克魔方

你能将数字 1 到 13 填入图中的灰色圆圈中，使得每组围绕彩色方块的 6 个圆圈之和相等吗?

051 路径逻辑

运用你的逻辑推理能力，推导出符合以下条件的一条路径：从"开始"一直到"结束"，这条路径可以沿水平也可以沿垂直方向。各行各列起始处的数字代表这行或这列所必须经过的格子数（见图例）。

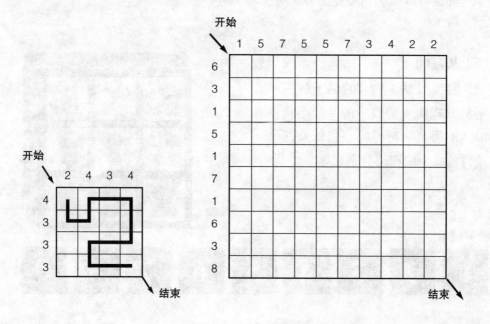

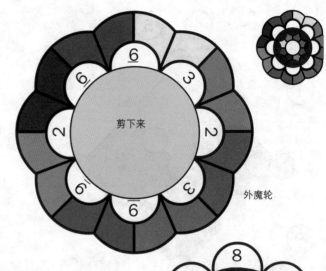

魔方可能让你陷入魔力方块中不能自拔，而魔轮将会带你走进圆圈的迷雾。

外魔轮

052 魔轮

谜题的目标是将 2 个魔轮以同心圆的方式咬合（结果如右上图）——必要时可以转动魔轮——使得任何一条直径上的数字和都相等。

复制这个图，将魔轮的 2 个部分（指 2 个较大的魔轮）剪出，并将内魔轮放在外魔轮上面；然后将内魔轮带数字的半圆纸片上下翻动并按要求计算，直到找到正确答案为止。

你也可以尝试用心算的方法解决。

内魔轮

053 九宫图

将编号从 1 到 9 的棋子按一定的方式填入游戏中的 9 个小格中，使得每一行、每一列以及两条对角线上的和都分别相等。

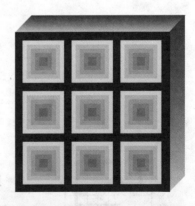

| 1 | 2 | 3 | 4 | 5 | 6 | 7 | 8 | 9 |

054 七角星魔方

你能将数字 1 到 14 填入七角星圆圈内，使得每条直线上的数字之和为 30 吗？

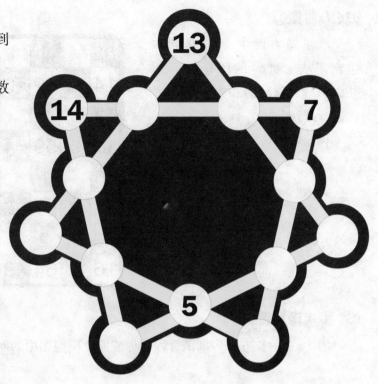

055 老鼠迪克

老鼠迪克要怎样才能吃到奶酪呢？

056 八阶魔方

八阶魔方诞生于 1750 年，包含了从 1 到 64 的所有数字，并以每行、每列的和为 260 的方式进行排列。

你能填出缺失的数字吗？

52		4		20		36	
14	3	62	51	46	35	30	19
53		5		21		37	
11	6	59	54	43	38	27	22
55		7		23		39	
9	8	57	56	41	40	25	24
50		2		18		34	
16	1	64	49	48	33	32	17

057 多米诺覆盖

用 1×2 的长方形多米诺骨牌，你能完全覆盖图中的网格吗？

二人游戏

一个游戏者使用垂直的（红色）多米诺骨牌，另一个用水平的（蓝色）多米诺。玩家轮流在图中的网格上放置多米诺骨牌，谁无法放进骨牌谁就算输。

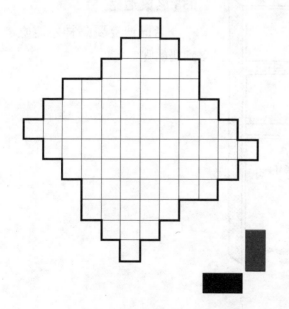

当物体运动或者思想流动的过程产生连锁反应时，"多米诺效应"就出现了——只要推动一块多米诺骨牌，使它推倒下一块，再下一块，再下一块，再下一块……

058 富兰克林的细胞自动机

富兰克林的细胞自动机是最早的自动复制的机器之一。这个被复制的图案的原型如图1。在图1的基础上每一步将会按照下面的规则增加或减少细胞：

如果细胞横向或纵向相邻的红色细胞数是偶数，那么该细胞下一步变为黄色；如果细胞横向或纵向相邻的红色细胞数是奇数，那么该细胞下一步变为红色（右下角的图直观地展现了这一规则）。

请问要使原来的图形被复制成4份至少需要几步？

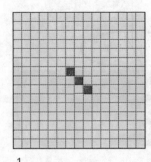

1

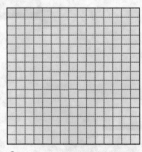

2

复制图案的机器可以用来制作衣服或者地毯。如果将一个思维游戏印在你的毛衣上是不是很好玩？

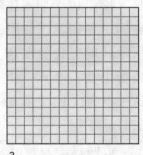

3

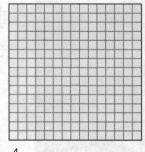

4

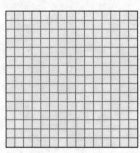

5

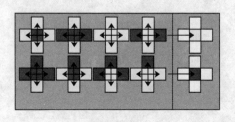

059 肥皂环

如图所示，一根垂直的铁丝上绑了两个相互平行的铁丝环。

请问：如果将这个结构放进肥皂水中，附着在这个结构上的肥皂膜的最小表面积的表面是什么样子的？

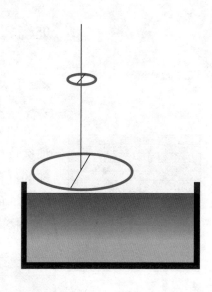

060 最短的距离

我有 10 个朋友住在同一条街上，如图所示。现在我想在这条街上找一个点，使这一点到这 10 个朋友家的距离最近。

请问这一点应该在哪里呢？

061 质数加倍

在任意一个数字和它的 2 倍之间是否总是可以找到一个质数?

2 3 4 5 6 7

8 9 10 11 12 13 14

15 16 17 18 19 20 21···

062 最小的排列

已知图形是一个被对角线分成 2 个三角形的正方形, 这 2 个三角形分别为黑色和白色, 而且这个正方形可以通过旋转得到 4 种不同的图案, 如上图所示。

现在把 3 个这样的正方形排成一行, 请问一共有多少种排列方法?

063 精确的底片

如图所示，左边红色方框里有3对图案，其中的每对图案中，右边的图案是左边图案的底片，也就是说每一对的2个图案应该是相互反色的。

现在把蓝色方框里A、B、C图案中的1个覆盖在红色方框每对图案中右边的图案上，都能够使红色方框里的图案满足上面的条件，即每一对的2个图案相互反色。

问应该是A、B、C中的哪一个？

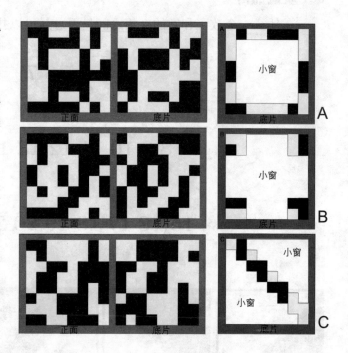

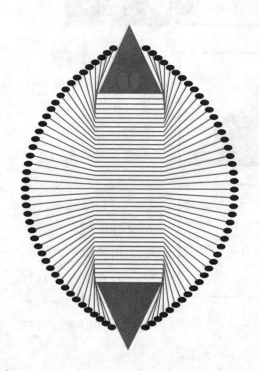

064 蜈蚣

如图，这条"蜈蚣"中间所有横线都等长吗？

065 聚集太阳光

如图所示，平行的太阳光分别通过4个不同的透镜射到一张白纸上。

请问哪一个透镜下的白纸会着火？如果引起着火的不止一个透镜，那么哪个透镜下面的火着得更厉害？

066 纽扣店

在世纪之交，没有哪个纽扣店能比巴顿的纽扣店好。右图是他们的快递货车，它正在运货的途中。尽管车已经过去了，很明显，货车一个侧面上的纽扣图形可以编成

一个思维游戏。10个纽扣排成3行，每行有4个纽扣（其中，一行在水平方向，两行在垂直方向）。现在你要将2个纽扣移到新的位置使纽扣排成4行、每行有4个纽扣。看看你能不能在10分钟之内快速解答这个题。

067 各有所爱——蜜蜂也不例外

蜂群总数的一半的平方根的蜂群飞去了一丛茉莉花中，8/9 的蜂群也紧跟着飞去了；只有 2 只蜜蜂留下来。

你能说出整个蜂群里一共有多少只蜜蜂吗？

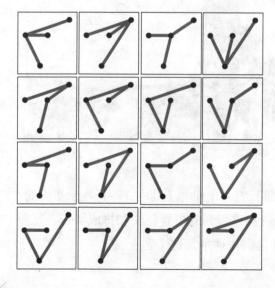

068 四点生成树

如图所示，图中的 4 个点分别是 4 个城市的位置，红色的线段是城市之间的公路。

问这 16 幅图中哪幅图的公路总长度最短？

069 赛跑

每个参赛选手都必须匀速跑完100米的距离，最先到达终点的选手获胜。

选手A抵达终点时选手B还差10米跑完；选手B抵达终点时选手C还差10米跑完。

请问选手A领先选手C多少米？

070 字母的逻辑

把这7个蓝色的字母分别放入3个圆圈中，使每个圆圈内的字母都满足一个拓扑学的规则。

另外，每个圆圈内均有1个不符合规则的字母，请把它找出来。

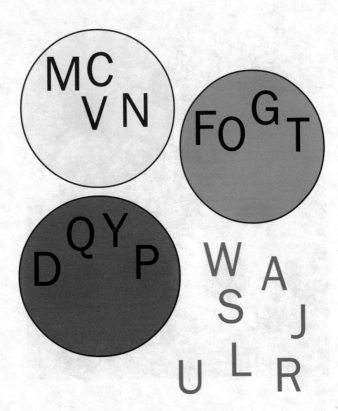

071 抢劫计划

威尔休斯·威利既是臭名昭著的保险箱窃贼，也是最吝啬的骗子。为了省钱，他买了一叠打折建筑平面图，他不打算让人看出来他将抢劫商店的哪间房子。售货员告诉他整个建筑是个正方形，主室的门朝外，商店平面图被分成了6个正方形房间，4个小房间的门都通向主室，第5个小房间里有一个保险箱。另外，售货员还说他要完成平面图，所要做的就是在如图所示的平面图内的正方形上画4条直线。那么，直线应该怎么画呢？

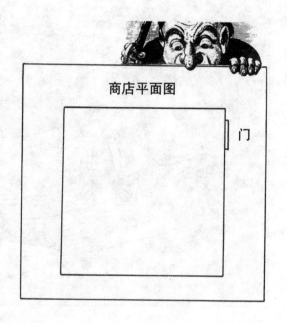

商店平面图

门

072 花朵上的瓢虫

3只分别为红色、绿色和蓝色的瓢虫，住在一个有5朵花的花园里。

如果每朵花的颜色都不一样（也就是说，有"标记"），那么瓢虫落在花朵上的方式有多少种？如果有必要的话瓢虫们可以分享花朵。

073 杜勒幻方

杜勒著名的蚀刻画《忧郁》（如图所示）包含了一个四阶的魔方，关于这个魔方还有一系列的书。它只是许多四阶魔方中的一个，但是因为它比魔方定义所要求的更加"魔幻"，所以它经常被叫作恶魔魔方。这幅蚀刻画创作的年份——1514，显示在魔方底行中心的 2 个方块中。

除了魔方基本定义中的几组数字模式之外，你还能在这个恶魔魔方当中找出几组不同的模式，使其魔数为 34？

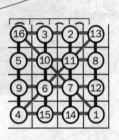

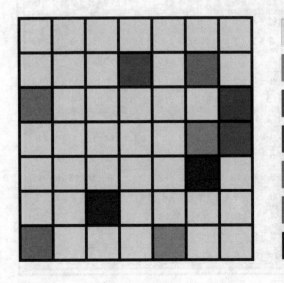

	1
	2
	3
	4
	5
	6
	7

074 七阶拉丁方

用 7 种不同的颜色将这个 7×7 的魔方填满，使得每一行、每列包含各种颜色且每种颜色只能出现一次（可以有多种解法）。

颜色已经被标号，你可以用数字填入魔方中。

生活中我们总会遇到各种各样的选择，无论是在餐厅里点菜，或是你兴致勃勃地准备去买彩票。在最后做出决定之前你总是需要好好地考虑一下。

075 三道菜

从菜单给出的三组菜中分别选出一道菜，即一共要选出三道菜，请问一共有多少种选择方法？

076 圆圈与阴影

将表中的一些圆圈涂成阴影，使得任一横行或者任一竖行中，同一个数字只能出现一次。所有涂成阴影的圆圈之间不能在垂直或水平方向上相邻，并且不能将没有涂成阴影的圆圈分成几组——也就是说，没有涂成阴影的圆圈必须横向或纵向相连成一个分支状。应该将哪些圆圈涂成阴影？

077 被截断的格子

在空白格子里填上 1～9 这 9 个数字，使得横向或纵向上没有被绿色格子截断的一条空白格子里的数字之和等于它左边的数字（横向）或上面的数字（纵向）。在同一条没有被截断的格子里，每个数字只能使用一次。应该怎样填呢？

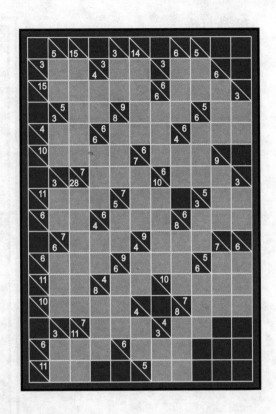

078 重叠九宫格

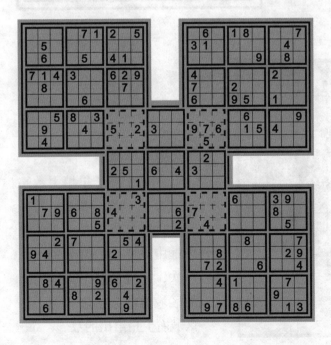

在每个格子里填上数字 1～9，使得每一横行、每一竖行，以及每个 3×3 的小方框中这 9 个数字分别出现一次。虚线区域的小方框共属于两个有重叠部分的大方框。

079 岛与桥

　　如图所示，方框中的小圆圈表示岛，这些岛之间在垂直或水平方向有桥连接，其中桥用线段表示。小圆圈里的数字表示与该岛相连接的桥的总数。这些桥不能交叉，并且任意两个岛之间最多只能有两座桥相连。请你画出所有桥的位置。

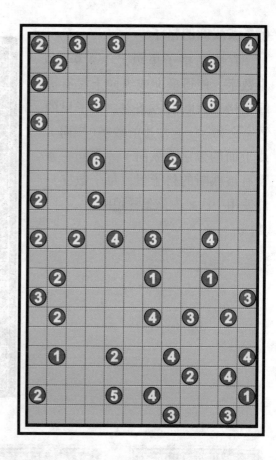

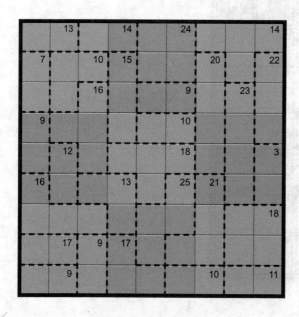

080 虚线区域

　　在每个格子里填上数字1～9，使得每一横行、每一竖行，以及每个3×3的小方框中这9个数字分别出现一次，并且使每个虚线隔出的区域里的数字之和等于该区域右上角给出的数。

081 地雷

下面方框中的一些格子埋有地雷。红色三角旗上面的数字指的是周围的 8 个格子里的地雷总数。请问地雷分别埋在哪些格子中？

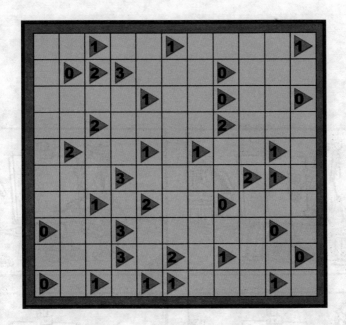

082 飞船

这艘飞船正从月球飞回地球。如图所示的就是前进舱指挥舰板的平面图。伯肯舰长每个小时都会巡视飞船，他将检查从 A 到 M 的每一个走廊，而且只检查一次。但是，通过外走廊 N 的次数不限；同时，进入 4 个指挥中心（1 号、2 号、3 号和 4 号）的次数也不受限制。最后，他总是在 1 号指挥中心结束他的检查。请你把舰长的检查路线展示出来（起点可以从任一指挥中心开始）。

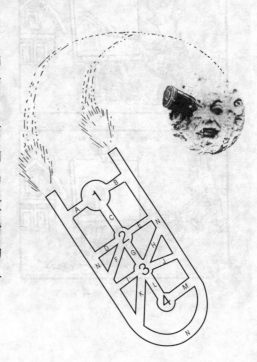

083 如此作画

这一组漫画讲了一个非常幽默的故事，不过图片的顺序被打乱了。你能把它们排好吗？

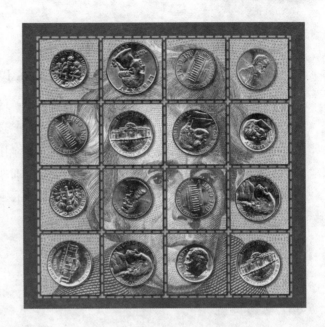

084 对半分

请你把这个表格分成形状完全相同的两部分，同时，每一部分的硬币总面值都是50美分。

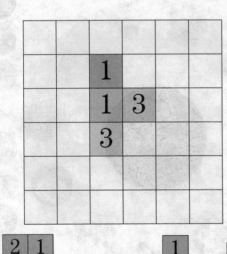

085 方格中的数字

把所有的碎片在方形格里拼好。要求：

1. 第一行的数字要和第一列的数字相同，第二行的数字要和第二列的数字相同，依此类推。

2. 每一行、每一列中同种颜色的方格要出现两次。

3. 每一行、每一列中同一数字要出现两次。

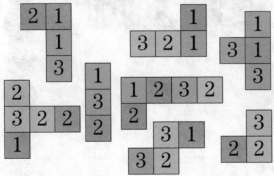

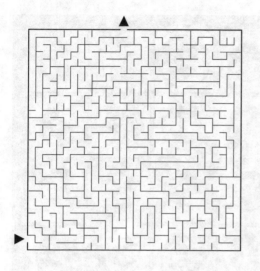

086 迷宫

这是一个路径奇特的迷宫，其中迷宫的直道构成了一幅图，当你用粗线条作标记的时候就会特别明显，这个图案看起来像一个小伙子。试试看吧！

087 动物转盘

如图，这个转盘的外环有11种动物。请在转盘的内环也分别填上这11种动物，使这个转盘能满足下列条件：无论转盘怎么转动，只可能有一条半径上出现一对相同的动物，而其他的半径上全部是不同的动物。问满足这种条件的排序一共有多少种？

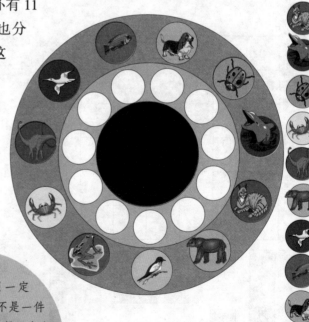

把事物按照一定的顺序排列好并不是一件容易的事情。有时候运气好你可能一下子就把问题解决了，但是大多数时候你需要静静地坐下来，好好动一下脑筋。

088 滚筒原理

世界上不同地区的先人们独立地发现了滚筒能够帮助运输重物的特性。没有这个发现，金字塔、神庙以及巨型石碑就不可能建成。

如图所示，两个滚筒的周长分别是 1 米。如果滚筒旋转一周，那么它所承载的木头移动了多远？

有人说人类发明滚筒先于轮子，这两者之间有着重要的差别。轮子总是与它所承载的东西紧密相连，而滚筒则不同，它可以独立使用。

089 数字迷宫

数字迷宫是在一个每一边包含 n 个格子的正方形里面填上从 1 到 n^2 的自然数。填的时候按照横向或纵向移动，在相邻的格子里填上连续的数，每一个格子里只能填入一个数。这里给出了一个例子。

在 5×5 和 6×6 的方框中，有几个格子里已经填上了数字，你能否将剩余的数字补充完整？

090 大杯鸡尾酒

左图的鸡尾酒杯杯口的周长和杯身的高度哪个更长？

091 测量

在世纪之交，哈姆雷在伦敦的商店销售各种各样的思维游戏盒子。下图中的盒子里有白、绿、红3种不同颜色的罐子。绿色罐子的容量比红色罐子多3升，而白色罐子的容量则比绿色罐子多4升。现在的问题是用这3个罐子来准确量出2升的水。那么，你如何只倒9次就可以把水量出来呢？

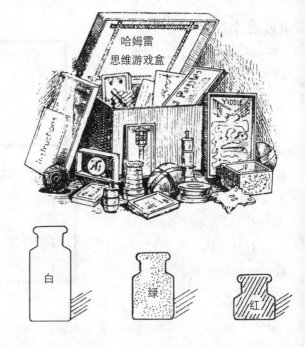

092 平衡游戏板

常常可以在儿童游乐场看到平衡游戏板，它非常有趣。我们这里的思维游戏就和它有关。

相等的重物（这里用红色圆圈表示）放在游戏板上的某些空白处（用白色圆圈表示）。

请问如果该游戏板的支点在它的中心（图中黑色圆点处），那么还需要在游戏板的哪些空白处增加多少个重物才能使它保持平衡？

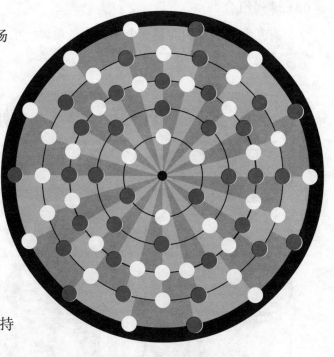

拼图其实并不难，因为我们总是很快就能看出图形与图形之间的联系。

093 三色环

如图所示，大圆半径是小圆半径的2倍，请问红色、蓝色和绿色部分的面积之间有什么关系？

094 排列组合

有几种分配方法能将 3 个物体（三角形、正方形和圆形）放在 3 个有标记的碟子上？

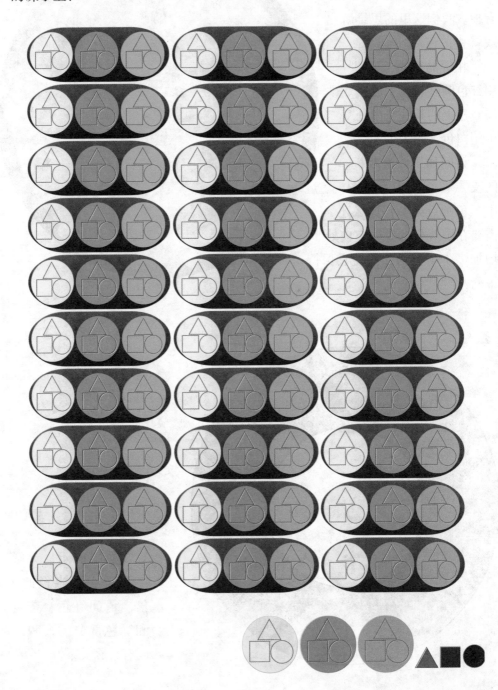

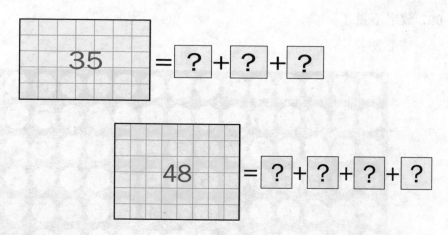

095 拉格朗日定理

你能否将上面的 2 个整数分别写成平方数相加的形式？

096 三阶拉丁方

你能将这些色块分配到网格中并使得每一种颜色在任何一行或列中仅仅出现一次吗？有 12 种不同的三阶拉丁方。你能把它们都找出来吗？

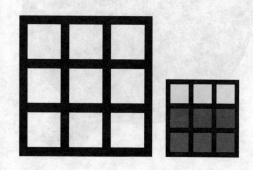

097 数字不见了

哪个数字不见了?

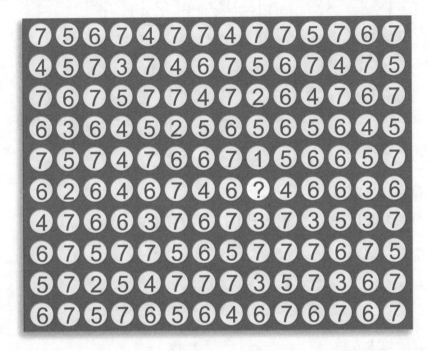

098 棘轮结构

你能解释一下图
中的棘轮结构的工作
原理吗?

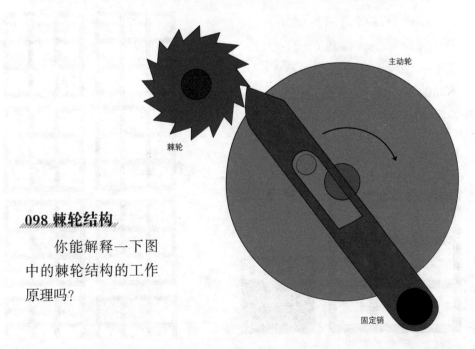

第二章

发散思维名题

001 去吃午饭

在这里点餐很困难——这家餐厅里几乎一切都出错了。总共 24 个错误你能找出几个？

002 化装服

这些万圣节讨要糖果的小孩身上都多了一件属于图中其他人的装束。看看你能否把每个孩子化装服缺失的那部分给找回来。

003 平分秋色

在这幅场景里有 3 样东西分别跟这些数字的单词押韵：two，four，six，eight，ten。你能把它们都找出来吗？

004 藏身之处

如果你很小，玩捉迷藏时你就能找到一些很棒的地方来藏身。此图是 6 个你很熟悉的地方，大人从来没能从这里面往外看过。你能分辨出每幅图分别是哪里吗？

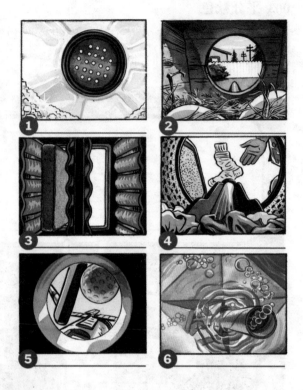

005 剪掉

你的东西被剪成左边这样。9 个数字所示的部分分别来自你很熟悉的 9 种阅读材料。你能说出它们分别是什么吗？

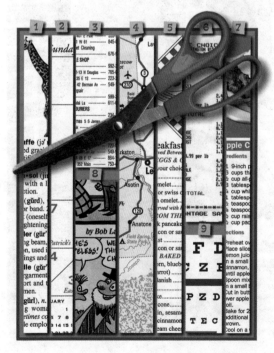

006 灌铅色子

怎样才能迅速地辨别灌铅色子呢？

007 服务员

克拉姆兹·卡拉汉是巴伐利亚花园餐厅里行走最快，也是最邋遢的服务员，正是由于他快如飓风的步伐，他总是把客人的衣服弄脏。恶有恶报，一天，一位愤慨的顾客只给了卡拉汉1角钱的小费，并说："你把我的衣服给毁了，我就给你1角钱的小费。但是，如果你能够在不接触桌子、盘子以及硬币的情况下把硬币拿开，我就赏你25元的小费。"然而，克拉姆兹没能解决。那么，你呢？

008 纸风车图案

如图所示，每一横行或每一竖行都有 6 个纸风车，每个纸风车都包含有 4 种颜色。

你能找出这些图案的规律，并给图中的 6 个白色纸风车涂上正确的颜色吗？

009 图案和图形

下面的小图形中哪一个不是上面众多图案的组成部分？

上图图案中没有图形被覆盖住。

生活中不乏各种各样漂亮的图案，有时候我们会有意地去观察它们，而有些时候则是在不经意间发现它们的存在。一些重要的科学发现就跟漂亮的图案有着密切的联系。

010 啤酒搅拌器

沃尔夫冈的豪斯啤酒店里最聪明的服务员是阿达尔伯特孪生兄弟——艾克和迈克，除了端送啤酒和土豆，他们还用一些思维游戏招待喝酒的客人。这个啤酒搅拌器游戏展示的是一个由罗马数字组成的等式。这个等式是错误的，但是如果你只移动其中的一个搅拌器，将它放到另外一个地方，那么这个等式就是对的。请你试试，看能否成功过关。

011 通道和墙

下面的黄色格子和蓝色格子分别表示通道和墙。灯泡可以横向或者纵向发射光线。通道里的格子如果和灯泡在同一水平或垂直方向，且它们之间没有墙的阻隔，那么这些通道里的格子就会被照亮。请你在其中放入灯泡，使通道里的每个格子都被照亮，且灯泡之间不能相互照亮。格子里的数字表示与该格子横向和纵向相邻的灯泡总数。

012 假日海滩

这些孩子晒太阳晒得太久了 仔细观察每个小孩身上的图案，看看你是否能把每个人与毯子上的两件物品分别匹配。

013 打保龄球

这两幅图看上去每个地方都相同。事实上它们之间有 17 处不同。你能找出几处？

014 土地裂缝

图中所示的是一块泥地，泥地上有很多裂缝，只用眼睛看，你能够说出这众多裂缝中哪一条是最先出现的吗？

015 1 吨重的摆

图中是一个非常结实的重达 1 吨的摆，然而这个男孩只用一块小小的磁铁就让这个摆开始摆动。你知道他是怎么做到的吗？

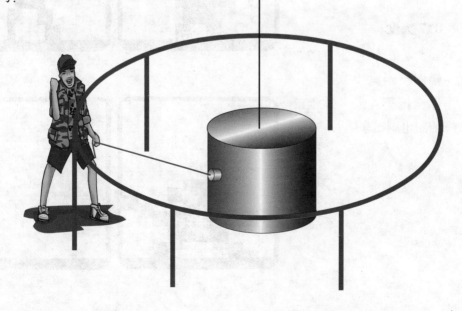

016 燃烧的蜡烛

如图所示，把一根点燃的蜡烛放在一个装有水的容器里，再在蜡烛上面罩上一个玻璃瓶。

你能预测一下，这个实验最终会出现什么结果吗？

017 突变

4张卡片上的3幅图已经画出来了，你能把第4张卡片上的图也画出来吗？

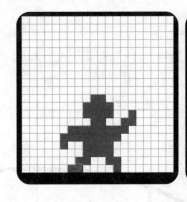

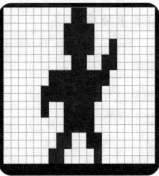

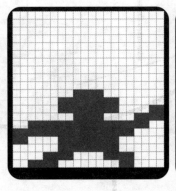

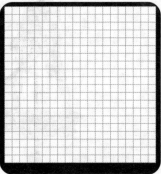

018 折叠报纸

　　将一张报纸对折，你认为最多可以连续对折多少次？

　　5 次、8 次，还是更多？

　　亲自动手试试！

019 四阶拉丁方

　　你能将这些色块分配到网格中并使得每一种颜色在任何一行或一列中仅仅出现一次吗？

020 4个数

据说，有一种人只知道 1、2、3、4 这 4 个数字。

他们只用这 4 个数字可以组成多少个一位、两位、三位和四位的数？

021 硬币

按照图中的样子在桌上放 12 枚硬币，6 枚硬币正面（H）朝上，6 枚硬币背面（T）朝上。注意，在这 4 行硬币当中，每行都同时包括正面硬币和背面硬币。现在，请移动其中的一枚硬币使水平方向的 4 行硬币或者全部是正面或者全部是背面。

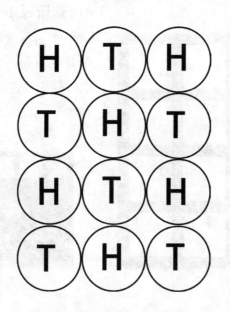

022 倒三角形

如图所示，每1块积木上面有2块积木。问这样的结构可以搭多高都不倒塌？

023 羽毛相同的鸟

你能从图中找出7对相匹配的鸟，并指出剩下那单独的一只吗？相同的鸟不一定朝向同一个方向，因此请注意它们的特征和颜色。

024 含有 Dr 的事物

在候诊室里有 17 样事物的单词都是以 Dr 开头。比如，桌上有一个滴管（dropper）。你能找出其他 16 样吗？

025 眼花缭乱

仔细观察这些特写镜头，你能辨认出它们分别是日常生活中的什么物品吗？

026 看两遍

这些图中包含 12 对完全一样的图形。比如秃头男人手里的勺子，也是棒球运动员的棒球帽——虽然图形有旋转，但是大小、形状和颜色相同。你能把其他 11 对图形都找出来吗？

027 哥伦布竖鸡蛋

有一个非常著名的问题：怎样把一个鸡蛋竖起来？根据记载，克里斯托弗·哥伦布知道答案。

故事是这样的：西班牙的贵族们给哥伦布出了一个难题，要求他把一个鸡蛋竖起来。

所有人都认为他不可能做到。哥伦布拿起鸡蛋，轻轻地敲破了鸡蛋一端的一点蛋壳，轻而易举地就把鸡蛋竖起来了。这个故事的寓意在于，很多看上去非常困难的事情很可能有一种非常简单的解法。

如果要求不能弄破蛋壳，你还能把一个鸡蛋竖起来吗？

Picture	____
DO	_____
DO	_____
DO	_____
Picture	____
RE	_____
RE	_____
RE	_____
Picture	____
MI	_____
MI	_____
MI	_____
Picture	____
FA	_____
FA	_____
FA	_____
Picture	____
SO	_____
SO	_____
SO	_____
Picture	____
LA	_____
LA	_____
LA	_____
Picture	____
TI	_____
TI	_____
TI	_____

028 按音阶来

上面这 7 幅图每一幅分别代表音阶中的一个音符：DO，RE，MI，FA，SO，LA，TI。哪幅图代表哪个音符呢？仔细观察，你会发现每一幅图都包含三样东西，都以该音符作为单词开头。比如，图 6 中包含一只狗（dog）和其他两个以 DO 开头的单词。你能把其他单词找出来并填入右边的横线上吗？

029 奎茨奈颜色棒游戏

只用一套奎茨奈颜色棒，你能否将空白图形填满？

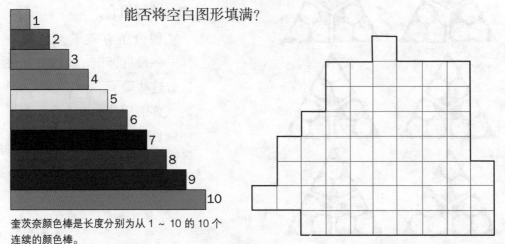

奎茨奈颜色棒是长度分别为从 1 ~ 10 的 10 个连续的颜色棒。

030 调换

这纯粹是一个"换位置"的题。将 3 个白色的棋子分别放在 1、2、3 号位，3 个黑色棋子分别放在 10、11、12 号位。你只能通过 22 步将它们的位置互换。每个颜色的棋子轮流沿着直线从一个圆圈移动到另一个圆圈。任何一个棋子都不可以放在对方棋子下一步可以移动到的圆圈内；每一个棋子只能在它所在的圆圈内停留一次。

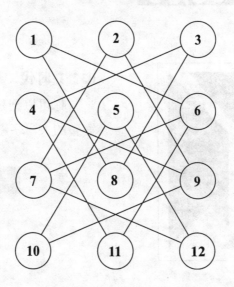

031 排列组合

假设所有碟子颜色都一样——没有标记，也没有办法区分这些碟子。

你能用几种方法将 3 个不同颜色的物体分配到 3 个没有标记的碟子上？

032 T 时代

你可以把这 4 个图形拼成一个完整的大写字母 T 吗？

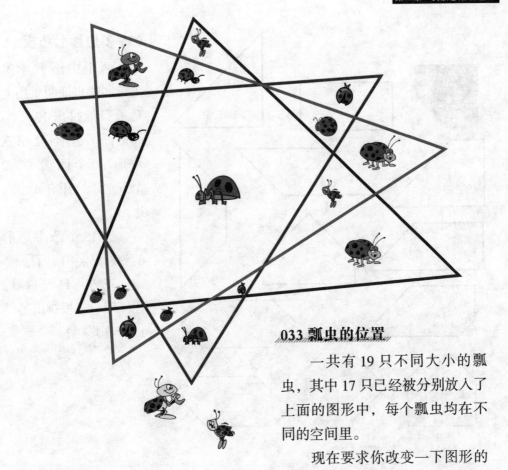

033 瓢虫的位置

一共有 19 只不同大小的瓢虫,其中 17 只已经被分别放入了上面的图形中,每个瓢虫均在不同的空间里。

现在要求你改变一下图形的摆放方式,使整个图中多出两个空间,从而能够把 19 只瓢虫全部都放进去,并且每个瓢虫都在不同的空间里。

034 把 5 个正方形拼起来

将 5 个边长为 1 个单位的小正方形拼入一个大正方形,大正方形的边长是 2.828 个单位。你可以把这 5 个小正方形重新拼入图中的小一点的正方形中吗?

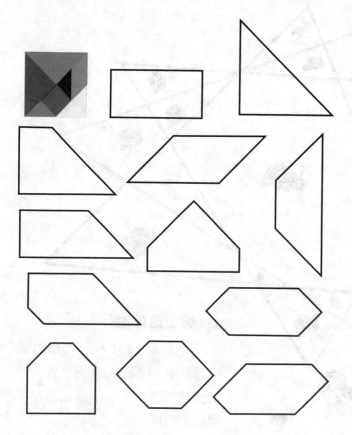

035 多边形七巧板

两个中国数学家王甫和熊川证明了用七巧板只能拼出13个不同的凸多边形：1个三角形、6个四边形、2个五边形，还有4个六边形。

这13个凸多边形的轮廓已经给出了。

正方形已经拼好，你能用七巧板拼出另外12个图形吗？

036 警察

在世纪之交，奥拉夫·安德森成为一名小城市的警察。他的任务是在这个城市的6个正方形街区巡逻。作为一个尽职尽责的警察，他希望在巡逻时找出一条可以一次把所有街区都巡视完的路线。答案中已经给出了他所制定的路线，我们认为那可能是最好的路线。但是，或许也有一条更便捷的路线，所以在查看答案之前请你来试一试。

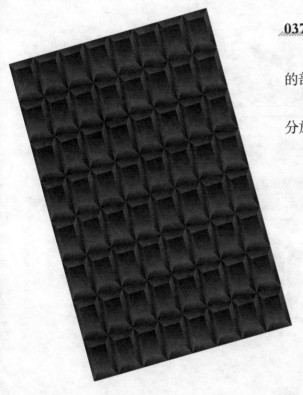

037 分巧克力

要把这块巧克力分成 64 块相同的部分，你最少需要切几次？

注意：你可以把已经切好的部分放在没有切的巧克力上面。

这里有一个很好的例子可以把我们的难题运用到实践中去。你有64个朋友，每个人都想要一块巧克力。快点——你怎么把它分开，让每个人都得到一块，并且尽量避免争吵？

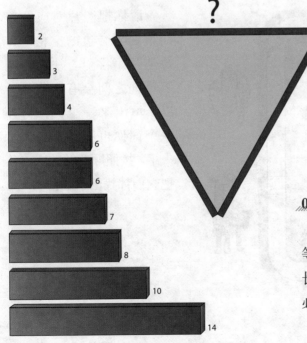

038 三角形花园

用这 9 块木板做成一个等边三角形的围栏，它们的长度用米表示（9 块木板都必须用上）。

039 截然相反

这一次，看图的时候可别忘了"逆向思维"。这里的每一张图片都可以用两个单词来命名，而两个单词之间字母相同、排序相反。比如说，如果某一张图片上画着一堆杂物，最上面是一只壶。那么我们就可以说"toppot"。图下方的横线提示你单词里的字母数量。试试看，你能做出来几个呢？

040 单词接力

请你把图片对应的单词填到它旁边的空格里，每空一个字母。注意，相邻单词之间会有交集。所以，填出来一个词，另外一个词你也就很容易猜出来了。按照顺时针的方向，把它们都找出来吧！

041 餐桌

　　画这幅图的画家犯了一系列视觉的、概念的和逻辑的错误。你能把这些错误全部找出来吗？

042 街道

　　画这幅图的画家犯了一系列视觉的、概念的和逻辑的错误。你能把这些错误全部找出来吗？

043 撕开包装

有人偷偷地撕开了这些礼物的包装。你能不能从这些露出来的部分，判断出这些礼物是什么呢？

044 三角形七巧板

把一个正三角形分割成 6 个三角形，它们的角度分别是 30°、60°、90°。我们就得到一组图形，它们可以被拼成大量的图形。

你可以拼出下面的 3 个轮廓，并且继续发明一些图形和题目吗？

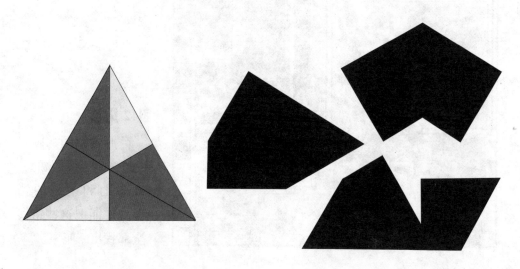

045 射击

慈善盛宴正在举行，巴尼·布朗德巴斯想在长廊上进行的射击比赛中赢得奖品。射击 3 次需要支付 10 元；如果击倒的 3 只鸟上的数字相加正好等于 50，那么，将赢得 1 只喂饱了的短吻鳄。但是，巴尼把钱输光了。那么，你有没有兴趣试试呢？

046 紫罗兰

你能找到藏在紫罗兰中间的拿破仑、他的妻子和儿子的轮廓吗？

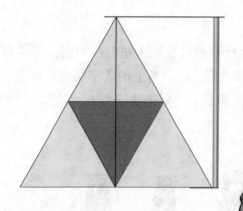

图形的特性是非常吸引人的，它会让你从一个新的角度来看待日常事物。

047 断掉的拐杖

一根拐杖断成了3截，这3截可以组成一个三角形的概率为多少？

如图所示的等边三角形可以帮助你解决这种经典概率问题。这个三角形的高等于拐杖的长度。

048 正方形蛋糕

要求把这个顶上和四周都有糖霜装饰的蛋糕分成5块体积相等，并且有等量糖霜的小蛋糕。

如果蛋糕上没有糖霜或装饰，这个问题就可以用简单的4条平行线解决，但是现在问题有点麻烦，因为那样做将会使2块蛋糕上有较多的糖霜。

```
          3           3
  2 3 0 1       3 0
                3 3 2 0
        0 2 1 1
              2
        1
        3       2 1       3 0
        2 2 1 2       3 2
                        2 2
  1 2     2 1 2       3 3
    0         3 2     3 3 1
    3
    2       3 2 0 1
  2 1       3 0         1
            0 2         1
            0           1 2 2
  1 3 3
    2           1 3 3 3
    1           1
```

049 滑动链接

在滑动链接谜题中，你需要从纵向或者横向连接相邻的圆点，形成一个独立的没有交叉或分支的环。每个数字代表围绕它的线段的数量，没有标数字的点可以被任意几条线段围绕。

050 建造桥梁

在这个游戏中，每个含有数字的圆圈代表一个小岛。你需要用纵向或横向的桥梁连接每个小岛，形成一条连接所有小岛的通道。桥的数量必须和岛内的数字相等。在两座小岛之间，可能会有两座桥梁连接，但这些桥梁不能横穿小岛或者与其他的桥相交。

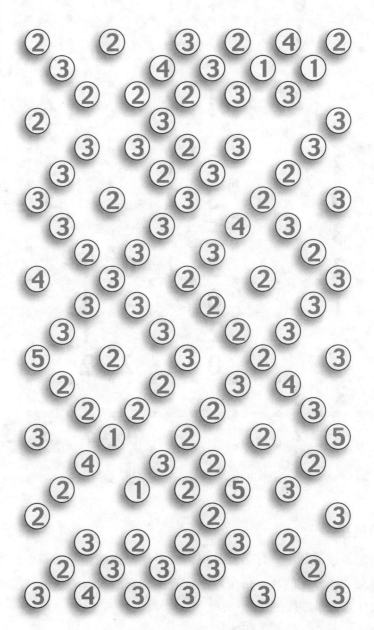

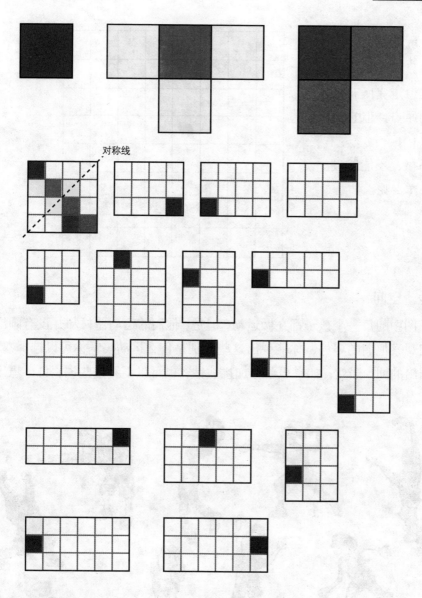

051 多格拼板对称

　　将上面的单格拼板、T形的四格拼板和L形的三格拼板拼成一个对称的图形，见图中的例子。

　　拼出的图形既可以是轴对称图形也可以是中心对称图形，用这3个拼板你能拼出多少个对称图形？一共可以拼出17个对称图形，是不是超出了你的想象？在另外的16个图形中，我们已经给出了单格拼板的摆放位置，你能否将这些图形补充完整？注意：拼板格的颜色不用对称。

052 贪玩的蜗牛

一只蜗牛掉进了棋盒，它想走完所有的格子回到原点，但它每次只能"上下"或"左右"移动一格，不能跳动。它要怎样走呢？

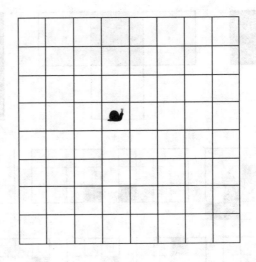

053 运动空间

下图中的每一个孩子都在做运动，但是，他们的运动器材却并没有画出来。请仔细观察他们的姿势，你能说出这些分别是什么运动吗？你可以选择参考右下角列出的词。当然，如果想要增加挑战性，也可以不看这些词，自己想出来。

举重	花样滑冰	足球
棒球	箭术	美式撞球
网球	篮球	保龄球
击剑	高尔夫球	排球

054 韵味季节

这幅图的左侧是夏景，右侧是冬景。左图中有 25 个和夏天有关的事物，右图中有 25 个和冬天有关的事物，它们的英文单词互相押韵。比如说，左图中女孩子的头发（hair）和右图中的熊（bear）就是一个例子。如果你能找出 20 对，你将变得"四季无敌"！

055 组词成趣

右图中列出了 5 件日常生活中的事物，其相应的英文单词被切成了三份，分别列在左、中、右三栏中。首先，请你把散列表格中的事物单词写出来；其次，把它们组合起来构成一个新的单词。比如说，左栏有一个单词是 CARD（卡片），中栏有 BOARD（纸板），右栏中有 BOX（盒子），它们共同组成 CARDBOARD BOX（硬纸板盒）。你能把这 5 个事物都找出来吗？

056 词以类聚

表格中的物品可以分成四类，每一类的 4 件物品都有一些共同点。划为一类的 4 个空格之间，起码共用一条边。它们都有一些共同点，比如说，滚刷、雨伞、网球拍、箱包的共同点是都有手柄。你能把它们划分出来吗？

057 单词聚合

首先，请你把图中"加号"两侧的事物对应的英文单词写出来。其次，把它们"混搭"起来，构成图下方的某一事物。比如说，两张图片分别是 TAPE（磁带）+SUN（太阳），它们"相加"的结果就是 PEANUTS（花生米）——字母相同，顺序却不同。你能把这些加法都做出来吗？

058 筹码

下次如果你碰到纸牌游戏并为此提心吊胆时，不妨用这个题使你紧张的神经放松下来。按照右图的样子，画一个有 16 个方格的棋盘，然后，将 10 张扑克筹码放在棋盘上的 10 个方格内。你的任务是将它们分布在最多行列内，并使每行的筹码个数为偶数。你可以将这些筹码水平、垂直或者沿斜线分布在行列之内。

059 蜂巢迷宫

你能否找到穿过这个蜂巢的最短路线？

060 火柴积木

这个矩阵（彩色小正方形）被分成15条，共8种颜色，每行用1种。

在8×8的游戏板上重新排列这15条积木，使得没有任何一行或列有颜色重复出现。

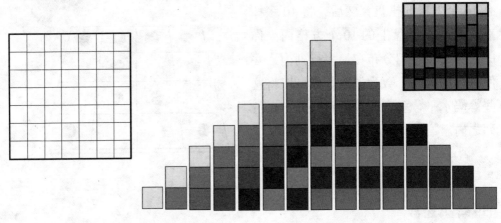

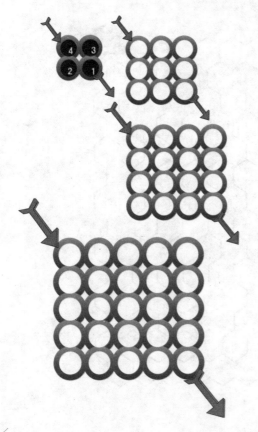

061 数字游戏板

如图所示，把数字1～4、1～9、1～16、1～25分别放进4个游戏板中，使每个圆中的数字都大于其右侧与正下方相邻的数字，你能做到吗？

062 珠子和项链

现在你手上有3种颜色的珠子——红、绿、黄。将这些珠子串成一条项链，每条项链由5颗珠子组成，这5颗珠子中有2颗是同一种颜色，2颗是另一种颜色，剩下1颗是第3种颜色。

请问按照这一规则一共可以串出多少条符合条件的项链？

珠宝设计师总是尝试为自己的顾客设计出最完美的项链。而各种珠子的组合方法有成千上万种，因此他们必须了解图案本身的规则才能够制作出最漂亮的项链。

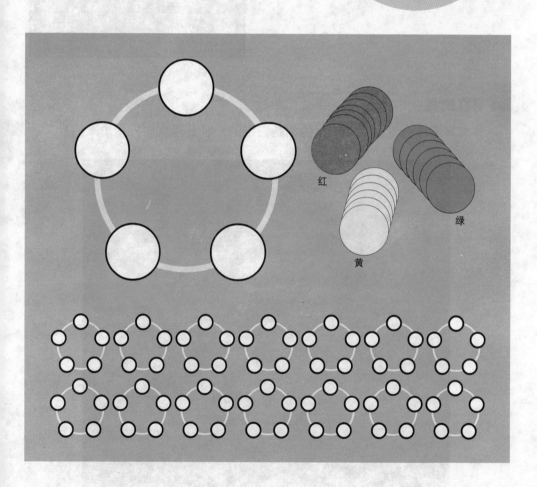

红

绿

黄

063 猫和老鼠

请你在右边的游戏界面上放4只猫和4只老鼠，每只猫都看不见老鼠，同样老鼠也都看不见猫。猫和老鼠各自只能看见横向、纵向和斜向直线上的物体。

每个绿色的格子里只能放1只猫或者1只老鼠。

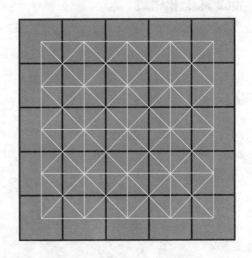

064 垂直的剑

你怎样看才会觉得这幅图里的剑是三维的，且是垂直向外指出来的？

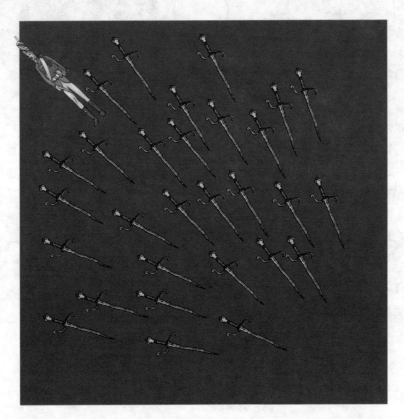

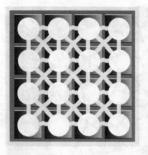

题1

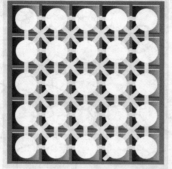

题2

题3

065 皇后的小型对抗

如图所示，在这 4 种规格的棋盘上，分别最多可以摆放多少个皇后，使皇后之间不能互吃？

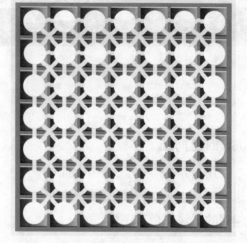

题4

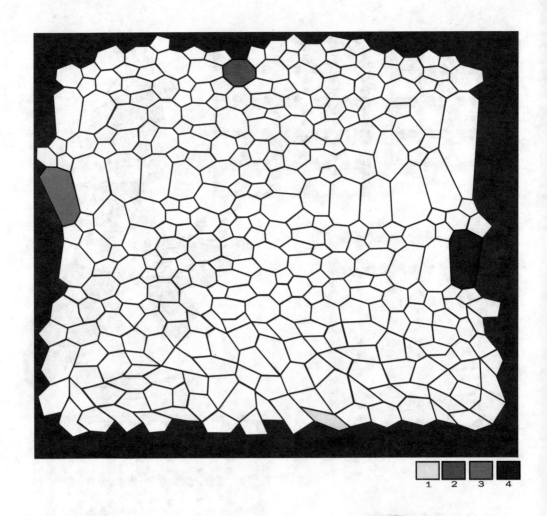

066 四色问题

　　用所给的 4 种颜色给上面的
这幅地图上色，从而使任意两个
相邻的区域颜色都不同。

　　地图上不同的颜
色通常是用来表示不同
的国家或地区，用这种方
式来明确地划清国家或地
区之间的界限。

1　2　3　4

067 六彩星星

你能用这 7 个六边形组成一个图形，使该图形包含一个具有 6 个顶点、6 种颜色的六角星吗？

1

2

3

068 棋盘与多米诺骨牌

多米诺谜题中有一组经典题是用标准多米诺骨牌（1×2 的长方形）覆盖国际象棋棋盘。

图中 3 面棋盘上各抽走 2 个方块（图中黑色处），留下的空缺无法用标准多米诺骨牌填充。

你能找出这 3 面棋盘中哪一面能用 31 块多米诺骨牌覆盖完吗？

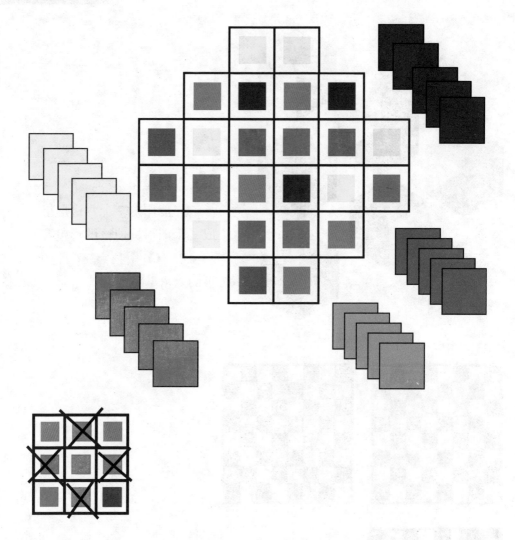

069 掩盖游戏

24个5种颜色的正方形必须按照以下简单规则覆盖游戏板：

1. 水平或垂直方向上的2个正方形颜色不能相同，而斜向相邻的2个正方形颜色可以相同（如图所示）。

2. 在考虑到第一条规则的范围内，正方形每走一步，被覆盖的棋盘格上的颜色就变成走这一步所使用的正方形的颜色。

这个游戏可以有多达5个玩家，每个玩家各选一种颜色，并根据上述规则轮流将自己颜色的正方形放到游戏板上。第一个把他的正方形全部放到板上的一方获胜。

070 不完整正方形的个数

右图是若干个全等正方形不规则地排列在白色的桌面上，但是在这些正方形上面铺了一张有镂空图案的白色桌布，把很多正方形都部分地覆盖住了。

现在看着这幅图，请问你还能数出桌子上正方形的个数吗？

071 Tic Tac 秀

这个场景里有四种东西跟"tic"押韵，四种跟"tac"押韵，还有四种跟"toe"押韵。你能把它们全部找出来吗？

Tic	Tac	Toe

072 寒冷天气

在这道题中，运用你关于寒冷天气的知识，辨别每组里面不属于该组的一个。你能找出来是哪个吗？

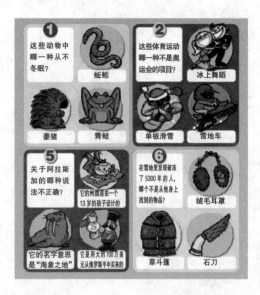

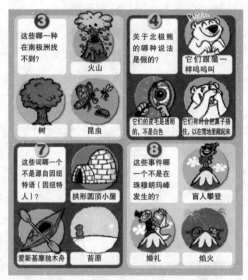

073 迷岛

可怜的漂流者被困在了迷岛，从这里找到出去的路相当不容易。请从漂流者所在的岛开始，从岛上选择任意一样物体（除了棕榈树以外），找到别的岛上跟它相同的物体，并跳到那个岛上。然后选择新岛上的另一件物体，并找到别处跟它一样的物体。如此反复，一直到达右下角的木船处   要注意路上的死角！

074 船在哪儿

下面的大六边形中藏有一定数量大小不一的船（见给出的不同颜色的图例）。小六边形外围的数字表示箭头所指这一行的所有船所包含的格子数。表格中已经给出了一些船的部分，请你把所有的船都画出来。其中，船在摆放时可以旋转。

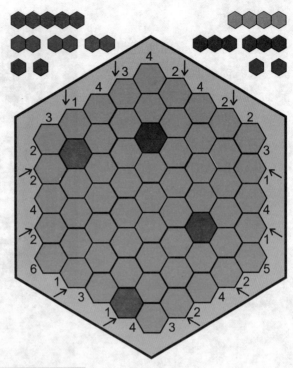

075 着魔

你能把"toad"这个词最终变成"newt"吗？根据提示每次改动一个字母。如果卡住，可以从底下开始往上做。

076 冲浪板

这些冲浪板上面所画图案的英文名称都能放在"board"前面组成一个新单词，比如画有超市收银员（supermarket checker）的冲浪板就能拼出"CHECKBOARD"。你能拼出多少个这样的词？

077 撞球

波齐兹·普兰德加斯特是闲暇时刻台球社团的经理，他总是千方百计地赚取顾客的钱。图中所示的就是他使用的伎俩之一。他将 8 个撞球排成一条直线，一个彩色目标球和一个白色主球交替放置。他打赌说你在 4 步之内不可能使直线上的 4 个白色球移动到左边、使 4 个花球移动到右边。每次移动时，你必须将任意相邻的两个球移动到直线上的其他位置。那么，让我们看看你能否在波齐兹连续将所有的球都打入袋中之前把这个难题解答出来。

078 八边形填色游戏

这是二人的纸笔游戏。

左边被分割的八边形是游戏板。每位玩家选择一种颜色。玩家轮流填色，所填区域必须为由1到5个空白区域组成的三角形。在遵循规则的情况下，最后一个填色的玩家算输。

在示例游戏中，游戏步骤以顺时针顺序展示，持红色的玩家输了。

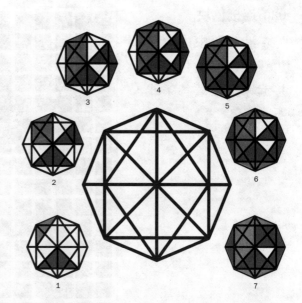

079 六角魔方

你能否将数字1到12填入多边形的12个三角形中，使得多边形中的6行（由5个三角形组成的三角形组）中，每行（每组）的和均为魔数33？

080 连接色块

沿着图中的白色边线把所有的色块连接起来，注意各条线不能相交。

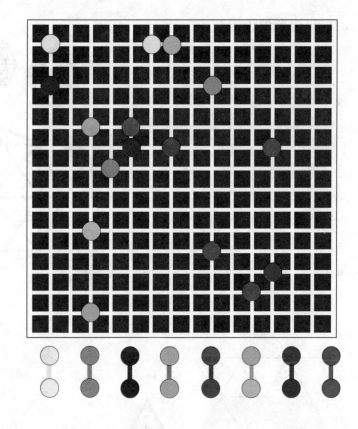

081 给正方形涂色

把4种不同的颜色涂在正方形的4条对称轴上，其中相对的2条线段颜色相同，如图所示，问一共有多少种涂色方法？

左边已经给出了其中的一种。

注意：同一图形的不同旋转只看作一种方法。

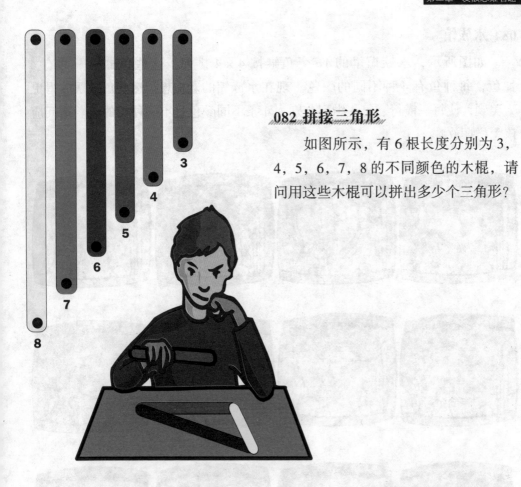

082 拼接三角形

如图所示，有6根长度分别为3，4，5，6，7，8的不同颜色的木棍，请问用这些木棍可以拼出多少个三角形？

083 瓶塞

"玻璃杯"题中所使用的瓶塞现在又掉进斯迈德维奇女士的玻璃杯里。一般情况下，瓶塞不会停留在杯内水的中央，相反，它会慢慢漂到玻璃杯的一侧，并且停在那里。然而，却有一个简单的方法可以使瓶塞停留在玻璃杯的中央（使水旋转不算答案）。

084 水族馆

如图所示，水族馆里的 16 个鱼缸按 4×4 排列，这些鱼缸里一共有 4 种鱼，每种鱼有 4 种不同的颜色。现在水族馆的老板想把这些鱼缸摆放得更为美观，使每一横行、每一纵列分别为 4 条不同颜色且不同种类的鱼。请问应该怎样摆放？

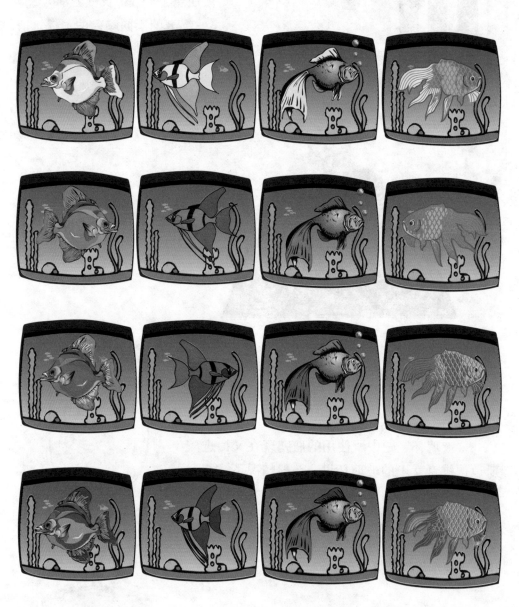

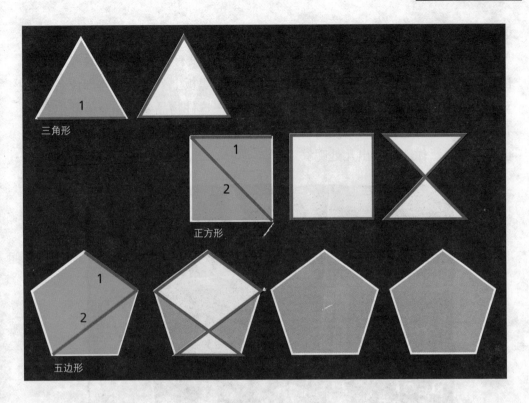

085 多边形变星形

按照下面的规律可以把多边形变成不规则的
星形：

从多边形的任何一个顶点出发，将这个顶
点与另外任一顶点相连，再与下一个顶点相连，
直到连接所有的顶点，然后再回到出发的那个
顶点。这样可以形成一个对称的图形，如上图。

可以用来画星形的线段用红色线段标注出来
了。三角形是唯一不能在里面画出星形的多边形，而
其他的多边形都有可能按照这一规律画出各种不同的星形。比如，正方形就有
两种画法，而五边形的画法就更多。

不考虑图形的旋转和映像。

问：按照上面所讲的这一规律，正五边形可以形成多少个对称的星形？

提示：正五边形一共可以形成 3 个星形，上图已经画出了其中一个，请问
你能否画出另外两个？

> 星形跟所有其他的
> 图形一样，可以是规则的，
> 也可以是不规则的。我们总是
> 把天上的星星想象成是规则的，
> 甚至是完美的，然而事实上它
> 们的形状和大小常常是不规
> 则的。

086 身体部位

　　图中的这位科学怪人——弗兰肯斯坦博士还没有找到他需要的"人体部位"啊。实际上这些都藏在他的实验室里！看看黑板上列出的身体部位名称，对照着其中的每一个，在图中找出一件物品——这件物品要么和身体部位名称有关，要么本身包含着可以用身体部位命名的部分。比如说，左边的那张桌子也有"腿"。你还能找出几处呢？

087 风车转转

这里的每一幅图片都可以用一个含有 4 个字母的单词来命名。想一想是哪个单词，把它沿着数字标签指定的位置和方向填出来：从外向内，弯成弧形。图中已经给出了一个答案。

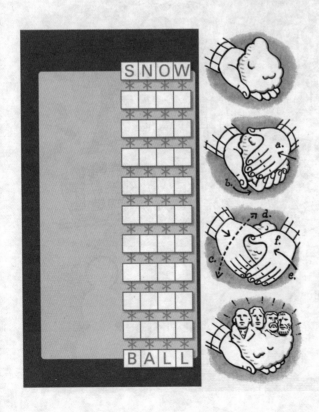

088 滚雪球

你能够把 snow（雪）一步一步地变成 ball（球）吗？根据提示，每次填入一个单词。相邻的两个单词只有一个字母不同。如果你卡壳了，那就试着从下往上做。

089 堆雪人

用3个雪球可以堆成一个大雪人，同时，雪球上的6个字母会拼成一个和寒冷天气有关的单词。小雪球——也就是雪人的脑袋上写着一个字母，中间的雪球上写着两个字母，大雪球上写着三个字母。先选取小、中、大三种雪球，堆成雪人，再把雪球上的字母从上到下拼起来，把拼出来的单词写在下面。

090 美味世界

下面的 8 幅图片中都有一件物品是食物做成的，同时，物品和构成它的食物二者的英文单词是押韵的。比如说，意大利面做成的可爱小狗可以叫作"noodle（面条）poodle（狮子狗）"。你能将这样的单词都找出来吗？

091 圆盘词趣

每一张图片四周都有 6 个圈，请你按照箭头提示的位置与方向把图片对应的单词写出来（每个字母占一个空，相邻的单词之间会共用某几个字母）。

092 消失的脸

把上面的图复制下来，并沿着黑色的线将它剪开。将下面的脸沿着黑线向左滑动。

所有的帽子都还在，但是有一张脸消失了。

你能说出是哪一张脸消失了吗？

093 消失的铅笔

把右下角的圆盘复制并剪下来。

如果你把这个圆盘放在左边的图上，然后按顺时针方向旋转3格，你就可以把这个图从7支蓝铅笔和6支红铅笔变成6支蓝铅笔和7支红铅笔。

你能说出哪支铅笔的颜色变了吗？

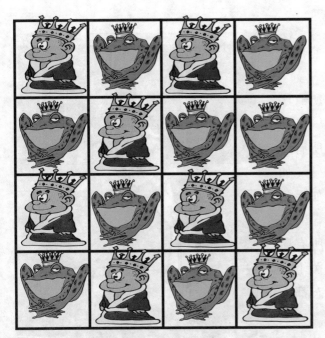

题1

094 青蛙和王子

一个 4×4 的游戏板上随机放了 16 个双面方块。这些方块一面是青蛙，一面是王子。

这个游戏的目标就是使所有的方块都显示为同一面，即要么全部是青蛙，要么全部是王子。

翻动方块时要遵循一个简单的规则：每一次必须翻动一整横行、竖行或者斜行的方块（斜行也可以是很短的，比如游戏板一角的一个方块也可算作一个斜行）。

已经给出了两个游戏板，请问它们都可解吗？有没有简单的方法来确定一种结构是不是可解的呢？

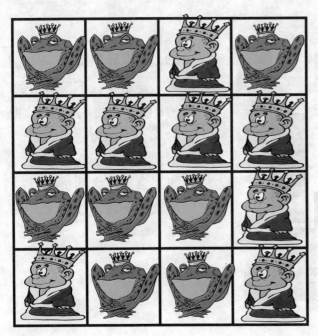

题2

095 酒店的门

酒店的 10 扇门都关着，它们分别被标上 1 ~ 10 这十个序号。

一个清洁工走过来，将所有序号能被 2 整除的门都打开。

一个修理工走过来，将所有序号能被 3 整除的门打开或者关上（如果门是关着的就把它打开，如果门是打开的就把它关上）。

一个服务生走过来，将所有序号能被 4 整除的门都打开或关上。依此类推，直到所有门的状态都不能再被改变为止。

最后哪几扇门是关着的？

096 等积异型魔方

复制并裁下所给出的 6 个图片。将它们重新组合成一个魔方，每一行、列都有 6 种不同的颜色。想要尝试更大的挑战吗？那就不要将图片裁下，尝试心算解题。

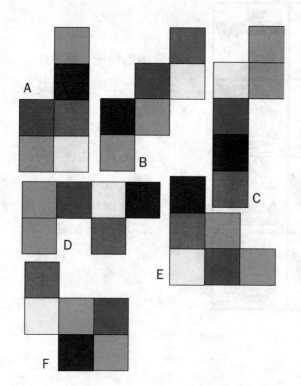

第三章

推理思维名题

001 嫌疑人

这幅图里聚集的嫌疑人中有一个人偷走了前一晚宴会的剩饭，这个谜需要你来解开。首先你得通过检查画面回答以下侦探提出的所有问题（用一个英文单词作答），然后在字母格子里找出你的答案。一旦你把所有正确答案都在字母格里圈出来，那么从左至右阅读剩下的字母（所有没被圈出的字母），你就知道侦探是如何解开谜底的了。

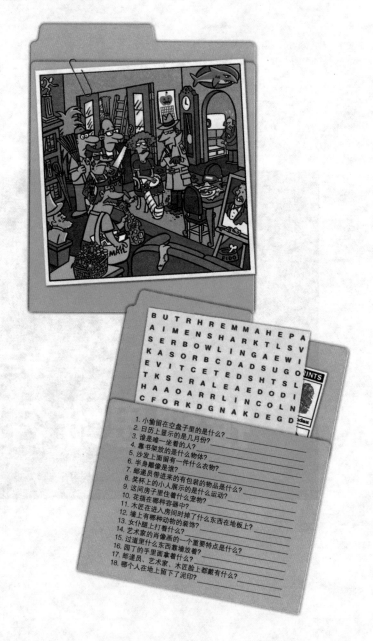

B U T R H R E M M A H E P A
A I M E N S H A R K T L S V
S E R B O W L I N G A E W I
K A S O R B C D A D S U G O
E V I T C E T E D S H T S L
T K S C R A L E A E D O D I
H A A O A R R L I N C O L N
C F O R K D G N A K D E G D

1. 小偷留在空盘子里的是什么？
2. 日历上显示的是几月份？
3. 谁是唯一一坐着的人？
4. 靠书架放的是什么物体？
5. 沙发上面留有一件什么衣物？
6. 半身雕像是谁？
7. 邮递员带进来的有包装的物品是什么？
8. 奖杯上的小人展示的是什么运动？
9. 这间房子里住着什么宠物？
10. 花插在哪种容器中？
11. 木匠在进入房间时掉了什么东西在地板上？
12. 墙上有哪种动物的装饰？
13. 女仆腿上打着什么？
14. 艺术家的肖像画的一个重要特点是什么？
15. 过道里什么东西靠墙放着？
16. 园丁的手里面拿着什么？
17. 邮递员、艺术家、木匠脸上都戴有什么？
18. 哪个人在地上留下了泥印？

002 博物馆的展品

在 20 世纪初期，苏塞克斯的百里香小镇有一位喜爱考古的乡绅，他把几样在他的土地上发现的东西赠给了附近的一家博物馆。现在摆在展台上的东西是其中的 4 件。从以下给出的线索中，你能推断出每件东西是在哪个世纪制造的，在哪年赠给博物馆的吗？

线索

1.那件银匙不是产自公元 9 世纪。物品 C 不是在 1936 年赠送给博物馆的。

2.在 1948 年，乡绅去世的前一年，他将出产于 12 世纪的一件人工制品捐献给博物馆。那位乡绅 89 岁。

3.物品 B 是一枚银胸针，它不是第一件赠送给博物馆的艺术品。

4.那把剑紧靠在大概出产于 10 世纪的东西的右边。

5.银酒杯的制造时间紧靠在 1912 年赠出物的制造时间之前。两者在展示橱上相邻排在一起。

物品 A　物品 B　物品 C　物品 D

艺术品：＿＿＿　＿＿＿　＿＿＿　＿＿＿

制造日期：＿＿＿　＿＿＿　＿＿＿　＿＿＿

赠送日期：＿＿＿　＿＿＿　＿＿＿　＿＿＿

艺术品：银胸针，银匙，银剑，银酒杯
制造日期：9 世纪，10 世纪，11 世纪，12 世纪
赠送日期：1912 年，1929 年，1936 年，1948 年

提示：首先要确定物品 A 的相关问题。

003 递进

桑迪·班克尔是闲时乡村俱乐部的高尔夫专家，那天他在高尔夫球场的表现不稳定，前6洞的成绩看起来就像在坐过山车，起伏很大。有趣的是，他的相邻两洞的成绩呈现出一定的规律性。那么，你能计算出桑迪第七洞的成绩吗？

洞	1	2	3	4	5	6	7	8	9	
草皮断片	4	5	5	3	4	5				
桑迪·班克尔	12	9	3	6	3	1				

004 服务窗口

下面的图向我们展示了一个繁忙的城市邮政局，分别有4位顾客在4个服务窗口前办理业务。从下述的线索中，你能说出今天在各个窗口上班的职员的名字、每个顾客的名字以及每位顾客办理的业务吗？

线索

1. 艾莉斯正在提取她的养老金。

2. 某人正在办理公路收费执照，而亨利就站在此人左边第2个窗口处。亨利不在亚当的窗口前办理业务。

3. 路易斯在3号窗口处工作。

4. 4号窗口前的顾客不是玛格丽特，此处的顾客正在购买一本邮票集锦。

5. 某人正在寄一封挂号信，大卫就在此人的右边一个窗口工作。

1	2	3	4

职员：＿＿＿＿＿＿＿

顾客：＿＿＿＿＿＿＿

业务：＿＿＿＿＿＿＿

职员：亚当，大卫，路易斯，迈根
顾客：艾莉斯，丹尼尔，亨利，玛格丽特
业务：邮票集锦，养老金，挂号信，公路收费执照

提示：从办理公路收费执照处的窗口开始推断。

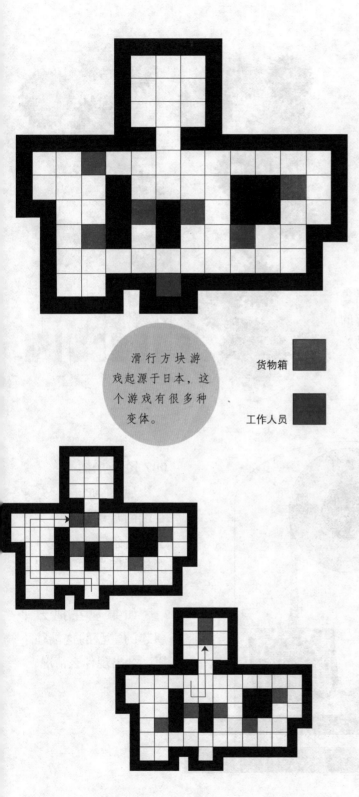

滑行方块游戏起源于日本，这个游戏有很多种变体。

货物箱 ■

工作人员 ■

005 滑行方块

上图是一个大型仓库的平面图。仓库里的货物箱用红色方块表示，仓库里的工作人员用蓝色方块表示。

我们的任务是要将所有的货物箱都推到图中最顶上的储物区。工作人员只能自己来推动箱子，可以横向或者纵向推动箱子，但是不能斜向推动。一次只能推动一个箱子。推一次看作一步，不管这一步有多远。如例子所示，工作人员推一个箱子用了两步。

解决这个问题一共需要多少步？

利用齿轮来拉动重物是一种比较省力的方法，几乎所有的机器设备都或多或少地使用到了这种简单的装置。下面的这个题目就要考考你关于齿轮的知识。

006 向上还是向下

如果将左下角的红色齿轮逆时针转动，图中的4个重物将分别怎样移动？哪2个向上，哪2个向下？

007 链条平衡

如图所示，天平一端的盘里装了一条链子，这条链子绕过一个滑轮被固定在天平另一端的盘子上。

如果现在把天平翘起的空盘的这端往下压，会出现什么情况？

008　首姆斯和惠特森

在 100 多年前，有一位私人侦探叫霍洛克·首姆斯，他经常会被邀请去侦破一些复杂的案件。这些都被他忠实的助手惠特森先生记录下来。下面的问题围绕着其中的 5 个案件，它们发生于 5 个连续的年份中。从所给的线索中，你能说出惠特森先生给每个案件所起的名字，并推断出首姆斯先生解决每个案件所需要的时间以及引领他最后解决问题的关键线索吗？

1. 在惠特森的记载中，"幻影掷刀者案件"发生于另一个案件之后，那个案件是首姆斯以洗衣房的账单为线索，花费 4 天时间解决的。
2. "布林克斯顿扼杀案"是首姆斯根据马蹄印最后破案的。此次调查持续时间不是 4 周。
3. "王冠宝石案"在首姆斯调查此案之后的第 3 周得到顺利的解决。
4. 首姆斯解决"波斯外交官案件"不是在 1899 年。
5. 1900 年，首姆斯根据一颗纽扣侦破了一桩案件。
6. 1901 年，一位内阁部长邀请首姆斯侦察"假冒的印度王公案件"，该案件的关键线索不是结婚证书。
7. 1898 年，首姆斯花费整整 6 周时间侦破了一桩案件。

	布林克斯顿扼杀案	假冒的印度王公案	波斯外交官案	幻影掷刀者案	王冠宝石案	4天	8天	3周	4周	6周	车票	马蹄印	洗衣房账单	丢失的纽扣	结婚证书
1897 年															
1898 年															
1899 年															
1900 年															
1901 年															
车票															
马蹄印															
洗衣房账单															
丢失的纽扣															
结婚证书															
4 天															
8 天															
3 周															
4 周															
6 周															

009　时钟

那天虽然没有下雨，雨却浇在善良的斯皮尔牧师的心里。他不但失去了教堂尖塔上的十字架，而且时钟的表面也被飞来的树枝撞成 4 块儿。当他检查损坏的钟表时，他发现了一件不同寻常的事情。每块儿碎片上的罗马数字相加的结果都是 20。那么，你知道时钟表面是如何断裂以致发生了这样的事情吗？

010 齿轮转圈

如图所示，4个齿轮构成了一个闭合装置。4个齿轮分别有14，13，12和11个齿。

问最大的那个齿轮转多少圈，可以使所有的齿轮都回到原来的位置（也就是各个标记的齿和图中的黑色三角形再次一一相对）？

011 齿轮六边形

左图为6个相互契合的齿轮，转动其中的一个大齿轮多少圈，可以使这6个齿轮形成如图中间所示的样子，即齿轮中间形成一个黑色的六边形？

图中的大齿轮都是30个齿，小齿轮都是20个齿。

012 卢卡数列

找一个朋友在右边 2 个红色方框内分别写上 2 个数字（例如 3 和 2），并且不能让你看到。然后从第 3 个方框开始，每个方框里面的数等于前 2 个方框里的数之和。依此类推，一直写到第 10 个方框。

他们只给你看绿色方框里的数，其他方框里的数你都不知道。

要求你写出这 10 个数的和。在他们还没有写完这 10 个数时，你就可以将它们的和（图中为 341）写出来了。

怎样可以提前知道答案呢？

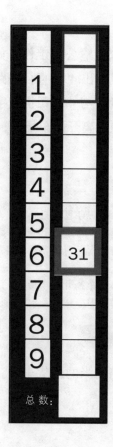

013 缺少的时针

表盘中缺少的时针应指向哪儿？

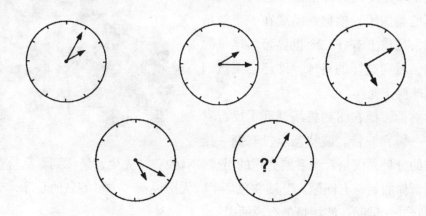

014 运货车

有4位司机在一家运输公司工作，如图所示，该公司的停车场通往一条环形马路，该环形马路又发出4条直行马路。从下面所给的线索中，你能将停车场中标号1～4的运货车与4位司机名字逐一匹配出来吗？并指出那天早晨出发时他们是按照何种顺序离开停车场的，同时推断出每位司机是选择A～D中哪条马路来行驶的吗？

线索

1.汤米在1号运货车司机启程之后出发。在2号运货车司机亚瑟之前驶离出口，并离开环形马路。

2.第3个离开停车场的运货车到达环形马路后，它朝着马路C的方向行驶。

3.当天早上，罗斯是第2个离开停车场的。

4.4号货车行驶的是马路D。

司机：亚瑟，盖瑞，罗斯，汤米

提示：首先推断出汤米的运货车号。

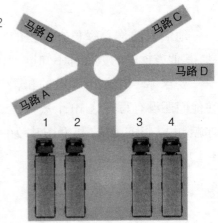

015 足球的破绽

大毒枭沙文连闯四国，马上就要将价值100万美元的海洛因带进毒品价格最高的美国了。他把毒品藏在一个新足球内，足球上有好几个世界著名球星的签名，看到这样的足球，谁还会贸然剖开足球检查呢？

然而，他在纽约机场遇到了反毒专家——警官波特。波特甚至没有掂一掂足球的分量，仅是看了看网兜里的足球，就说："先生，请你到毒品检查站来一趟，你的足球有问题。"沙文急坏了，大声说："球星签名的足球，有什么问题呀？"试问：波特是怎么说的呢？

016 扑克牌

如图所示，15 张扑克牌摆成一个圆形，其中两张已经被翻过来了。

这 15 张牌中每相邻 3 张牌的数字总和都是 21。

你能否由此推出每张牌上的数字？

017 师生

根据题目所给的条件，你能否把教师和学生正确配对？

018 数列

你能找出这个数列的规律，并写出它接下来的几项吗？

019 缺失的数

左边的数是按照一定的顺序排列的，你能否在画有问号的方框内填上一个恰当的数？

如果你做到了，左边图中缺少的那块蛋糕就是你的了！

020 21个重物

你有21个相同的盒子，它们中的一个比其他的稍微重一点。用一架天平，你需要称几次就可以找出那个比较重的盒子？

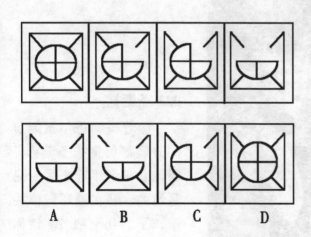

021 规律推图

仔细观察上面的4幅图形，然后从A、B、C、D选项中选出规律相同的第五幅图形。

022 正确的图形

哪一个图形可以放入问号处？

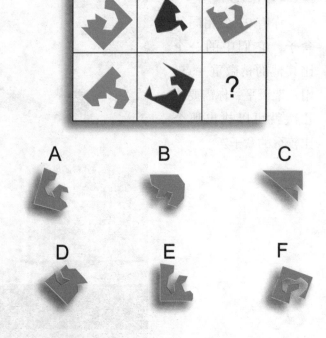

A   B   C

D   E   F

袜口和脚趾部分的颜色是一样的
袜子上至少有一圈红色斑纹
要么有皮毛的镶边，要么有一只铃铛，但不会二者都有
在收起袜子之前，她总要补一补上面

023 圣诞袜

尽管霍莉每年圣诞节的时候都负责挂圣诞袜，但她总是记不起来哪一只是她的。好在她还记得关于袜子的几个细节。请你根据图中的提示，把她的袜子找出来。

024 园艺师

根据题目所给的条件，你能否判断出下面的花分别是哪个园艺师种的吗？

025 狡诈的走私犯

霍普是个国际走私犯，每年从加勒比海沿岸偷运大量钻石，从未落网。

根据海关侦查，6个月前他曾在海关露面，开一辆新出厂的黑色高级蓝鸟敞篷车，海关人员彻底搜查了汽车，发现他的3只行李箱都有伪装的夹层，3个夹层都分别藏有一个瓶子：一个装着砾岩层标本，另一个装着少量牡蛎壳，第三个装的则是玻璃屑。人们不明白他为什么挖空心思藏这些东西。更奇怪的是，他每月两次定期开着高级轿车经过海关，海关人员因抓不到证据，每次都不得不放他过去。

迷惑不解的海关总长找名探洛里帮助分析，洛里看着"砾岩层、牡蛎壳、玻璃屑"深思着。"这些东西有什么意义？"总长心急地问："他到底在走私什么东西？"洛里点燃烟斗，沉思良久，恍然大悟，笑着说："这个老滑头，你把他拘留起来好了。"

霍普到底在走私什么东西？

026 射球明星

鲍勃·克劳斯是一名足球报道员，上星期六他为本地球队的五球杯赛作了报道，他的报道结合了 5 位进球员的图画。从以下给出的线索中，你能确定图中每位球员的名字、球衣号码和他进球的时间吗？

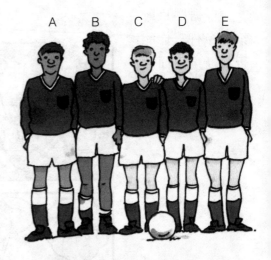

线索

1. 8 号的左边是文斯，右边是最后进球的人。文斯是紧接在 8 号后面进球的。A 紧接在 E 的后面进球。E 的球衣号码比 A 大。

2. 艾伦紧接在 B 后面进球，B 的左边是 7 号。3 号紧接在格雷厄姆后面进球。格雷厄姆比 3 号更靠左边不止一个位置。

3. 大卫比靠在他左右两边的人的球衣号码都大，进球都早。

4. 9 号是在第 47 分进球的。

5. 保罗的球衣号码比在第 34 分进球的人的号码小，那个人比保罗更靠左边不止一个位置。

球员：艾伦，大卫，格雷厄姆，保罗，文斯
球衣号码：3，6，7，8，9
时间：第 21 分，第 34 分，第 47 分，第 65 分，第 88 分

提示：首先找出第 88 分进球的人是谁。

027 血型辨凶手

这是个十分奇妙的案件。兄弟俩感情破裂，原因是为了争夺家产，见面也像仇人似的。一天，哥哥被发现死在街头，而弟弟从此后失踪。警方在现场侦查，发现了以下一些资料：死去的哥哥的血型是 A 型，而在他身上，还发现另外一些血液，是属于凶手的，则为 AB 型。

警方发现死者父亲的血是 O 型，母亲的血是 AB 型，但失踪的弟弟血型不清楚。凭以上的资料，你认为失踪的弟弟会不会是凶手呢？

028 8个金币

一共有 8 个金币，其中 1 个是假币，其余的 7 个重量都相等，只有假币比其他的都要轻。

请问用天平最少几步能够把假币找出来？称重量的时候只能使用这 8 个金币，不能使用其他砝码。

我们在做题的时候常常会用一个一个去试的方法来把题解出来，而事实上运用推理思维将会有效率得多。仔细思考下面的这道题，看你怎么样才能很快地把假金币找出来。

029 福尔摩斯

泰晤士河畔的一座公寓里发生了一起凶杀案。罪犯十分狡猾，当福尔摩斯赶到案发现场时，发现连时钟都被砸碎了。侦探找到了一块碎片，长针和短针正好各指在某一刻度上，长针比短针多 1 刻度，但看不出具体时间（如图）。福尔摩斯却从中分析出了作案时间。你知道是几时几分吗？

030 巨款仍在

　　已到暮年的北极探险家巴斯过着独居生活。一天，他被暗杀在密室中，放在密室壁内保险柜里的 40 万美元被盗去。根据这里特有的防范措施，警方认定罪犯并没有将这笔巨款带出住宅，而是藏在宅内某处，等日后伺机取走，于是当局公告拍卖巴斯的私人财产，警长布里和刑事专家伯纳来到了探险家的庄园。博物厅里，拥挤的顾客正在注视着死者一生中 5 次去北极探险获得的纪念品——两只北极熊标本、1 只企鹅标本、3 只大龟标本，以及因纽特人的各种服装、器皿和武器。警长预计罪犯会来，因为拍卖时间只有两天，但他担心警署人员不可能周密地注视到每个房间。伯纳说：“很关键，罪犯肯定会到这个房间里来取某样东西。”

　　请问：罪犯究竟到这个房间里来取什么呢？

031 彩票

　　一种奖品为高级小轿车的彩票一共发行了 120 张。

　　有一对情侣非常渴望得到这辆车，因此购买了 90 张彩票。

　　请问他们不能赢到这辆车的概率是多少？

032 真假难辨

这些人分别来自于托特和弗尔斯家。托特家的人总是讲真话，而弗尔斯家的人总是讲假话。

这些人分别是谁家的，请在他们脚下的方框里填上恰当的字母。

我是托特家的。

我们来自于同一个家庭。

1

T	托特家
F	弗尔斯家
?	不能判断

我的这位朋友是弗尔斯家的。

我们来自不同的家庭。

2

这个女孩是弗尔斯家的。

我爸爸是托特家的。

3

我不是托特家的就是弗尔斯家的。

033 早上的电话

不久前的某个早上，克拉丽莎分别在 8:30、9:30、10:30 和 11:30 打了电话给住在不同地方的朋友。从以下给出的线索中，你能说出这些朋友的姓名和地址吗？

1. 打到里丁的电话是在克拉丽莎打完给雪莉的电话之后。
2. 奥德丽是洛斯特的居民，她不姓彼得斯。
3. 与伯妮斯的通话是在那天早上的 10:30。
4. 克拉丽莎的朋友里得雷住在朴茨茅斯。
5. 打电话给罗莎蒙德·纳尔逊的时间比克拉丽莎打到剑桥的电话要迟。
6. 早上第一通电话不是打给基思太太的。

名：奥德丽，伯妮斯，罗莎蒙德，雪莉
姓：基思，纳尔逊，彼得斯，里得雷
地址：剑桥，洛斯特，朴茨茅斯，里丁

提示：首先应推断出奥德丽姓什么。

034 巴都万螺旋三角形

图中巴都万数列中的下一项是什么？

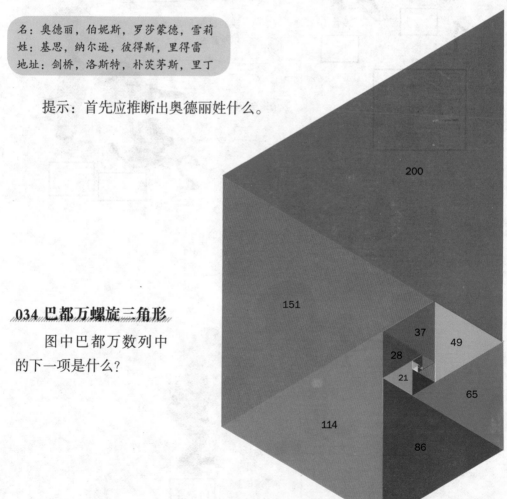

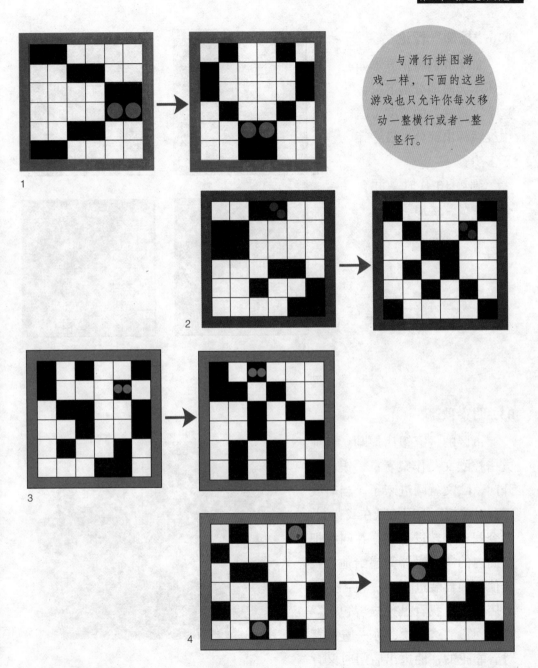

与滑行拼图游戏一样，下面的这些游戏也只允许你每次移动一整横行或者一整竖行。

035 变形

在这4个变形中，目标是由第1个图形变到第2个图形，规则是将原来图形的整个横行以及竖行顺序打乱。

你能找出系统地解决这类游戏的方法吗？

036 "楼梯"悖论

如果我们将正方形如图所示无限地分割下去，这个"楼梯"的长度（图中红线标出部分）最终等于多少？

到第10代时一共会有多少级"楼梯"？

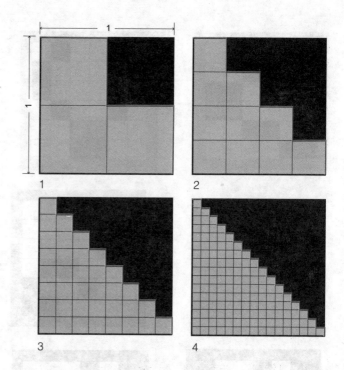

037 明察秋毫

市区的一家银店遭劫。营业员指控欧文是作案者："银店刚开门，欧文就闯进来了。当时我正背对着门，他用枪抵在我背上，命令我不准转过身来，并叫我把壁橱内的所有银器都递给他。我猜他把银器装进了手提包，他逃出店门时，我看见他提着包。"警长问："这么说，你一直是背对着罪犯的，他逃出店门时又背

对着你，你怎么知道他就是欧文呢？"营业员说："我看见了他的影像。我们的银器总是擦得非常亮，在我递给他一个大水果碗时，我见到他映在碗上的头像。"在一旁静听的亨利探长："你别装了，你就是罪犯。"

探长为什么断定营业员是罪犯？

038 弹子球

詹妮和杰迈玛本来有相同数量的弹子球，后来詹妮又买了 35 颗，而杰迈玛丢掉了 15 颗，这时他们两人弹子球的总数是 100。

请问刚开始时詹妮和杰迈玛分别有多少颗弹子球？

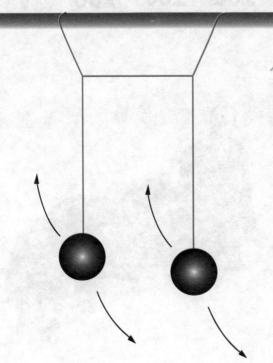

039 共振摆

两个摆可以有很多种不同的组合方式，最简单的方法就是把它们用绳子挂起来，如图所示。你可以用一支铅笔和两颗珠子来制作这个装置。分别用绳子将两个"摆锤"系在起连接作用的绳子上，这样它们摆动的时候就正好与这根绳子垂直。

如果你用手拉动其中一颗珠子让其运动起来，那么这个装置会发生什么变化？

040 等差级数

如果一个级数的每一项减去它前面的一项所得的差都相等，这个级数就叫作等差级数。

如：

2 4 6 8　　0阶

2 2 2　　　1阶

就是一个等差级数，我们很容易看出等差为2。

但是在等差级数中，并不是所有的等差都这么容易看出来，尤其是在高阶等差级数中，需要进行多阶分析。

根据这些知识，你能否判断出题1和题2中问号处各应该填上什么数？

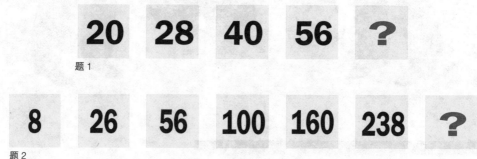

题1

题2

041 打破的水晶

波洛侦探的助手报告说："迈克被杀死了，凶手就是他的仆人，但是一直没有找到凶手用的凶器。地上的水晶碎片是凶手离开现场时不小心打破的。"波洛说："不，他是故意打碎的。"

你知道凶手为什么这么做吗？

042 男孩的特征

一个班有 20 个男孩，其中有 14 个人是蓝眼睛，12 个人是黑头发，11 个人体重超重，10 个人非常高。

请问一共有多少个男孩同时具备这 4 个特征？

中间的人是亨利。

我是狄克。

中间的人是汤姆。

043 谁是谁

汤姆总是说真话；狄克有时候说真话，有时候说假话；亨利总是说假话。请问图中的 3 个人分别是谁？

044 图形识别

依据图形变化规律找出第四幅图。

045 正确的选项

根据已给出的数列，请推测问号处应填 A、B、C、D、E、F 哪一项？

A

8	8	2
2	9	2
4	7	1

B

2	8	2
1	8	1
4	7	2

C

2	8	2
1	8	1
4	7	1

2	9	3	7	3	2	1	1	8	
	5	4	3	8	4	2	4	2	0
8	3	5	6	6	3	0	2	4	
	7	2	9	2	4	1	8	1	4
6	4	7	4	4	2	8	2	4	
	7	2				1	6	1	4
6	2	9	2	6	**?**	2			
	3	9				2	8	2	7
3	4	5	4	8	2	0	1	2	
	2	8	6	3	2	1	8	1	6
2	9	4	6	6	2	4	1	8	
	7	6	8	6	6	4	8	4	2
5	5	9	3	2	2	7	2	5	

D

2	8	2
2	9	2
4	7	1

E

2	8	2
1	9	1
4	5	1

F

3	8	3
1	8	1
4	7	1

046 贪吃蛇

这些饥饿的蛇正在互相吞食着对方。由于它们采用了这种怪异的进餐方式，它们所组成的圆环正在逐渐缩小。如果它们仍旧继续吞食对方的话，最后这个由蛇构成的圆环会出现什么情况呢？

047 楼梯上的凶案

因供电局更换照明电缆，好几幢公寓都在晚8点至11点停电。这天晚上，盲人中心的经理妮可9点多才回到公寓，并走楼梯回家。第二天，人们在楼梯上发现了她的尸体，她手里攥着皮包的带子，却不见皮包，显然这是一宗杀人抢劫案。警察赶到现场调查。据公寓管理员回忆，当时还有同楼的另一男子与妮可差不多同时间上楼。警方立刻召来那名男子讯问。那名男子说："我当时确实和妮可同时上楼梯，我看见她是盲人，行动不方便，所以还扶着她上楼梯，到了她住的那层我才走。"管理员听那男子说完后，大声地说："他在说谎，妮可小姐是他杀的。"

管理员怎么知道那男子在说谎呢？

048 万圣节大变脸

为了迎接万圣节，图中上方的5个孩子化装之后按照新的顺序排在了下方。他们戴上了假发、假鼻子等。请你利用逻辑推理，把他们一一对应起来。

049 扑克牌

猜一猜,哪张扑克牌可以替换问号完成这道题?

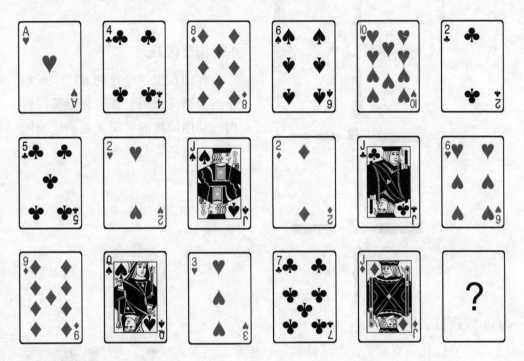

050 画符号

请在空格中画出正确的符号。

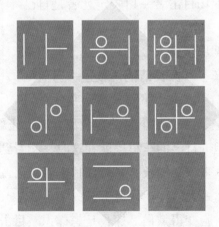

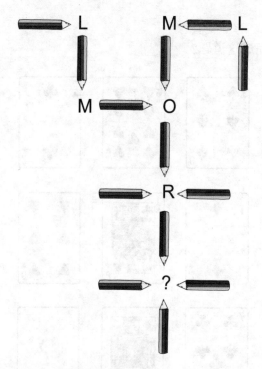

051 铅笔游戏

你能找出这个排列方式中所利用的逻辑关系吗？如果你能够找得出，利用同样的逻辑关系确定出问号处应该是哪个字母。

052 雪夜目击

杰克探长回到家里，电话铃响了，他拿起话筒，传来了一位警察的声音："喂，是探长吧？请你速来警察局。"半个小时之后，探长来到了警察局，径直走进警长办公室。警长神色忧郁地说："夜里11点，小门街发生了一起事故，也许是谋杀案。一个人从楼顶上栽了下来，有位现场目击者一口咬定死者是自己摔下来的，他周围没有一个人。"探长点点头，说："我们先去看看现场，见见那位证人。"一会儿，他们来到现场，目击者被找来了，探长请他再叙述一遍他见到的情景。目击者说："因为天下着大雪，我便在附

近的一家餐馆里足足坐了两个半小时，当我离开时，正好是11点，大街上没有一个行人。我急忙跑进自己的车里，就在这时，我看到楼顶上站着一个人，他犹豫片刻，就跳了下来。"探长紧紧盯住目击者，语调冷冷地说："你不是同伙，就是凶手给了你一大笔钱让你说谎！"

目击者一听，顿时脸变得煞白。探长是怎样识破目击者的谎言的？

053 恰当的数字

在图中标注问号的地方填上恰当的数字。

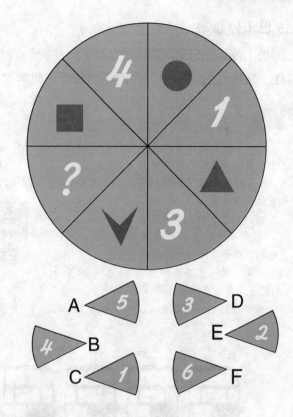

054 图形推理

你能找出最后那个三角形中问号部分应当填入的图形吗?

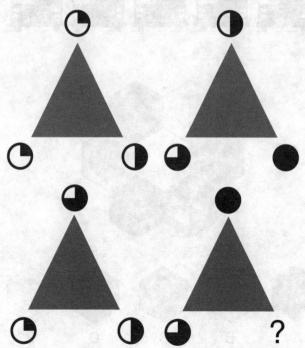

055 巴士停靠站

巴士停靠站已经被图中所示的1 7号双层巴士停满了，其中1号靠近入口处。从所给的线索中，你能说出每个司机的名字和这些车子的车牌号码吗？

线索

1. 324号巴士要比司机雷停靠的巴士远离入口2个位置，并且雷的牌号要比324号大。

2. 2号和7号位置的车牌号末位都是奇数，但是首位数字不同。

3. 特里的巴士的车牌号是361。

4. 图中3号位置的巴士不是戴夫驾驶的巴士，它的车牌号要比相邻的两辆巴士小。

5. 5号位置的巴士车牌号是340，车牌号为286的巴士没有停在图中6号位置。

6. 肯停靠的巴士刚好紧靠在车牌号为253的巴士左边。

7. 赖斯把双层巴士停在图中4号位置。

8. 埃迪把巴士停在罗宾的巴士左边某个位置，但不在它的旁边。

> 司机：戴夫，埃迪，肯，赖斯，雷，罗宾，特里
> 巴士车牌：253, 279, 286, 324, 340, 361, 397

提示：先找出雷停靠的巴士的车牌号。

入口

056 雨伞

中心空白处应该放入哪一把雨伞？

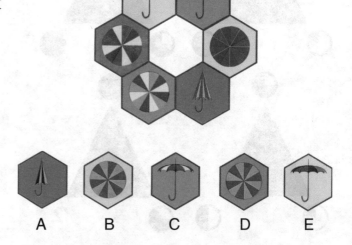

A   B   C   D   E

057 数字与脸型

你能推算出问号部分应当填入什么数字吗?

058 一片沉寂

警长罗斯的别墅同哈利的寓所相距不远。一天夜里,突然一声枪响。罗斯闻声往外跑,正碰上哈利。哈利喊道:"托尼被枪杀了!"罗斯边走边听哈利诉说:"托尼是我的客人。刚才我俩正看电视,突然电灯全灭了,我正要起身查看原因,前门开了,闯进一个人来,对着托尼开了两枪,没等我反应过来,那人已无影无踪了。"进入寓所,罗斯发现房间里很黑,用手电照着托尼,他已死去。罗斯到车库里把被人拉开的电闸合上,房间里的灯立刻亮了。第二天,名探洛克听着警长罗斯复述在现场所见,问道:"开闸后电灯亮了,这时寓所里还有什么响动?"罗斯说:"一片沉寂。"洛克说:"够了。哈利涉嫌谋杀。"

请问:洛克为什么做出这一判断?

059 战舰

这道题是按照一个古老的战舰游戏设计的，你的任务是找出表格中的船。方格中已填入了几个代表海或某种船的局部的图案，而紧靠行和列边上的数字表示这行或这列被占的方格总数。船和船之间可以水平或垂直停靠，但是任何两艘船或船的某个部分都不可以在水平、垂直和对角方向上相邻或重叠。

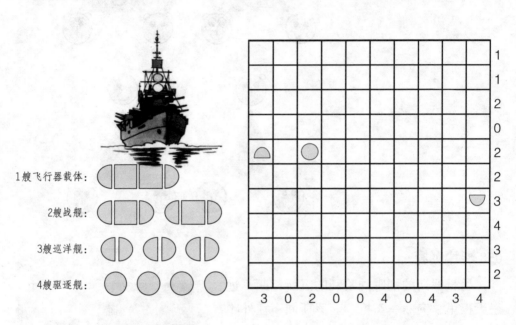

1艘飞行器载体：
2艘战舰：
3艘巡洋舰：
4艘驱逐舰：

A　B　C
D　E　F

060 符号继续

选项中哪一个符号可以将这个序列继续下去？

061 费尔图克难题

费尔图克曾就一道古老的射箭难题向罗宾汉挑战。他把6支箭射在靶子上，这样他的总分就刚好达到100分。看样子，费尔图克好像知道答案而且可以摘得奖牌了。

提示：有4支箭射在了相同的靶环上。

062 文学奖项

评委们正在对文学奖"震撼人心奖"进行评审工作。从下面所给的线索中，你能指出图中每个位置上坐着的评论家的名字，以及他们最喜欢的小说是哪本吗？

线索

1.有一位评论家喜欢《木乃伊的诅咒》，他坐在科兰利·斯密斯特顺时针方向的下一位，同时坐在一位女性评论家的对面。

2.喜欢《无血的屠宰场》的评论家坐在德莫特·谷尔的对面。

3.评审团成员中有一位最喜欢《恶魔的野餐》，他坐在迪尔德丽·高尔顺时针方向的下一位，同时坐在盖莉·普拉斯姆的对面。

4.《太空的魔王》受到D座的评论家的支持。

评论家：科兰利·斯密斯特（男），迪尔德丽·高尔（女），德莫特·谷尔（男），盖莉·普拉斯姆（女）

题目：《无血的屠宰场》，《木乃伊的诅咒》，《恶魔的野餐》，《太空的魔王》

提示：首先推断出哪位评论家最喜欢《木乃伊的诅咒》这本小说。

063 墨迹

哎呀！墨迹遮盖了一些数字。此题中，从 1~9 每个数字各使用了一次。你能重新写出这个加法算式吗？

自从接触到"无限"这个概念，它就让我们困惑不已。究竟什么是无限？我们又该怎样认识它？试着做一下这个题，看它们能否给你一些提示。

064 无限与极限

如图所示，每一个方框里面的图的宽与高分别是这个图的一半。可以想象一下，这样划分下去会有无数幅图。如果把这些图从下到上一个接一个地挂在墙上，最终会有多高呢？

在这些图片里有无数个小男孩，如果他们每个人站在另一个人的头上，这样依次站上去组成一个"塔"，那么这个"塔"最终会有多高呢？

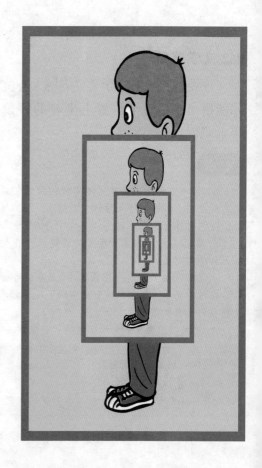

065 悬赏启事

罗蒙德医生的一块祖传怀表丢失了。他吩咐司机路里在当地报纸的广告栏里登了一则寻找怀表的启事。此刻，罗蒙德正拿着报纸仔细看着启事。启事登在中缝，标题是"找到怀表者有赏"。全文如下："怀表属祖传遗物，悬赏 250 美元，有消息望告知，登广告者 LMD361 信箱。"路里正在花园里干活，这时，门铃响了，开门一看，外面站着一位绅士。他恭敬地说道："我叫亨利。我是为那则怀表启事来的。怀表是你的吗？"罗蒙德想不到这则启事还真管用。他激动地抓住亨

利的手说："是的，就是这块表。真是太感谢你了。你是在哪儿捡到的？"亨利说："这表不是捡到的，是我在车站看见一个小孩兜售这块表，就用 5 美元买了下来。今天，我从报纸上看了广告，马上就赶来了……"罗蒙德还没等亨利说完，便和路里将他扭送到了警察局。

试问，亨利在什么地方露出了破绽？

066 落水的铅球

如图所示，水池的边上有一个铅球，这个铅球有可能直接掉到池里，也有可能掉到池中的汽船里。

问掉到池里和掉到汽船里哪一种情况下水池的水面上升得更高一些？

067 镜像射线

假设你有一面平面镜，将镜子置于其中一条标有数字的线条上面，并放到原始模型上。每一次操作你都会得到由原始模型未被遮盖的部分和镜面反射产生的镜像组成的对称模型，镜子起着对称轴的作用。

方框里的 10 个模型就是由 5 条对称线按这一方法得到的。

你能辨别出制造每个模型的线条分别是什么吗？

068 激光束

如图所示，在全息摄影环境中，一束激光从左上方发出，并在右下方被吸收。它穿越过 8 个"暗箱"。

在每个暗箱中激光都被两面成 45° 角的棱镜反射，如图中两个被剖开的箱子所示。

激光的路线用红色标记。

通过对激光束可见部分的观察以及你的推演能力，你能重新构建激光束在暗箱中的连续路径吗？

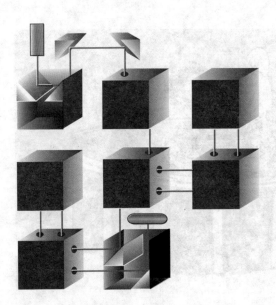

069 传音管

图中的两个小孩离得很远，而且他们中间还隔着一堵厚厚的墙。他们试着通过两根长长的管子来通话，如图所示。请问在哪种情况下他们能够通过管子听到对方讲话？

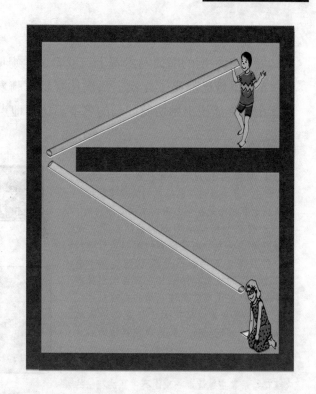

070 罪犯的同伙

监狱里有个犯人被谋杀了。凶手是透过窗户的铁条将犯人射死的。奇怪的是，窗前的蜘蛛网却一点儿都没有损坏，这是什么原因呢？难道他还有别的同伙吗？

071 罗希的玫瑰花结

在一年一度的障碍马术赛上，罗希·兰姆斯勃特和她的马再次在比赛中获胜。5年里她已经赢了4次。每次比赛她都骑着不同的马上场。从以下给出的线索中，你能说出她所骑的马的名字、比赛地点和比赛年份吗？

线索

1. 紧接在1998年罗希获胜之后，她骑着"爵士"再次赢得了象征胜利的玫瑰花结。这两场比赛都不是在切尔特娱乐中心举行的。

2. 在切尔特娱乐中心的那次比赛，是在她骑着"小鬼"赢了比赛的两年之后举行的，并且罗希赢得的不是D玫瑰花结。有关"小鬼"的玫瑰花结紧靠在来自切尔特娱乐中心的那次比赛的玫瑰花结的左边。

3. 罗希骑着"花花公子"赢得的玫瑰花结在骑着"斯玛特"赢的玫瑰花结的右边某个位置。

4. 罗希在梅尔弗德公园的那场比赛赢的玫瑰花结紧靠在她最近一次比赛中赢的花结的右边。

5. 罗希在1996年赢的玫瑰花结紧靠在斯特克农场那场比赛中赢得的玫瑰花结的左边。

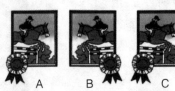

A   B   C   D

小型马的名字："花花公子"，"小鬼"，"爵士"，"斯玛特"

比赛地点：切尔特娱乐中心，梅尔弗德公园，斯特克农场，提伊山

年份：1996，1998，1999，2001

提示：首先找出D玫瑰花结上的马叫什么名字。

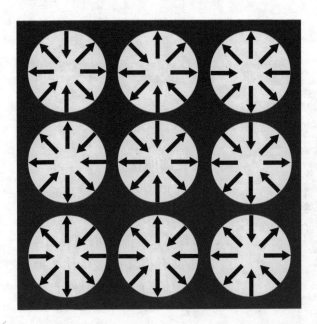

072 箭轮

这9个箭轮中哪一个是与众不同的呢？

073 小丑表演

右下角的小丑正在拉绳子。对于挂在绳子上的7个杂技演员来说，会发生什么事？他们当中哪些会上升，哪些会下降？

要解决关于小丑的问题，仔细思考将会对你大有帮助。

074 红色的水滴

将一滴水染上红色，然后滴入一碗水中。当它落入水中之后，你还能再次看到这个红色的水滴吗？

075 名画失窃

侦探卡尔正在书房里翻阅案卷，他的助手拿着一份匿名电报走进来。只见上面写着："蒙特博物馆有幅世界名画被盗，请速来侦破。"卡尔站起身来，看了看表说："现在是晚上11点，不管是真是假，我们去看看！"说完就出门驾车而去。博物馆展厅里站着一男一女两个管理员。卡尔说："我是卡尔探长，刚才接到通知，说贵馆有幅世界名画被盗了，请带我先查看一下现场。"检查完毕，卡尔觉得不像是外部偷盗，就让那两名管理员讲讲失窃前后的情况。女管理员说："7点钟下班时，我们一起锁上大门，然后就各自回家了。几分钟前，他通知我说有幅名画被盗，我就赶来了。"男管理员接着说："我回家后想起有本书遗忘在展厅里，就又回来取书，结果发现名画不见了。我马上给她打电话。"卡尔问："你们7点钟关门时画还在吗？""还在。关门前我还给画掸过灰呢。"男管理员答道。卡尔请女管理员讲讲自己的看法，她说："我对发生的这一切都不知道。依我看，肯定是偷画人给你拍的电报，想故意把水搅浑，这种贼喊捉贼的把戏在众多案件中屡见不鲜。"

"你说得对极了，那幅名画就是你偷的！"卡尔探长说完，让助手给女管理员戴上了手铐。

你知道这是为什么吗？

076 飞上飞下

图中哪只昆虫飞得更高，是左上角的那只还是右下角的那只？

077 化学实验

右边6个烧瓶的容积分别为7、9、19、20、21和22个单位容积。现在化学家要把蓝色和红色的2种液体分别倒满其中5个烧瓶，留下1个空的烧瓶，同时使这些烧瓶中蓝色液体的总量是红色液体的总量的2倍（2种液体不能混合）。

请问：按照上面的条件，哪几个烧瓶应该倒满红色的液体，哪几个应该倒满蓝色的液体，哪一个烧瓶应该是空的？

078 谁是盗贼

一个规模庞大的珠宝展在国际商贸大厅举行，其中最引人注目的是一颗巨大的钻石，价值超过千万元。为了防止这颗钻石被人偷去，珠宝商特邀一家防盗公司设计制作橱柜，上有防盗玻璃，可以抵御重锤乃至子弹的袭击，不会破裂。同时在会场中有防盗设施如摄像探头等。在开幕的那天，人山人海，一个男子迅速地走到了玻璃柜前，用一个重锤向柜子一击，玻璃竟然破裂，男子抢去钻石，趁乱逃去。警方事后到现场调查发现，玻璃的确是防盗玻璃，而摄像头则刚好只拍到盗贼的手，看不见他的真面目。那么到底谁是盗贼，又用什么方法打破了防盗玻璃呢？警方根据防盗玻璃的特性，很快捉到了盗贼。

你能判断出谁是盗贼吗？为什么？

079 保龄球

保龄球队一共有 6 名队员，队长需要从这 6 个人中选出 4 个来打比赛，并且要决定他们 4 个人的出场顺序。

请问有多少种排列方法？

080 帽子与贴纸

有 5 个贴纸，其中 3 个为红色，2 个为蓝色。

任意拿出 3 个贴纸分别贴在 3 位数学家的帽子上，并将另外 2 个藏起来。

这些数学家的任务就是要说出自己帽子上贴纸的颜色（不许看镜子，不许把帽子拿下来，也不能做其他小动作）。

他们中的 2 个人分别说了一句话（如图所示）。

请问数学家 C 帽子上的贴纸是什么颜色的？

081 柜子里的秘密

我的电脑桌旁边的一面墙上有一些小的木柜子，平时可以放一些小东西，我就把自己的收藏分别放在这些柜子里。放的时候我按照了英文字母的排列顺序，如图所示，这个顺序能够提示我记住密码。

你能猜出我的密码是什么吗？

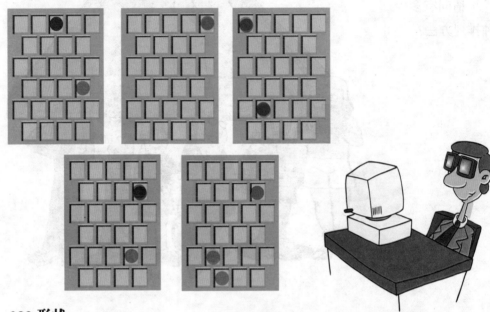

082 形状

事情发生在1877年，雷诺德教授的展示引起了轰动。其中之一就是幻灯片思维游戏，他是借助自己一个著名的发明——实用镜来完成展示的。他正在这里表演的这个称作"迷惑人的形状"。右侧图屏幕中显示的上下两个形状分别是一个实心木块儿的正面图和侧面图。通过对这两幅图的研究，你能推断出这个物体的形状吗？请你仔细观察这两个图形。

083 关系判断

你能解答这个难题吗？ A 和 B 的关系相当于 C 和哪一个图形的关系？

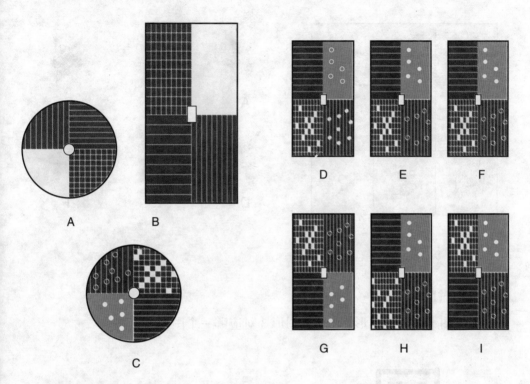

084 不同的图形

仔细看一看，哪个图与其他的不同？

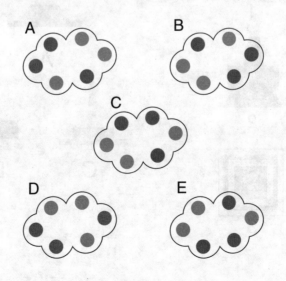

085 星星

哪一颗星星应该放在问号处?

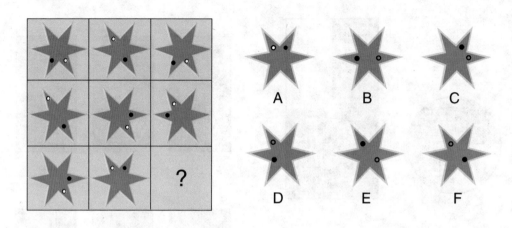

086 彼此对应

如果图形1对应图形2,那么图形3对应哪一个图形?

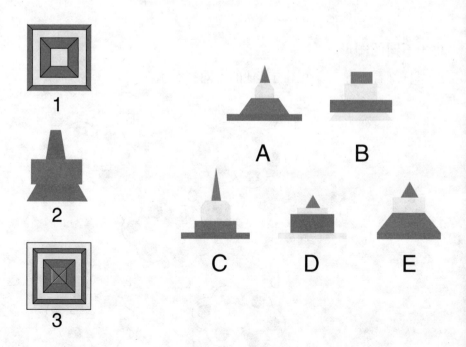

087 抓强盗

从前，有个十分聪明的孩子叫柯南。一次，他和父亲出门，住在一家旅店里。到了半夜的时候，有一个强盗手持钢刀闯进了他们的房间，并用刀逼迫柯南和他的父亲交出财物，否则就要对他们行凶。这时，打更的梆子声由远而近地传来，心虚的强盗就催促假装在找东西的柯南赶快交出财物。柯南却告诉强盗，如果着急的话就必须允许自己点亮灯盏来找。于是，就在打更的梆子声在房间的门外响起的时候，柯南点亮了灯盏，并把父亲藏在枕头下面的钱交给了强盗。可就在这个时候，门外的更夫却突然大声地发出了"抓强盗"的喊叫声，很快，人们就冲进了房间，抓住了还来不及跑掉的强盗。你能想到柯南是怎样为走在门外的更夫做出屋里有强盗的暗示的吗？

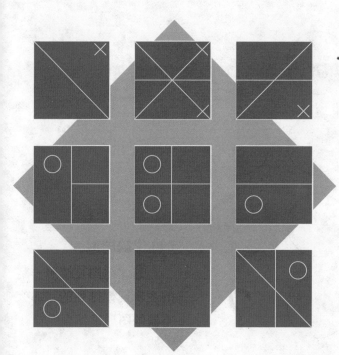

088 填充空格

请在空格中画出适当的图形。

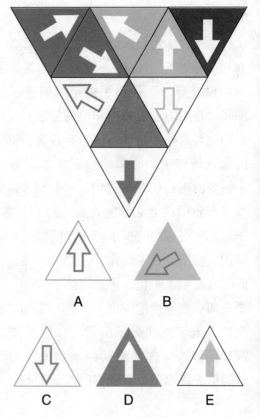

089 选择箭头

图中空白处应该填入哪个箭头?

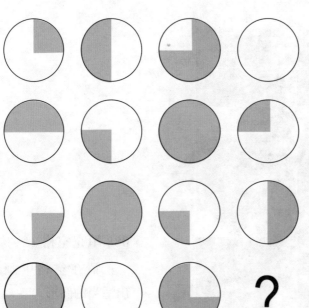

090 空缺图形

这一组图是按照一定的逻辑规律排列的,那么空缺的图形是什么呢?

091 遮住眼睛

4 个小女孩在生日派对上玩"遮住眼睛"的游戏。从以下给出的线索中，你能推断出 4 个女孩的名字以及她们所戴帽子的颜色吗？

线索

1. 杰西卡在派对上戴着粉红色的帽子。

2. 爱莉尔在戴着黄色帽子的女孩的右边。

3. 戴着绿色礼帽的曼尼斯在莎拉左边的某个地方。

4. 3 号女孩戴着白色帽子，她不姓休斯。

5. 路易丝紧靠在肯特的左边或右边。

名：爱莉尔，杰西卡，路易丝，莎拉
姓：巴塞特，休斯，肯特，曼尼斯
帽子：绿色，粉红色，白色，黄色

提示：首先要找出 4 号女孩的帽子颜色。

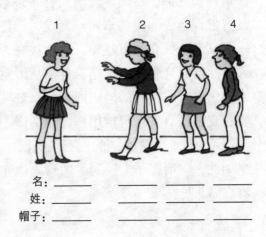

| 1 | 2 | 3 | 4 |

名：_____
姓：_____
帽子：_____

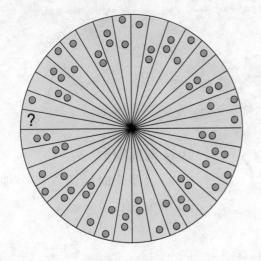

092 填补圆中问号

想一想，A、B、C、D 哪一项可以用来填补圆中的问号部分？

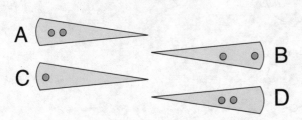

A
B
C
D

093 寻找凶器

在女子大学体育馆的浴室里，一女大学生被害，全身一丝不挂，好像是被细绳一类的东西勒死的。然而，现场只有一条毛巾，没有发现绳子一类的东西。案发时，还有另一名女生一同在浴室洗澡，故她被视为嫌疑人。然而，这名女生是光着身子从浴室跑出来的，当时在门外的同班同学可以证明。刑警在现场没有发现可能用作凶器的绳子，觉得不可思议。无意中，他注意到了什么。"原来如此。"刑警马上找到了凶器。你知道凶器在哪儿吗？

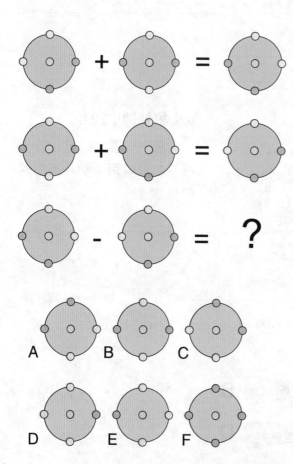

094 时间图形

这是个时间题，图中少了哪个图形？

095 规律移动

下图四周圆圈里的每个线条和图形都按以下规则移动到中间的圆圈里——如果某个线条或图形在周围的圆圈里出现了 1 次：移动；2 次：可能移动；3 次：移动；4 次：不移动。A、B、C、D 或 E，你认为哪个选项应该放在问号处？

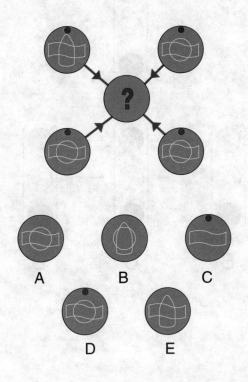

096 符合规律

A、B、C、D 中哪项符合第 1 行接下来的排列规律？

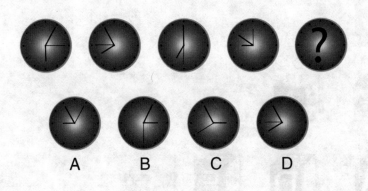

097 红绿灯

哪一个选项可以接在题目所示图形的后面？

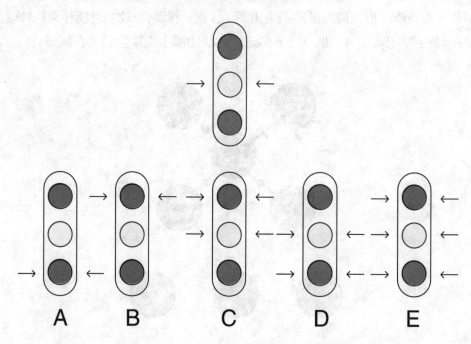

098 折叠图形

A 可以折叠出 6 个选项中的哪一个？

099 替换数字

当一位魔术师在装书的箱子里翻找时遇到了一个很麻烦的思维游戏，他想我们的读者或许会对这个思维游戏感兴趣。他手里拿的木板就是这个思维游戏。要解决这个思维游戏，你必须把全部圆点用 1~9 这几个数字代替，这样，其实就形成了一道数学题。上面没有数字 0，同时，每个数字都只能使用一次。请你试一试，看能否在半个小时之内推算出这道题的答案。

100 色子家族

一个色子家族正在举行宴会，并且把它们祖先的照片挂在了墙上。来参加宴会的色子中，有一位是这个家族的客人，你能把它找出来吗？

A   B   C   D   E

101 字母填空

仔细找一找，哪个选项可以完成这道难题？

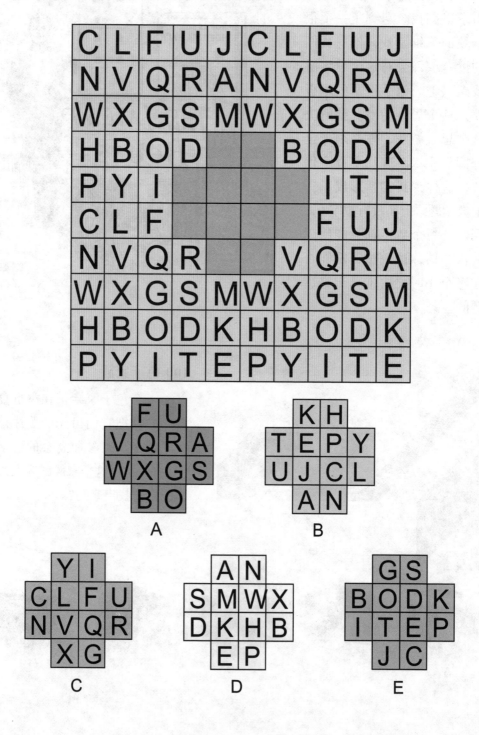

102 聚餐

5个年轻人在一家鱼和薯条店里聚餐。根据下面的信息，你能否说出哪个人（1），吃了什么鱼（2），还吃了其他的什么食品（3），他们各自付了多少钱（4）？

1. 莫顿比点了鲽鱼套餐的男孩付钱付得多。

2. 点了面包的男孩比没有点加拿大鲽鱼，但是点了玛氏巧克力棒的男孩付钱付得少。

3. 要么莱恩点了加拿大鲽鱼，阿里斯德尔点了比萨；要么莫顿点了加拿大鲽鱼，莱恩点了比萨。

4. 尼尔点了一块芝士，他比点北大西洋鳕鱼的男孩多付了5元，这个人可能是多戈尔或者莫顿。北大西洋鳕鱼比鳕鱼套餐要贵。

		2				**3**				**4**				
		加拿大鲽鱼	鳐鱼套餐	鲽鱼套餐	北大西洋鳕鱼	鳕鱼套餐	薯片	比萨	玛氏巧克力棒	芝士	面包	60元	55元	50元	45元	40元
	阿里斯德尔															
	多戈尔															
1	莱恩															
	莫顿															
	尼尔															
	40元															
	45元															
4	50元															
	55元															
	60元															
	面包															
	芝士															
3	玛氏巧克力棒															
	比萨															
	薯片															

103 间谍之死

一个为刺探情报而潜入国境的出身罗马的双重间谍 R，不知被谁杀死了。他临死前，用身上的血写了一个"X"。据分析这个"X"指的是杀死他的人，而杀死他的人为图中所示 3 个间谍中的一个。你知道是谁吗？

A间谍NW12号   L间谍UP3号   B间谍WY7号

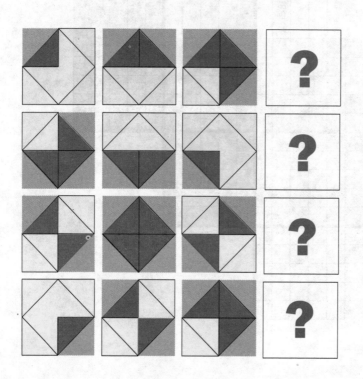

104 缺失的正方形

你能否找出规律，将图中每一横行缺失的正方形补充完整？

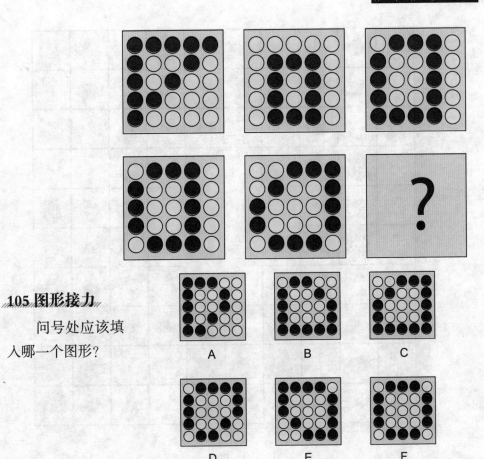

105 图形接力

问号处应该填入哪一个图形?

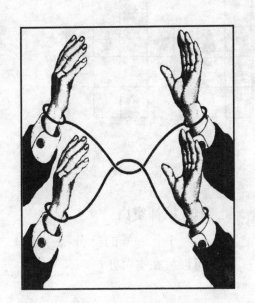

106 死里逃生

如左图,两个人质的手腕连在一起。他们剪不断绳子,也解不开绳结,却逃了出来,他们是怎么办到的?

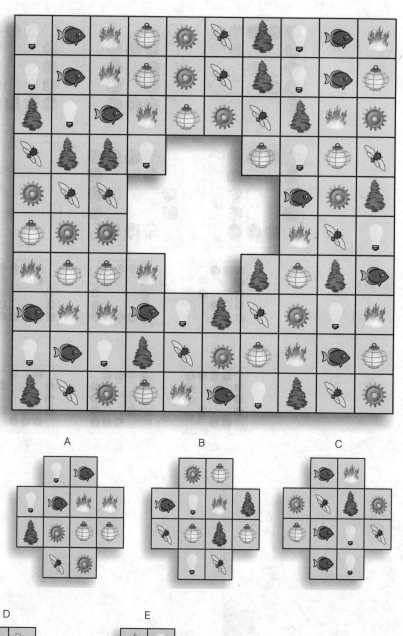

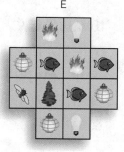

107 填补空白

5 个标号的部分哪一个可以放在空白处?

108 多余的图片

除了一块图片，将所有其他图片正确地摆放回方格中，它们将组成一个正方形。你能找出这块多出来的图片吗？

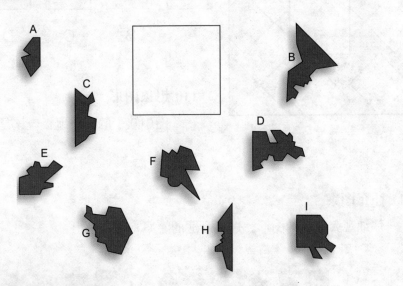

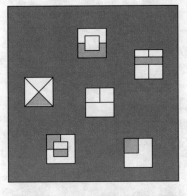

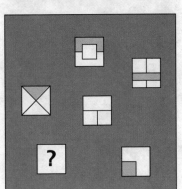

109 图形填空

问号所在位置应该是选项中哪个图形？

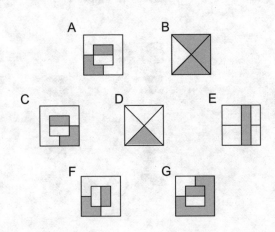

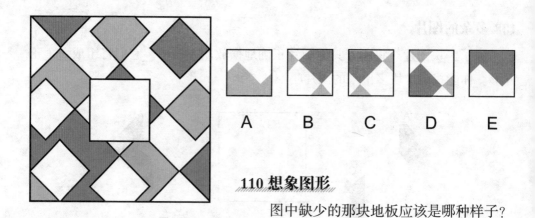

A   B   C   D   E

110 想象图形

图中缺少的那块地板应该是哪种样子？

111 补充图案

仔细观察下面的图形，选择合适的答案将空白补上。

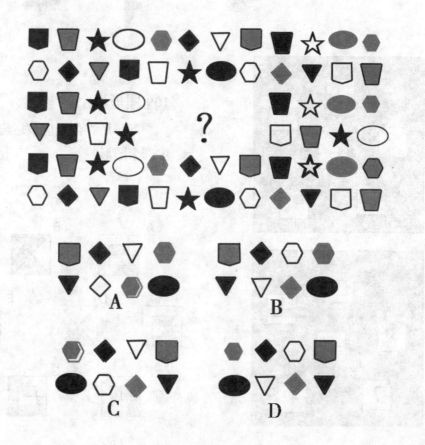

第四章

空间思维名题

001 宇航员逻辑题

新的空间站里还有相当多的工作要做。但是是不是每个人都在做自己分内的工作呢？事实上，有一个宇航员美美地睡着了。其中 8 个人眼睛所看到的景象在上面的方框里。现在你需要把景象（A～H）与看到该景象的宇航员（1～9）相匹配。而剩下的那个人就是偷懒睡着了的！

002 三角形三重唱

这些纠结的线里面隐藏有三幅画。要找出它们，你得把所有三角形涂上颜色。完成以后，分辨出这三幅画，并且试着找出它们名字的共同点。

003 藏着的老鼠

屋子里有老鼠吗？事实上，这个场景里有 8 只老鼠。下面的小图分别是每只老鼠从藏身地点所看到的景象，你能据此找出每只老鼠分别藏在哪里吗？

004 对角线的长度

这个小男孩在玩 4 个全等的大立方体。

他只用一个直尺，能否量出立方体对角线的长度？

005 在镜子中的记忆

仔细观察左边的图案，记住它的形状和所占的格子。然后盖住图案，在右边的"镜子中"对称地画出它的图像。

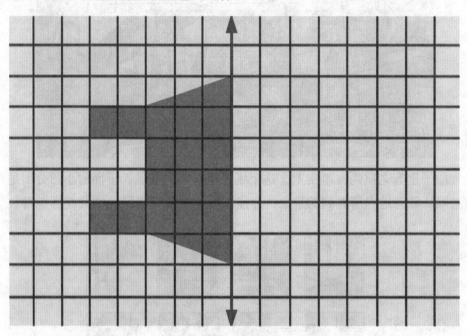

006 立方体上色

8 个小立方体组成了一个 2×2×2 的大立方体。

请你给这个大立方体表面的 24 个小正方形上色，使得每两个共一条边的小正方形的颜色都不相同。

最少需要多少种颜色？

007 3×3 立方体的组合问题

有许多关于三维空间的难题：把相同的积木放进指定的空间内。

这是三维空间问题中最简单的一个关于不相同的积木的问题，如图所示。要求把这些积木拼成一个3×3立方体。这看起来简单，答案却是很难找的，会使你有挫败感。

用纸板或胶合层木（一种建筑材料）拼成一个满足题目要求的立方体很容易。我们的努力将会很值得，因为这个难题一定会成为我们的谈资。

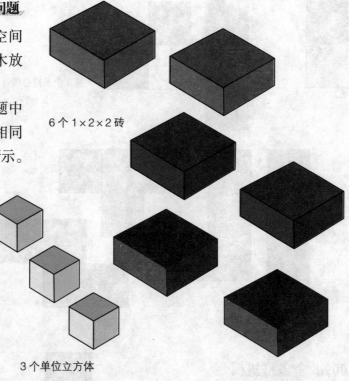

6个1×2×2砖

3个单位立方体

008 神奇的风筝

右图就是著名的"风筝思维游戏"。要做这个游戏，你得先画一个风筝。然后画一条线把风筝连接起来，但是必须一步完成（即用一条线连续画出）。线与线之间不能交叉，也不能重复出现。你必须从线团开始画，然后到风筝的正中央结束。

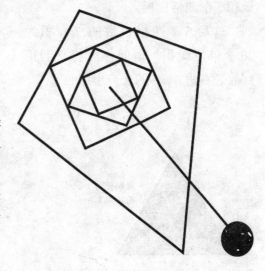

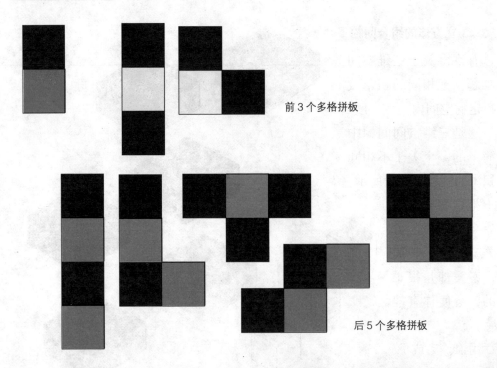

前3个多格拼板

后5个多格拼板

009 8个多格拼板

如上图所示，有8个多格拼板，其中有1个多米诺拼板（即由2个大小相同的正方形组成）、2个三格拼板和5个四格拼板。

这后5个四格拼板的总面积为20个单位面积。请问你能将它们正好放进右边4×5的长方形中吗？

4 × 5长方形

复制并剪下来8个等边三角形

1个单位

010 把三角形放进正方形

可以放入5个等边三角形（边长为1个单位长度）的最小正方形的边长是多少？

011 棋子

　　将 16 枚棋子放入游戏板中，使水平、竖直和斜向上均没有 3 枚棋子连成直线，你能做到吗？

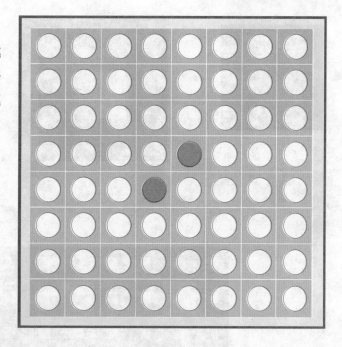

012 五格六边形

　　5 格正六边形有 22 种组合方法，如图所示。

　　你能否将这 22 个五格六边形全部放进下面的游戏板中去？

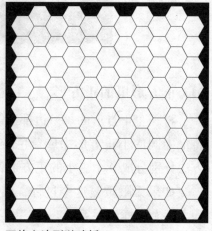

五格六边形游戏板

177

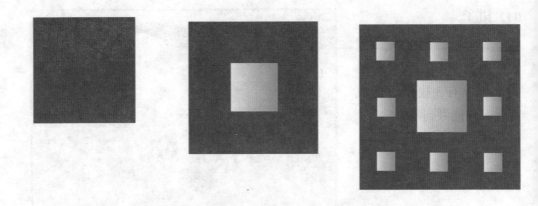

013 正方形里的正方形

　　将一个正方形的每条边都三等分，就可以得到 9 个小正方形，如图所示。将最中间的小正方形涂成黄色。接下来将剩余的 8 个蓝色小正方形用同样的方法分别分成 9 个更小的正方形，将中间的小正方形也分别涂成黄色。

　　如果无限重复这个过程，最后黄色部分的面积与最初的蓝色正方形的面积之间有怎样的关系？

014 三角形的内角

请问你能不能用折纸的方式来证明欧几里得平面里的三角形内角和等于180°？

有没有这样的平面，在该平面上三角形的内角和大于或是小于180°？我认为这样的平面在现实生活中是存在的。

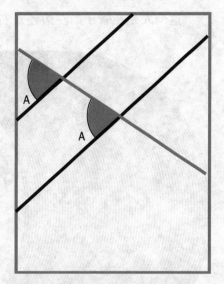

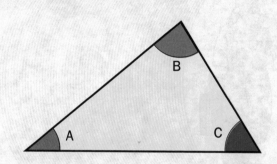

015 双胞离体

将下面的 5 种图形分别分成形状、大小都相同的双胞图形。

016 看进管子里

这个人是在管子的左边还是右边?

017 对称轴

这5个图案中哪几个图案的对称轴不是8条?

018 六角星

你能否用 12 个六格三角形中的 8 个把这个六角星填满？必要的话可以旋转六格三角形。

019 有趣的图案

下面这个复杂的图案是有关几何的设计之一。

这个图案是由一个闭合的图形组成的，还是由数个闭合的图形组成的？如果是后一种情况，具体是多少个呢？

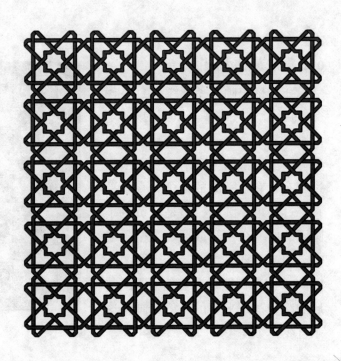

020 停车场

你能在车子的气用完之前找到购物中心侧面停车场的正确位置吗?

021 穿过黄色小圆圈

在表格中画一条连续的且不相交的直线,并使它满足下面的条件:该直线从一个格子的一端穿过,到达另一个格子的另一端,它必须穿过所有含有小圆圈的格子。直线平直穿过黄色小圆圈,但是在黄色小圆圈的前一个格子或后一个格子成90°拐弯;直线穿过蓝色小圆圈时成90°拐弯,但是在蓝色小圆圈前后的路线都是平直的。请你画出这条直线。

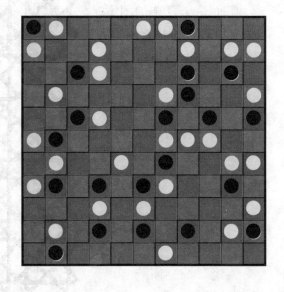

022 田野

3 幅局部放大图分别来自原图的哪个部分？

023 不可思议的鸠尾接合

请问你能将左图这个看上去不可能得到的鸠尾接合分开吗？

与普通的鸠尾接合不同，这个模型四面都是一样的。

这个鸠尾接合的四面

024 金鱼

你从鱼缸的上面向下看，所看到的金鱼位置和金鱼在鱼缸里的实际位置是一致的吗？

025 黏合纸环

拿出一个纸条，把它剪成如图所示的样子，那么纸条的每一段就分别有3个接口处。

把接口1和接口4黏合。

把接口2从接口1的下面绕过去，把接口5从接口4的上面绕过去，然后把接口2与接口5黏合。

把接口6从接口5的上面绕过去，然后从接口4的下面绕过去，最后把接口6和接口3黏合。

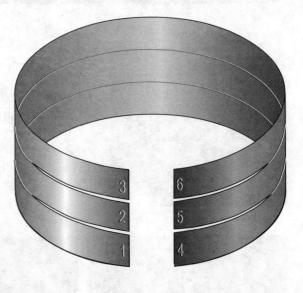

请问现在沿着图中红色的线把图形剪开，会得到一个什么样的图形？

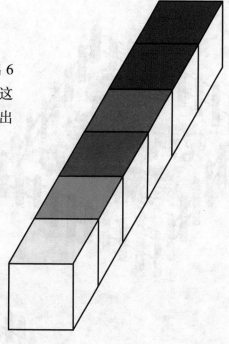

026 立方块序列

你能从 30 种彩色立方块中挑选出 6 种，按照如图所示的序列摆放，使得在这个大长方体的 4 个面上所有 6 种颜色都出现，且内部相邻接触面颜色相同?

027 非正的六边形

除了正方形以外，其他多边形也可以是非正的。

要覆盖上边的非正的六边形格子最少需要多少个等边三角形?

注意可以出现相同的等边三角形。

相同的六边形被没有重叠地分成了 14 个等边三角形。

你能做得更好吗?

每个人都喜欢去动物园玩，但是你有没有想过，其实饲养动物并不是一件容易的事情，饲养员要做的不仅仅是给小动物喂食那么简单。

028 动物园的围栏

这 3 个围栏的面积相同，请问制作哪个围栏所用的材料最少？

029 组合单位正方形

把 11 个相同的红色单位正方形放进黄色的正方形区域。规则如下：

1. 正方形必须在黄色区域内。
2. 不允许出现重叠的正方形。

拼 11 个单位的正方形

拼 17 个单位的正方形

030 分割非正的正方形

你可以把这个有 22 部分的非正的正方形重新拼成两个更小的正方形吗？

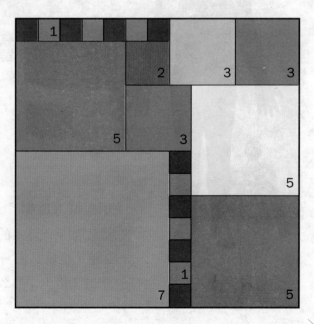

187

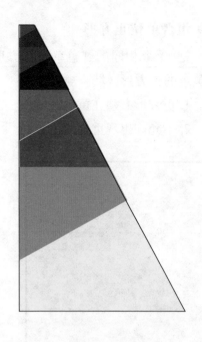

031 帕瑞嘉的正方形

把这个被截去一角的三角形复制并分割成 8 块，然后把它们重新拼成一个完整的正方形。

用你所学过的数学知识来解答下面这两道题。结果一定会让你惊奇不已。

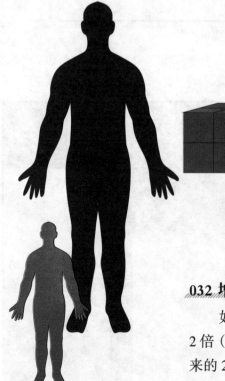

032 增大体积

如果地球上的所有东西的长度都变成原来的 2 倍（也就是说，所有测量长度的工具都变成原来的 2 倍），那么你的体重会比原来重多少？

033 视图

下面是一个立方体从三个方向看的视图效果，请问黑面的对面是什么样子的？

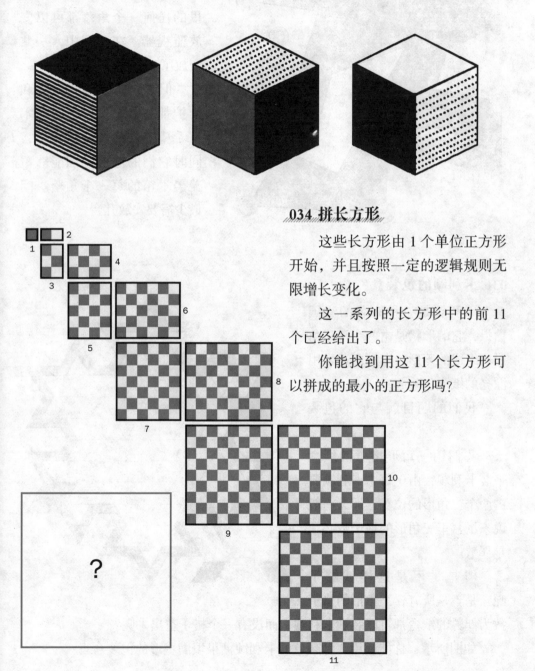

034 拼长方形

这些长方形由 1 个单位正方形开始，并且按照一定的逻辑规则无限增长变化。

这一系列的长方形中的前 11 个已经给出了。

你能找到用这 11 个长方形可以拼成的最小的正方形吗？

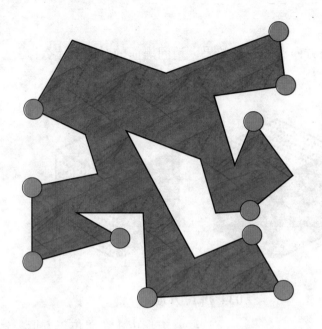

035 萨瓦达美术馆

这个形状奇怪的美术馆里一共有 24 堵墙，在美术馆里的任何一个角落都可以安放监视器。在左图中，一共安放了 11 台监视器。

但是，监视器的安装和维护都非常昂贵，因此美术馆希望安放最少的监视器，同时它们的监视范围能够覆盖美术馆的每一个角落。问最少需要安放几台？

036 卡利颂的包装盒

卡利颂是一种有名的法国糖果，它的形状是由两个正三角形所组成的菱形，卡利颂通常用漂亮的纸盒包装起来。

我们的题目就与它的包装有关。

我们用三角形格子的纸盒来装卡利颂，由于每个卡利颂要占两个三角形的位置，那么一般说来纸盒里三角形的格子数必须是偶数。

但是是不是这样就够了呢？是不是所有含三角形的格子数为偶数的纸盒都可以装满卡利颂，而没有一个格子空出来呢？

如图所示，你能够用 3 种颜色的卡利颂糖果填满星形的包装盒吗？

我们无论在给浴室贴瓷砖或是粘墙纸时，都常常会选择对称的图案。当然，你也可以直接粉刷墙面，但是，谁愿意对着一面颜色单一、毫无生气的墙呢？

037 颜色不同的六边形

将 7 块瓷砖按照如下要求拼接起来：

1. 每 2 个图形任意相邻的两部分颜色不同。

2. 最后拼成的图形必须是轴对称图形。

038 胶合板

海勒姆·鲍尔皮尼不仅是当地最好的杂务工人，而且是一个思维游戏业余爱好者，他的作品都是自己通过切割创作的。梅尔是海勒姆忠实的助手，他买了一块胶合板，上面有 3 个正方形的洞。梅尔向海勒姆提出挑战：把它切成两块儿，并使它们正好可以拼成一个没有洞的矩形。那么，你认为海勒姆会从哪里下手呢？

039 立方体结构

用 16 个全等
的小立方体分别
做成如图所示的 4
个图形，请问哪
一个图形的表面
积最大？

040 游动的鱼

只能移动 3 根火柴
以及眼睛，使图中的鱼
向相反方向游动。

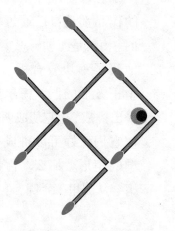

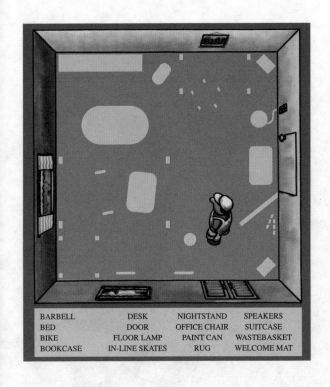

BARBELL	DESK	NIGHTSTAND	SPEAKERS
BED	DOOR	OFFICE CHAIR	SUITCASE
BIKE	FLOOR LAMP	PAINT CAN	WASTEBASKET
BOOKCASE	IN-LINE SKATES	RUG	WELCOME MAT

041 粉刷匠

这间房间里本来有一些物品，它们对应的单词列在图下方。一位粉刷匠在东西没有搬走之前，就把地板粉刷了一遍。所以，你能在图中看到物品摆放过的地方留下了各种各样的斑点。你能猜出这些物品原先在哪里吗？多想想它们的形状，有几条腿，还有一些其他的特征。

042 隐藏的立方体

问 1：左图的第 4 个立方体被隐藏在了下层后面的角落部分。将这个物体拿起，从各个角度观察它。你能看出多少不同的立方体的面呢？

问 2：右图的"双 L"形由 6 个立方体所组成。但第 6 个立方体隐藏在了中间一层后面的角落里。如果你能够从各个角度观察这个形体，你会看到多少个面呢？

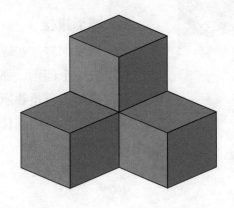

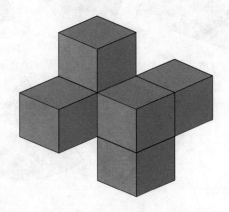

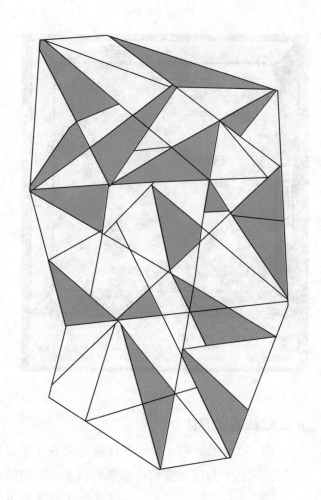

043 隐藏的正五角星

你能在多短的时间里找出隐藏在图中的正五角星呢?

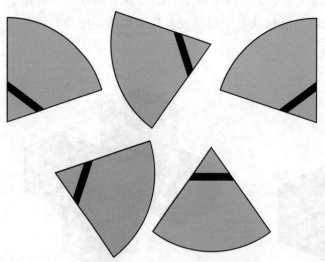

044 圆形拼接

如果你将这些碎片拼成一个圆形,那么圆形内黑色粗线所组成的图形将会是什么样子?

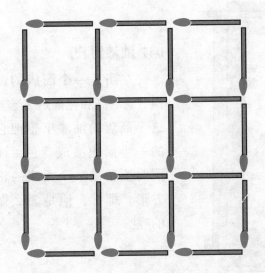

045 火柴正方形

拿掉8根火柴，组成4个（而且只能是4个）同样大小且独立的正方形。

046 重叠镶嵌

彩色镶嵌图形里面包含了很多非正的三角形、五边形、六边形、七边形和八边形。但实际上，这个镶嵌图案只是由一个基本图形构成的。

你知道是什么基本图形吗？

047 油漆窗户

左图是一个商店的窗户，它的高和宽都是 2 米。这个商店的油漆工想把它的一半面积漆成蓝色，而同时要留出一个无漆的正方形。那么，他是怎么做的呢？

048 三维形数

三维形数是平面形数的三维类似体。小球堆成三边锥形组成四面体数；堆成四边锥形组成正方锥数。

四面体数分别是：1、4、10……

两个四面体数之间的差是三角形数。

正方锥数分别是：1、5、14……

两个正方锥数之间的差是四边形数。

上面已经分别给出了四面体数和正方锥数的前 3 个数。你能否将它们的前 7 个数都算出来？

四面体是用大小相同的小球堆成的，请问它的最底层（第 10 层）有多少个小球？整个四面体由多少个小球构成？

四面体数

正方锥数

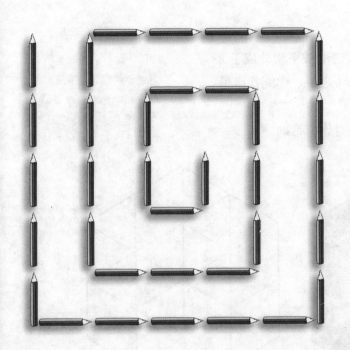

049 彩色铅笔

打开你的绘画盒，拿出 35 支彩色铅笔，按图中所示摆成回形。现在，移动其中的 4 支铅笔，组成 3 个正方形。如果手边没有足够的彩色铅笔，你也可以用牙签或者其他一些合适的物体代替。

分割图形或图案是一回事，整理结果又完全是另外一回事。有时它只需要普通的感觉，但是更多时候需要仔细地分析和高明的解题技巧。

050 分割空间

假设一个四面体的 4 个顶点都在一个球体内部（顶点不接触球体的边）。

这个球体被沿着四面体 4 个面的平面分割成了几部分？是哪几部分呢？

051 六边形的分割

如图所示，一个正六边形被平均分成了 8 部分。这是两种可能的分法之一。你能找出另一种吗？

提示：右边的格子会对你有帮助。

每一个规则的多边形都可以用不同的方式分成相等的部分。试一下你怎么处理这个六边形。

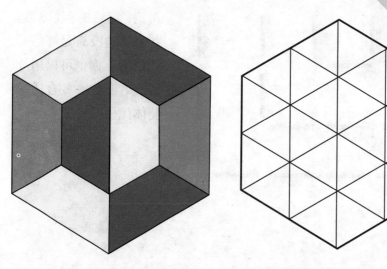

052 地毯

阿布杜是个地毯商，现在他遇到了一个大麻烦。他必须得在太阳落山之前把一个边长为 10 米的正方形地毯交给一位十分富裕的客户。他在仓库里找出一个长 12 米宽 9 米的地毯，他打算用这个地毯来做客户所要的地毯。可是，当他展开这个地毯时，发现有人在中间剪掉了一块，被剪掉的部分长 8 米宽 1 米。然而，老练的阿布杜很快想出一个办法，他把剩下的地毯剪成了两块，然后再缝在一起，这样便做出一整块边长为 10 米的正方形地毯。那么，他是怎么做的呢？

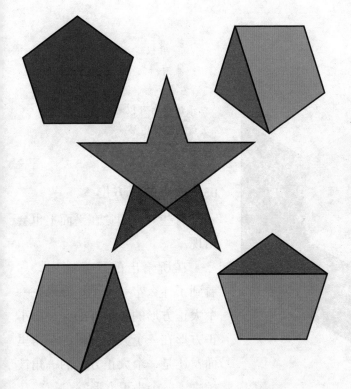

053 五边形的变换

如图所示，把1个五角星和4个正五边形分成10部分，它们可以被重新拼成两个大的相同的正五边形。

你知道怎么拼吗？

054 凸形还是凹形

右边有6个凸形，3个凹形。当你把这页倒过来时，会出现什么效果呢？

光幻觉是体现视觉和认识之间差别的一个很好的例子。我们的大脑受到混合的外部刺激，并由此创造了感觉，我们对事物的期望是建立在过去经验的基础之上的。

过去的经验告诉我们，光总是从上面投下来的，因此我们看到了凸形和凹形。

多年以来，人们一直对幻觉十分感兴趣。看看下面这道题，从二维的平面可以看出三维的立体图形。

055 顶点的正方形

有些三维幻觉在平面上也会出现。

在所给出的这幅图中，你看到了什么？一个小正方形在一个大正方形的一角外面？一个小正方形在一个大正方形的一角里面？还是一个大正方形的一角被挖去了一个小正方形？

056 旋转的窗户

将给出的窗户和鸟复制或剪下来，用胶水粘贴成上图的样子。在粘贴之前用一个夹子将小鸟夹在窗户上，如图所示。

将粘好的窗户和小鸟挂在一根绳子上，让它慢慢旋转。然后站得远一点，闭上一只眼睛看这个结构。

几秒钟后你会看到什么呢？你一定会大吃一惊的。

057 画线

阿莫斯·埃德哈根正在自己的吊床上睡午觉，而他这时本应该在沙滩上享受自己的假期。为了解决一个画线题，他在沙子上画了一个上午。他想要一笔画出右侧的图案，每一部分的线条彼此不能交叉。该怎么画？

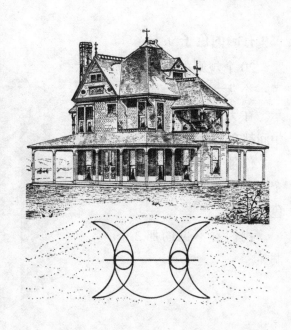

058 中空的立方体

一个立方体的底被分成了6×6格子，格子有黑白两种颜色。

通过从4种不同的角度看进这个立方体，你能够把完整的格子图案画进空白格子里吗？

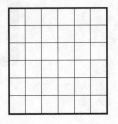

059 有洞的色子立方

20 个规则的色子组成了一个大立方体，如图所示。在大立方体每一面的中间都有一个洞。

你能否分别写出这 3 个我们看得见的洞四面的色子点数？

我们看不见的那 3 个洞呢？

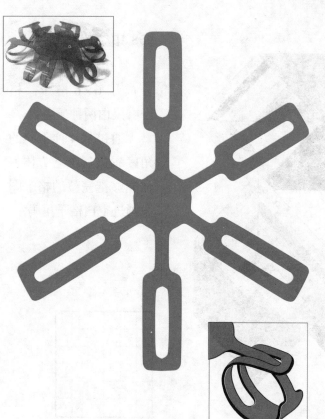

060 不可能的结构

将左边的大图复制并剪下来。

你能否将这个大图折成左上角的立体图？仔细观察右下角的细节图，完成这个结构其实很简单，应该怎么做呢？

注意：不准剪切或者黏合。

061 12个五格拼板

这里有 12 个五格拼板，你能否将它们正好放进下面的表格中，只留下中间 4 个黑色的格子？允许旋转拼板。

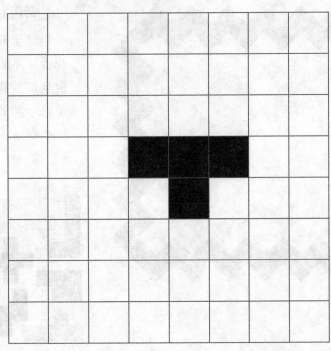

062 狗窝

一只狗——杰姬在向她的朋友炫耀她的新家。我们用 10 根火柴杆把她家的轮廓拼了出来，她的朋友很喜欢她的新家，只是觉得它应该转 90 度，这样它就可以面对路这边了。那么，你能否将两根火柴移到别的位置使她的家面对路呢？

063 锯齿状的五格拼板

这里有一个锯齿状的游戏板，你能否将 12 个五格拼板全部放进该游戏板里面去（每个游戏板上最后会留有一个空格）？

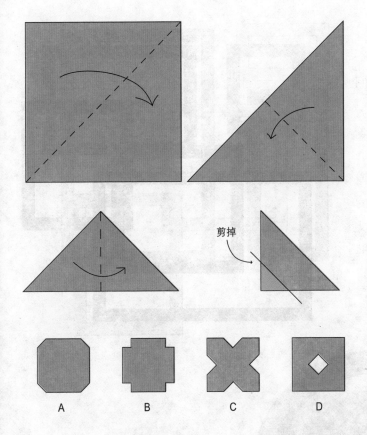

剪掉

A   B   C   D

064 想象正方形

将一张正方形的纸进行折叠，然后如图所示，在完成折叠的最后一个步骤之后，用剪刀剪下所折成图形的一角。如果将纸张打开，所得到的正方形将会与哪一个选项类似呢？

065 最少的五格拼板

在一个 8×8 的表格中，最少放入多少个五格拼板之后，就不能再放入其他的五格拼板了？

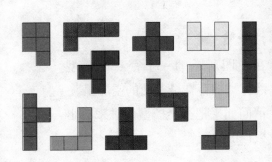

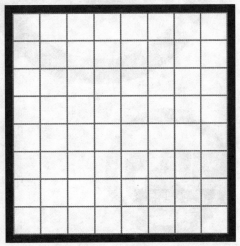

066 移走木框

这些木框可以一个一个地移走，并且它们之间互不干扰。

请问应该按照什么顺序移走这些木框？

如果你答对了这道题，那么这些木框上的字母将会组成一个英文单词（按照你移走木框的顺序）。

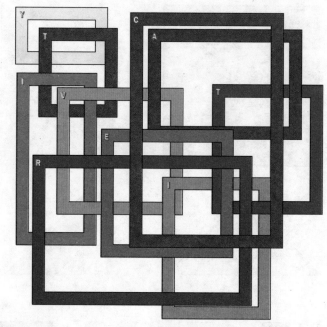

在解决一个问题时，如果一开始没有成功，大多数人会选择再试一次。可是很多人宁可流汗，也不愿意靠灵感。事实上很多时候突如其来的灵感会给你很多帮助，不信看看下面的题目。

067 虹吸管

在左图所示的一个密封的模型中，液体被储存在最下面的空厢里。

请问如果把整个模型倒过来会出现什么样的情况？

068 钉子

年迈的查理·克罗斯卡特·卡拉威是当地木场的地方长官，他早上刮脸的时候遇到了一个麻烦。仓库里男孩子跟他打赌，说他不可能将如图所示的构造中的 4 根钉子移到别的地方使原来的 5 个正方形变成 6 个。那么，你来试试，看能否把答案想出来。

069 结的上色

图 1 所示的结已经被上色了，现在要求你根据下面的条件，将剩下的 5 个结也分别上色。

如图所示，每个节中每一个线与线的交叉点处都有 3 个部分需要上色：

1. 穿过这个交叉点的上面的线；

2. 穿过这个交叉点的下面的线的一边；

3. 穿过这个交叉点的下面的线的另一边。

每个交叉点处的线需要分别涂上 3 种不同的颜色，也就是说，给一个结上色至少需要 3 种不同的颜色。

图 1 用了 4 种颜色上色，问给其余的 5 个结上色分别最少需要多少种颜色？

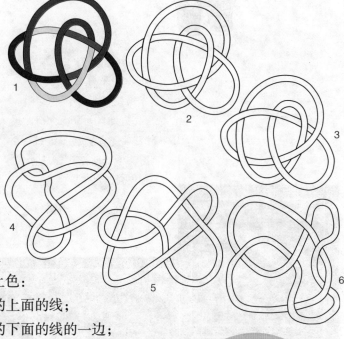

要解开那些复杂的结可不是一件容易的事情，它需要仔细的观察和足够的耐心。看看这个题，看你能否应付得了？

070 曲面镜

如图所示，男孩看左边的凸面镜发现自己是上下颠倒的。然后将镜子翻转90°。这时候男孩看到的自己是什么样子的呢？

如果你住在一间布满镜子的屋子里，你就会在确定自己来去方向时遇到困难。你甚至会遇到一个最棘手的问题：你没办法找到门在哪里！

071 火柴光

想象这个布局中的3个房间的墙上（包括地板和房顶）都铺满镜子。房间里一片漆黑。

一个人在最上面的房间里划了一根火柴。那么在另一房间里吸烟的人能看到火柴燃烧的映像吗？

072 麦克马洪的彩色三角形

一组 24 个三角形可以按照多米诺骨牌颜色匹配原则（即相邻一边颜色相同）形成许多种多边形，像正六边形和蝴蝶谜题。从麦克马洪开始，便有马丁·加德纳、约翰·肯维以及其他人为浩如烟海的关于广义多米诺的资料做出了贡献，他们提供了新的难题和挑战。

用 4 种颜色给等边三角形的 3 个边缘上色，你能得到 24 个可能的不同颜色的三角形吗？

注意：旋转后得到的三角形不被算作不同的；镜面反射则算作不同。

073 木匠活儿

有一天，老木匠海勒姆·鲍尔皮尼在木场把所有人都给难住了。他拿出来一块不规则的胶合板，然后向工厂工人提出了挑战，看谁能把它切成 3 块并把它们拼成一个边长为 1 米的正方形。

074 转角镜

如图所示，一个男孩分别从1面平面镜和2面以90°角相接的镜子中观察自己。

男孩的脸在2种镜子中所成的像是一样的吗？

075 线条组成的圆

图中由一系列线条组成的圆是同心圆还是弯曲的圆呢？

076 三维图

在图中你看到了什么?

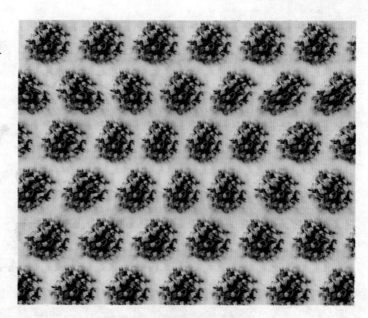

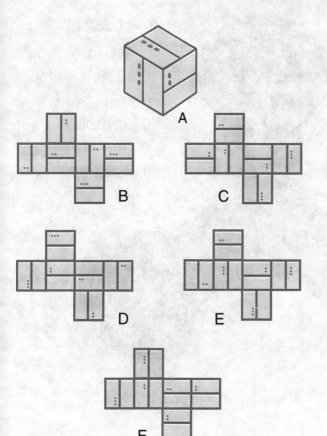

077 立方体展开

B、C、D、E、F中哪张图纸能够折叠成A图所示的立方体?

078 分割牧场

农场主给儿子出了一道题：在一片大的牧场上对称地竖立起8道笔直的栅栏，把它分割成5块小的牧场，使每块牧场都畜养2头牛、3头猪和4只羊。农场主的儿子应该怎样做呢？

079 飞去来器

如图，6个半径为1的半圆组成了图中这个形状像飞去来器的图形。

你能计算出该图形的面积吗？

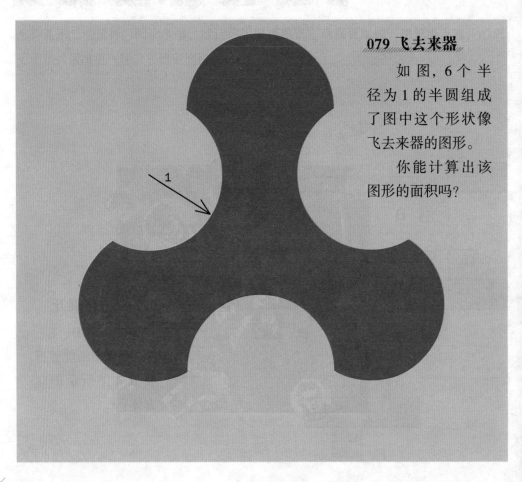

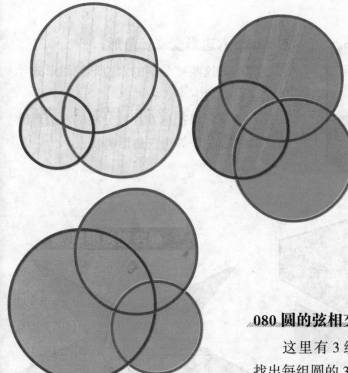

圆被认为是有无限条边的多边形。几个圆相交常常会神奇地形成多边形。

080 圆的弦相交问题

这里有 3 组 3 个相交的圆，分别找出每组圆的 3 条公共弦的交点，再把这些交点连接起来，看看会组成一个什么样的图形？

081 分割五角星

把这个大五角星复制下来，并把它分割成如图所示的 12 部分。

你可以把这 12 部分重新拼成 4 个小五角星吗？

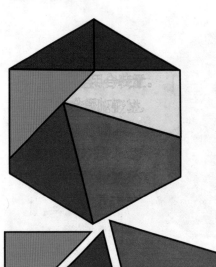

082 六边形变成三角形

把这些被分割的六边形的图形碎片复制并剪下来。

你可以把这 6 片被分割的六边形碎片拼成一个等边三角形吗？

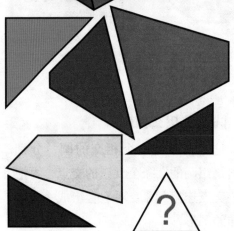

083 七角星

把这两个相同的七角星复制下来并剪成如图所示的 20 部分。

你可以把这 20 部分重新拼成一个大的七边形吗？

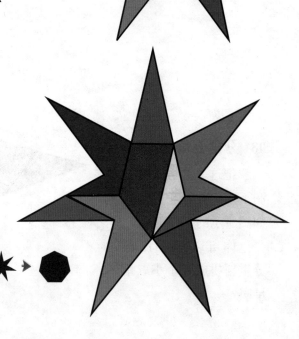

084 五角星

你能用6个直角三角形拼出如图所示的五角星吗？

085 心形七巧板

用9片心形七巧板图片拼出这两个黑色剪影。完成题目后，试着继续发明一些图形和题目。

086 雪橇

下次当你外出滑雪时，如果你想在温暖的临时营地赢得一块热巧克力的话，这里有一个万全之策。跟你的朋友打赌，说他们不可能把6个滑雪橇组成8个完整的三角形。如果你没有外出滑雪，你也可以用汽水吸管来完成。

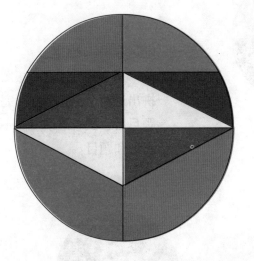

087 圆形七巧板

用10片圆形七巧板图片拼出如图所示的两个剪影。每个图片都可以翻转使用。

你还可以拼出哪些图形？

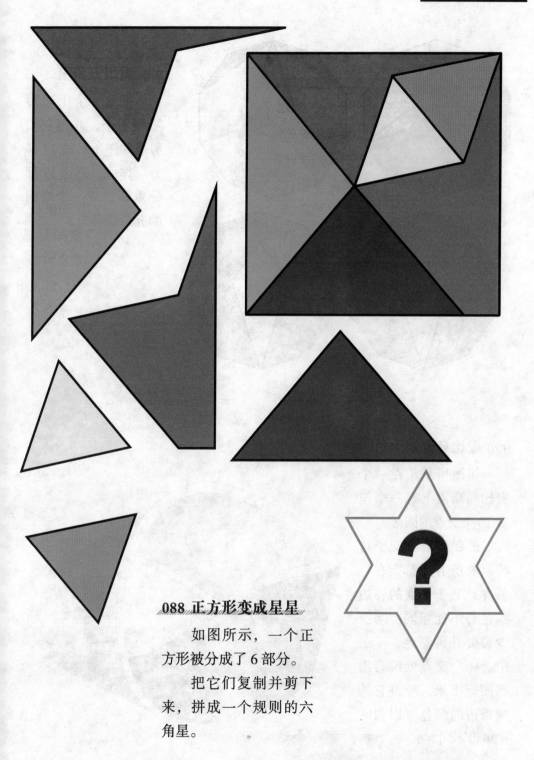

088 正方形变成星星

如图所示，一个正方形被分成了 6 部分。

把它们复制并剪下来，拼成一个规则的六角星。

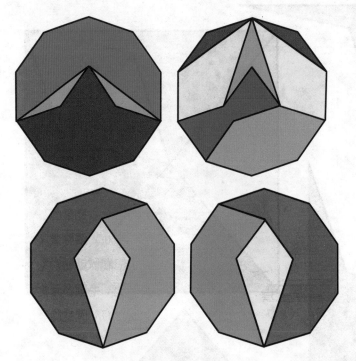

089 重组五角星

把这 4 个十边形复制下来，并把它们剪成如图所示的 17 部分。你可以把这 17 部分重新拼成一个规则的五角星吗？

090 麦比乌斯圈上色问题

如图所示，在一个麦比乌斯圈上有一个包含 10 个交点的图形。

现在要求给交于这些点的所有边都上色，条件是交于一点的各边颜色都不能相同。问至少需要几种颜色？（图中有一个交点处没有用圆圈标出来，经过它的两条边的颜色可以相同也可以不同。）

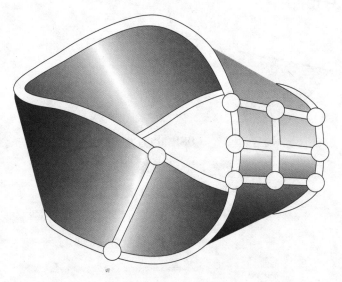

091 房产规划

西德尼是当地的一个建筑商，他把一块长方形的土地分成了 8 块建筑用地，并打算在每块地上建造一间房子。按他的计划，每一块土地的大小、形状都要一样。西德尼遇到的问题是有人把每块地上的边界碑偷走了，而且房产规划图也丢失了。他在猜测是谁做了如此卑鄙的事情。那么，你能帮助西德尼重新划定各块土地的边界线吗（图中的 H 表示每间房子所在的位置）？

092 神秘的洞

谜题大师约翰·P.库比克为了对自己的能力加以证明，他向人们展示了一张正方形的纸板，在纸板上偏离中心的位置上有一个洞。"通过将这张纸板剪成两部分，并且将这两部分重新排列，我就能把这个洞移到正方形中心的位置上。"你能想出他是怎么做的吗？

093 五格拼板的3倍

这是一个十分引人入胜的五格拼板游戏。

给出1个五格拼板，然后要求你用剩余11块中的9块拼成一个高和宽都为给定五格拼板的3倍的图形。

12个五格拼板都可以用于玩这个游戏，你能画出正确答案吗？

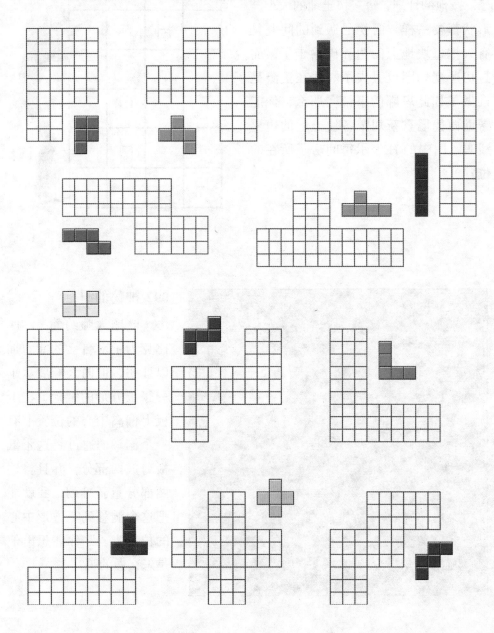

094 六边形游戏

如图所示，请你把游戏板外面的16个六边形放入游戏板中，使游戏板内的黑色粗线连成一个封闭的图形。各个六边形都不能旋转；更具有挑战性的是，16个六边形中每两个相邻的六边形颜色都不能相同。

在解决有关图案的难题时，创造性思维显得尤其重要，它引导我们看清不同符号之间的关联，并把它们放入恰当的位置。这种思考本身是一件特别有趣的事情。

095 三角形与三角形

把这4个图形每种各复制3份，共可得到12个三角形。问：怎么摆放才能使这12个三角形能够正好填满空白的三角形？

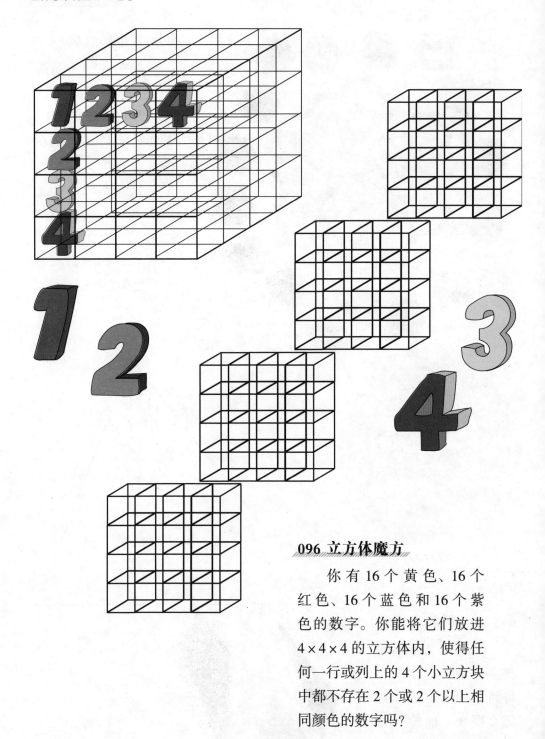

096 立方体魔方

你有 16 个黄色、16 个红色、16 个蓝色和 16 个紫色的数字。你能将它们放进 4×4×4 的立方体内，使得任何一行或列上的 4 个小立方块中都不存在 2 个或 2 个以上相同颜色的数字吗？

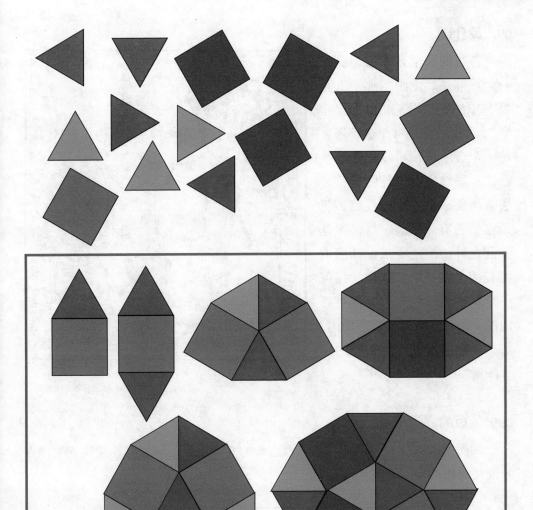

097 正方形和三角形

　　上图的凸多边形（从五边形到十边形）都是由全等的三角形和正方形组成的，现在请问组成十一边形至少需要多少个这样的三角形和正方形？

　　简单的图形通过不同的组合能够构成复杂的图形，不信的话可以看看这个题目。

098 设计图

左边的那个艺术家遇到了一大堆麻烦。他画的那个五角星上有 5 条直线路和 10 个金字塔，每条路上各有 4 个金字塔，每一个金字塔都可以直接通往沙漠。虽然这个设计图也符合法老所要求的 5 条直线路、每条路上各有 4 个金字塔，但是除此之外，他还要求设计图内要有两个金字塔，这样，任何一个从沙漠来的人只有通过外线的一条路才能进入金字塔内。那么，他应该设计什么样的设计图呢？

099 最短的六边形

如图所示，这 6 个点是一个正六边形的 6 个顶点，问怎样连接这 6 个顶点才能使线段总长度最短？

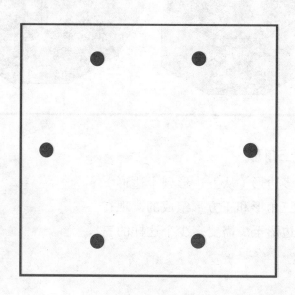

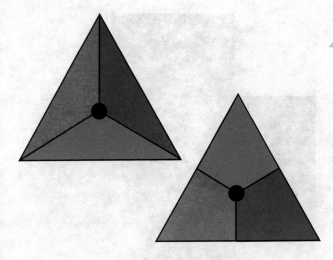

100 三分三角形

如图所示，要把一个正三角形三等分非常简单。

现在的要求是沿直线将三角形剪成几片，使各片拼起来能够正好拼成 3 个一模一样的形状。且剪刀不能通过该三角形的中心。

请问应该怎样剪？

101 八色金属片

把这 8 个不同颜色的纸片复印，然后剪下来，拼接在空白处，注意不能出现重叠现象。

102 重组正方形

画两条直线可以把这个十字形分成 4 部分，重新组成一个正方形。你能做到吗？

103 数一数

请问图中有多少个正方形？

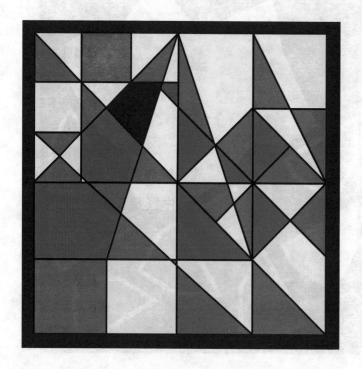

104 果园

　　已过世的著名农学家法莫尔·布朗曾留下话，他要把他的财产平分给自己的4个儿子。他特别指明：他那个种有12棵珍贵果树的果园应分成大小、形状相同的4份，每份包括3棵树。那么，4个儿子应该如何按照父亲的遗愿用栅栏将果园隔开呢？

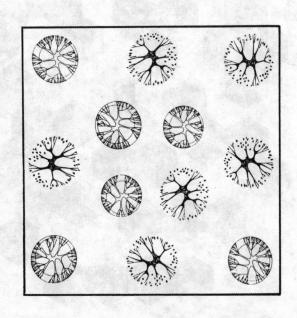

105 光路

　　左图镜子迷宫里的红线条都是双面镜。

　　通过哪个缺口进入能指引一束激光穿过这个镜子迷宫？

106 拼接六边形

将给出的 10 个部分复制并裁下。

将这些部分重新安排成一个 4×4×4 的八边形蜂巢模式，如图所示。

107 分割多边形

要把这些正五边形和正六边形分割成三角形，要求分割线只能是连接两个顶点的线段，而且这些分割线之间不能相交，问你能想出多少种分割方法？

在该题中，同一个图形的旋转和镜像被认为是不同的图形。这个问题也被称为欧拉多边形分割问题。

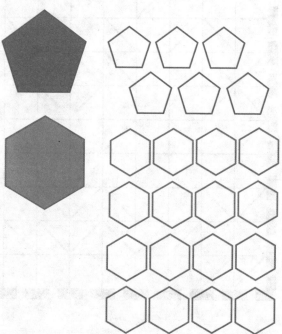

第五章

转换思维名题

001 包装小组

圣诞老人给了这些小鬼 5 卷包装纸和 5 盘丝带并要求他们把每一种包装纸与每一种丝带组合，使 25 个盒子中任意 2 个的包装都不相同。现在就剩下最后一个没有打包了，它需要什么颜色的包装纸和什么颜色的丝带组合呢？

002 反射镜

方框里一些格子的对角线处放有一块正反两面都可以反射的小镜子。整个方框用粗黑线分隔成了几个区域，其中每个区域里面有一块小镜子。方框外面的彩色格子是彩色光线射出的起点以及反射回来的终点。这些光线直线射出，遇到小镜子进行 90° 反射。彩色格子里的数字是指光线从起点到终点一共经过了多少个格子（起点和终点的彩色格子不包括在内）。这些镜子应该放在什么位置呢？

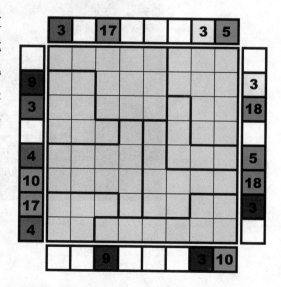

003 分开链条

在收拾一盒链子时，珠宝匠发现了如图所示的 3 根相连的链条，并决定把这链条分开。经过观察，珠宝匠找到了只需打开 1 根链子就能分开整个链条的方法。你找出来了吗？

004 闪烁的栅格

转动眼球，联结处会闪烁，闪烁的位置也不断改变。如果凝视任何交叉点，那个点就不再闪烁。你能解释这个原因吗？

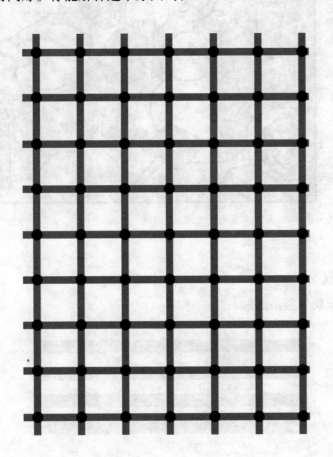

005 雪落进来了

这幅图中有 7 个图形，每一个都在不同地方出现了两次。比如窗户上的雪堆，也是男孩兜帽上的白色部分——虽然旋转了，但是大小、形状和颜色都相同。你能找出另外的 6 对吗？

006 灰色条纹

左右两个灰色竖条纹的灰度一样吗？

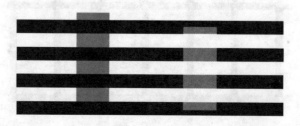

007 双菱形

图中两个菱形的亮度相同吗？

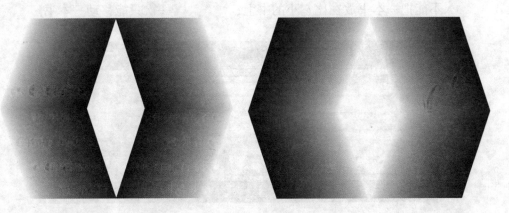

008 线条

这些竖线条是直的还是弯曲的？

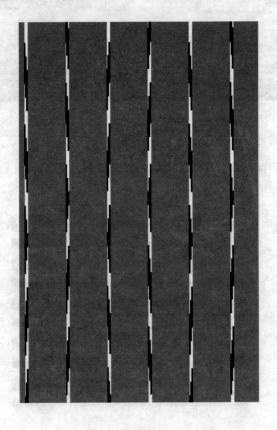

009 整理书籍

如何移动最少的书，就能从图 A 到图 B，注意：

◎ 不能把一本书放在比它小的书上；　　　◎ 一次只能移动一本书。

A

B

010 鱼

凝视这幅图中的鱼，它们向哪个方向游呢？

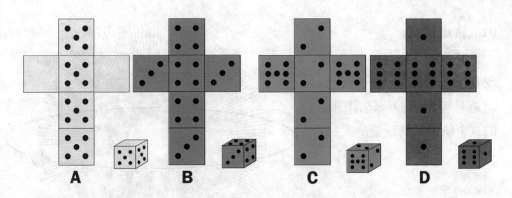

4 个非传递的色子的平面展开图

011 非传递的色子

一组 4 个色子如图所示。

让你的同伴选择其中一个，你选择另一个。两人轮流掷色子，掷到点数高的一方获胜。

那么要怎样选择色子，才能在玩很多轮的情况下保证赢的次数最多呢？

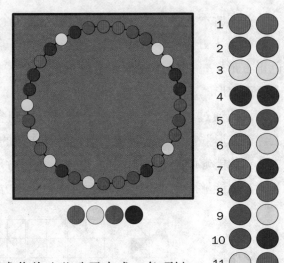

012 成对的珠子

现在你有 4 种颜色的珠子，要求你将这些珠子串成一条项链，使你无论沿着顺时针方向还是逆时针方向，右图所示的 16 种珠子组合都会在项链上出现一次。

上图的项链是由 32 颗珠子组成的，但是你会发现在这条项链上 16 对珠子组合中的好几对都出现了不止一次。现在的问题是，满足条件的项链最少应该由多少颗珠子组成？

013 轨道错觉

开普勒（1571 ~ 1630）发现了行星围绕太阳运转的轨道是椭圆形的。请问图中的这个轨道是椭圆形的吗？

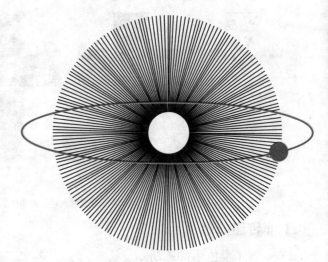

014 黑白正方形

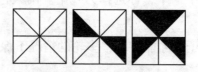

如图所示，一个正方形被分成相等的 8 个区。

如果正方形 8 个区中的 2 个区被涂上了颜色，我们称该正方形为"1/4 上色正方形"；如果正方形 8 个区中的 4 个区被涂上了颜色，我们称之为"1/2 上色正方形"。

请问通过不同的涂色方法分别可以得到多少个"1/4 上色正方形"和"1/2 上色正方形"？图形的映像和旋转不算作新的图形。

1. 你能够画出 6 个不同的"1/4 上色正方形"吗？

2. 你能够画出 13 个不同的"1/2 上色正方形"吗？

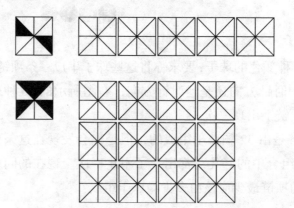

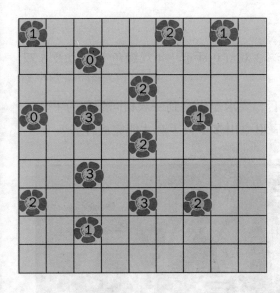

015 瓢虫花园

在图中的格子里一共藏有13只瓢虫,请你把它们都找出来。

方框里的每朵花上面都写有一个数字,这个数字表示的是它周围的8个格子里所隐藏的瓢虫的总数。见例子。

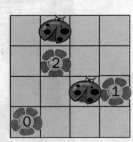

有花的格子里没有藏瓢虫。

016 猴子

能否为图中那只拿着小罐的猴子找出最短的路线,使它从每个窗户处收到钱呢?这只猴子必须从图中的位置出发,并且最后停在主人的肩膀上。

017 黑暗中的手套

抽屉里面一共放了 2 双黄色手套、3 双红色手套、4 双绿色手套以及 5 双蓝色手套。这些手套都杂乱地摆放着。

现在要在黑暗中从抽屉里拿出手套，要求至少拿到一双相同颜色的手套，并且左右手配套。请问至少需要从抽屉里拿出多少只手套才能完成任务？

2 双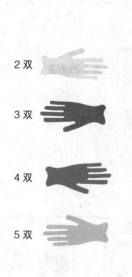

3 双

4 双

5 双

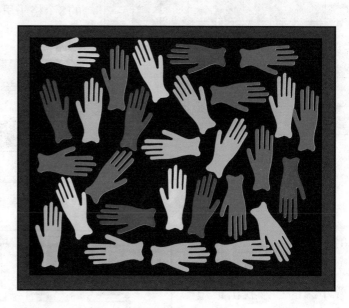

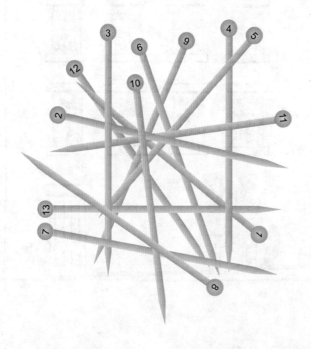

018 第 12 根木棍

木棍摆成如图所示的图案，按怎样的顺序将它们拿开才能最终"解放"第 12 根棍子？记住：每根木棍被拿掉时上面不能压着别的木棍。

019 红色圆圈

在这幅视错觉图中，红色的圆圈与黄色三角形的 3 个顶点的相交处似乎凹下去了，事实上是不是如此呢？还有，它是个标准的圆吗？

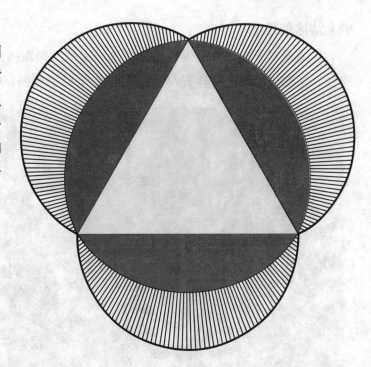

020 蝙蝠

下面这幅万圣节的图中隐藏了 25 只蝙蝠。你能找出多少只？

021 结冰的池塘

仔细观察下图，你会发现结冰的池塘里的倒影跟冰面上的人、物并不完全吻合。你能找出倒影与真实人、物之间的 16 处区别吗？

022 船

方框中藏有一定数量大小不一的船（见表格上面给出的 4 种不同颜色的图例）。方框右边和下面的数字表示该行或者该列的所有船共包含多少个小方格。方框中已经给出了一些船的部分。请你把所有的船都画出来。其中，船在摆放时可以旋转。

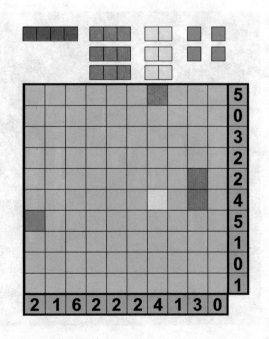

023 平行线

佐勒错觉是一个经典的视错觉游戏，它是由心理学家约翰·佐勒（1834～1882）发明的。在这个视错觉中，所有的平行线上都加上了许多与平行线呈锐角（10°～30°）的短平行线，因此使这些平行线看上去似乎不平行了。

如图所示，我们的这道题与佐勒的原题有一点小小的区别。有些线是平行的，有些不是。你能够区分它们吗？

有时候，外部的事物并不是你所看到的那个样子。大脑有时也会欺骗眼睛，使我们产生错觉。

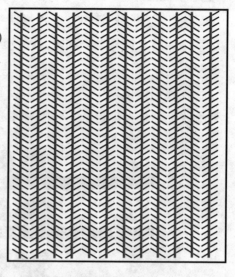

024 有几个结

如图所示，如果这2只狗朝着相反的方向拉这根绳子，绳子将会被拉直。

问拉直后的绳子上面有没有结，如果有的话，有几个？

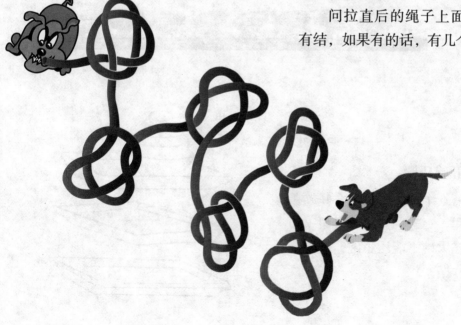

025 蚂蚁队列

纽约大学的计算机专家丹尼斯·E.莎莎定义了一种"令人惊讶的"符号序列：对于每一对"符号"X 和 Y，以及每一个距离 D，最多只有一对 X 比 Y 领先 D 的距离。

在我们这道题中，"符号"就是背着彩蛋的蚂蚁。你能说出上面这 6 个队列哪些是"令人惊讶的"，哪些不是吗？

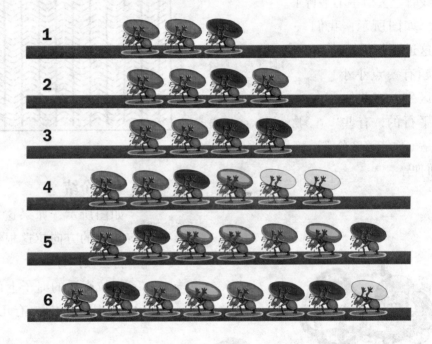

026 五碗巧搬

有 5 个碗，按次序叠好放在甲盘里，一次一只往丙盘搬（如图），大碗不能压小碗，试试应该怎样搬？

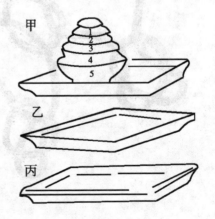

027 缺少的图形

5 个选项中哪一个可以放在空白处？

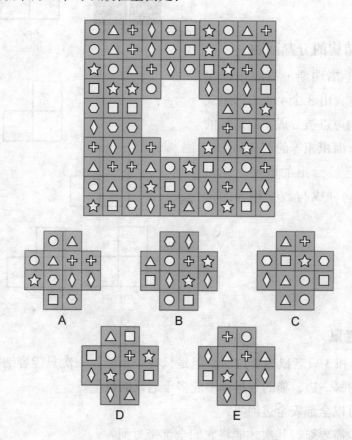

A B C

D E

028 玻璃杯

如图所示，10 个玻璃杯放在桌子上，5 个正放，5 个倒放。每次拿任意 2 个杯子，并将它们翻转过来。不断重复这个过程。

你能否让所有的杯子全部正过来？

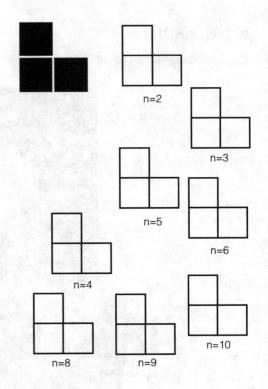

029 L 形结构的分割问题

1990 年福瑞斯·高波尔提出了这个问题：由 3 个小正方形组成的 L 形结构可以被分成不同份数的形状相同、面积相等的部分吗？

依据已经给出的数字，你可以将它平均分成与数字相等的份数吗？

030 猫和老鼠

3 只猫和 3 只老鼠想要过河，但是只有一条船，一次只能容纳 2 只动物。无论在河的哪一边，猫的数量都不能多于老鼠的数量。

它们可以全部安全过河吗？

船最少需要航行几次才能将它们全都带过河？

031 真理与婚姻

国王有两个女儿，一个叫艾米莉亚，一个叫莱拉。她们中有一个已经结婚了，另一个还没有。艾米莉亚总是说真话，莱拉总是说假话。一个年轻人要向国王的两个女儿中的一个提一个问题，来分辨出谁是已经结婚了的那个。如果答对的话，国王就会将还没有结婚的女儿嫁给他。

他应该怎样问才能娶到公主呢？

032 奇怪的球

你得有准备才能完成这道题目，因为图中的每一个物体都代表一个以"ball"结尾的单词或者短语。比如，一罐漆代表单词 PAINTBALL。你能找出多少呢？

033 馅饼

火鸡节（即感恩节）过后便没有比馅饼思维游戏更好的游戏了。这个题实在是太古老了，许多年前，在第一个感恩节上，布拉德福总督可能在享用甜点的时候玩过这个游戏。你要判断的是：如果在馅饼上切 4 下，那么，最多可以切成多少大小不同的块呢？

摩托车手和飞行员都必须要在极短的时间内迅速对紧急情况做出判断和反应，同样，迅速反应能力在日常生活中也是非常重要的。现在就和你的朋友一起来做做下面这道题，测测你们的反应能力吧。

034 直尺下落

用一只手握住直尺的顶端，另一只手的食指和拇指放在直尺下端，但不能碰到直尺，如图所示。

松开握住直尺顶端的手，让直尺下落，你会发现在它下落的过程中，你可以毫不费力地用处于直尺下端的手指捏住直尺。和你的朋友们一起做这个实验，你松开直尺的同时让他们去抓，试试看，你会发现，对他们来说捏住直尺并不是一件容易的事情。

为什么呢？

035 跟 ABC 一样简单

这些场景全都能用分别以 ABC 开头的三个单词所组成的一个短语来描述，比如 Aardvarks Burning Candles（食蚁兽点蜡烛）。你能把这 6 幅场景都描述出来吗？

036 古怪的职业

图中的每个人都同时做着两份工作来维持生计。凑巧的是，两份工作的英文单词互相押韵。比如说，第一张图片里面的男士，是 Preacher（传教士）也是 Teacher（教师）。你能把他们的职业都找出来吗？

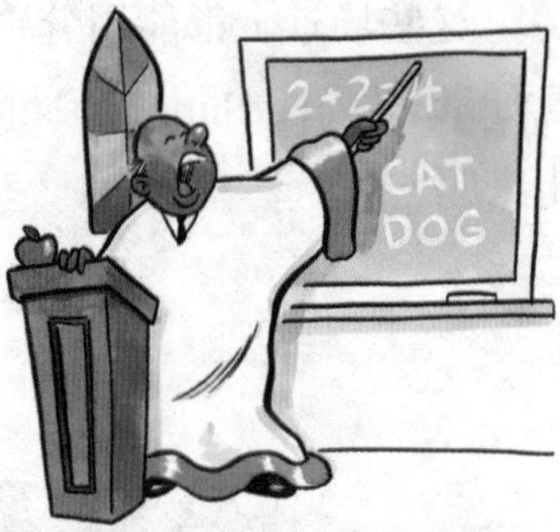

1

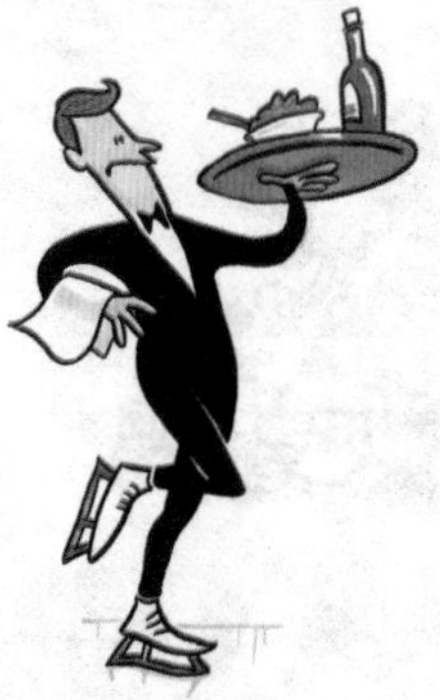

2

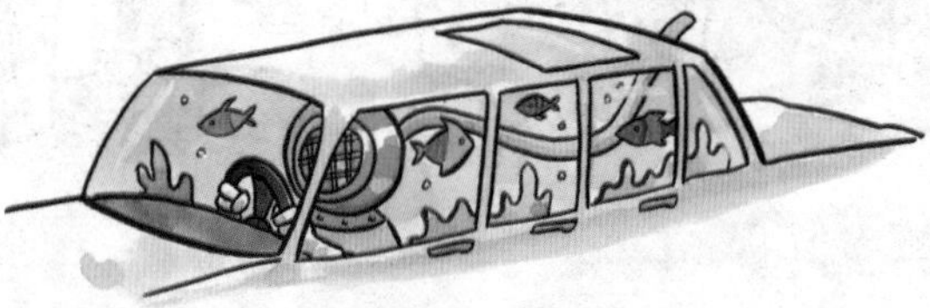

3

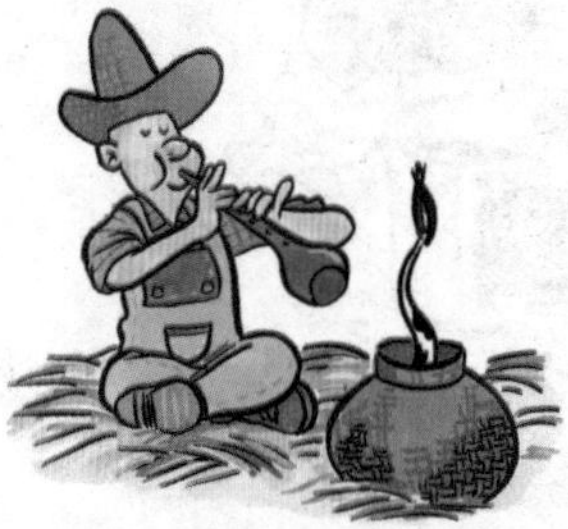

4

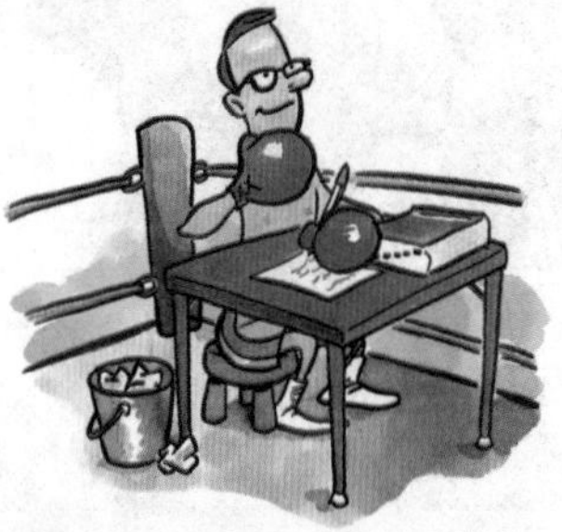

5

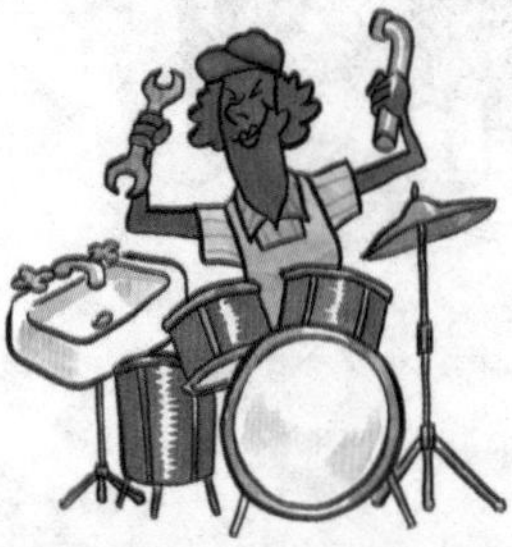

6

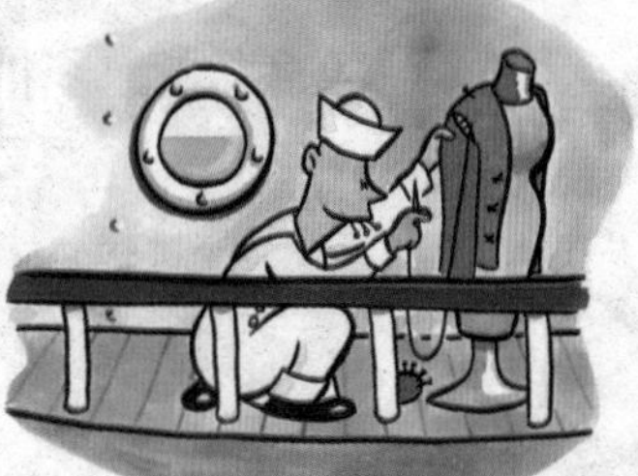

7

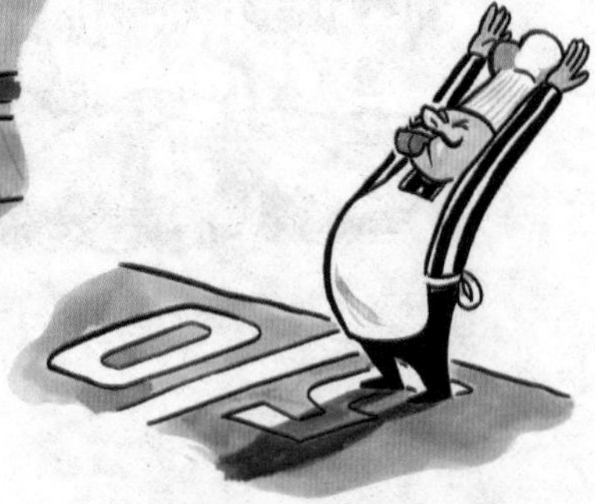

8

037 物以类聚

图中每行列出的 3 种事物都有一个共同点，至于这个共同点是什么，就得靠你来想了。也许是它们的长相，也许是它们的用法，甚至它们英文名字的读音。当你找出了每一组的共同点之后，看看最下方列出来的哪一件物品属于这一组呢。

038 三"人"行

每一幅图里都有 3 个事物，它们的英文单词包含完全相同的字母，只不过顺序不同，比如：SPARE（备用的）、PEARS（梨子）、SPEAR（矛）。你能把它们都找出来吗？

039 相同之处

下图每一组列出的三个事物都有一些共同点，至于这些共同点究竟是什么，就得靠你来思考了。如果同一组图片中有 truck（卡车）、buglet（小喇叭）、rhinoceros（犀牛），它们的共同点是，都有 horn（角、喇叭、号角）。你能把图中每组事物的共同点都找出来吗？当然，答案不一定都是能看到的。

040 单词转盘

下图中的每一幅图片都可以用一个含 4 个字母的单词来表示。要完成这个游戏，首先，请你把这些单词拼出来；然后，再把单词按照箭头提示的位置和方向写在上图的转盘中。第一个单词已经给出，你是不是更容易下手了呢？

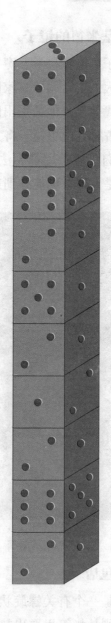

041 堆色子

你能计算出这 10 个色子没有画出来的那些面的总点数吗？

这些色子所有的接触面的点数都相同。

042 阿基米德的镜子

镜子可以在科学、魔术以及日常生活中创造不可思议的功绩。

伟大的古希腊数学家阿基米德富于想象力地将镜子用于许多创造发明中。根据古代著作，他最杰出的功绩就是在公元前214年罗马舰队围攻西西里岛城市叙拉古时，他用镜子将太阳光集中反射到罗马船只上并使其着火。

我们可能永远都无法得知阿基米德是否成功地用镜子保卫叙拉古免受侵略。但是，他有可能办到这件事吗？

043 面包店

这是一个有关螺旋状的思维游戏。奥拉夫刚刚从烤箱里取出热腾腾的"深红色种子面包"，他的这种管状面包非常有名。当他的顾客走过来时，他就问他们："如果我拿刀子从任意地方将面包切开，那么，我最多可以把它分成多少份呢？"你知道答案吗？

044 西尔平斯基三角形

西尔平斯基三角形是这样得到的：将 1 个等边三角形分成 4 个全等的小三角形，将中间的小三角形去掉，形成一个黑色的三角形。然后将余下的三角形按照同样的方法继续分割，这个过程可以无限重复。达到极限之后所得到的图形叫作西尔平斯基碎形。西尔平斯基（1882 ~ 1969）在 1916 年发明了这个碎形。

我们已经将西尔平斯基三角形的 3 次分割画了出来，你能够画出第 4 次分割之后的图形吗？

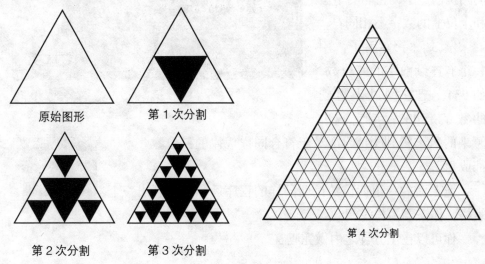

原始图形　　　第 1 次分割

第 2 次分割　　　第 3 次分割

第 4 次分割

045 给重物分组

给如图所示的单位为千克的重物分组，把它们分成 3 组，使它们的总重量尽可能相等。

如果是 3 个 2 千克重的物体和 2 个 3 千克重的物体，答案就简单了。但是有 9 个物体，问题就麻烦了。你可以完成吗？

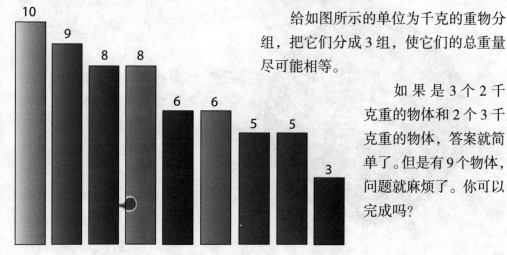

10　9　8　8　6　6　5　5　3

046 连续的唯一数字

题1：有多少个两位的阿拉伯数字，它们的十位和个位上的数字不是连续数字？

题2：有多少个两位的阿拉伯数字，它们的十位和个位上的数字不相同？

题3：举个例子，用一个有连续数字的三位数，如234，把它倒过来得到的数字是432，用它减去原来的数字得到198。这对于符合同样规律的三位数都成立。

把上面的一组四位数按照同样的程序运算，并制出一个表格，你需要多长时间？

你可以在1分钟之内做完吗？

```
 345    543－345 = ?
 456    654－456 = ?
 567    765－567 = ?
 678    876－678 = ?
 789    987－789 = ?
1234   4321－1234 = ?
2345   5432－2345 = ?
3456   6543－3456 = ?
4567   7654－4567 = ?
5678   8765－5678 = ?
6789   9876－6789 = ?
```

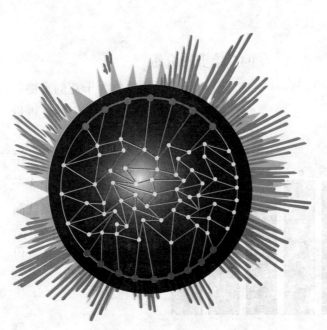

047 炸弹拆除专家

时钟在嘀嗒作响，你必须在它爆炸之前拆除炸弹的引信，可以把它的线剪成两部分，即从底部的蓝线到顶部的绿线，穿过中间错综复杂的红色线网，剪尽可能少的次数。你可以剪断这些线，但是不要剪到中间的连接结点（黄色的圆点）。快点，在炸弹爆炸之前！

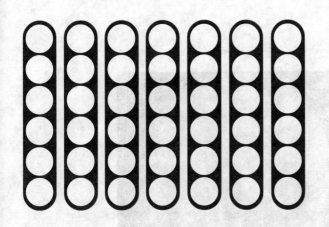

048 数字卡片

这里有黄红两组数字卡片。请你把它们粘贴到上面的数字板上，使得横向相邻的两种不同颜色的卡片数字相同。

049 重力降落

如果你从北极打一个洞一直通到南极，然后让一个很重的球从这个洞里落下去，会发生什么（忽视摩擦力和空气阻力）？

050 虚幻

你能看到骷髅头吗？

051 兔子难题

直线 AA 上有 3 只兔子，直线 CC 上也有 3 只兔子，直线 BB 上有 2 只兔子。有多少条直线上有 3 只兔子，多少条直线上有 2 只兔子？如果拿走 3 只兔子，将余下的 6 只兔子排成 3 排，且每排有 3 只兔子，该怎么排列？

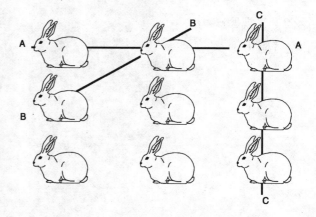

052 佛兰芒之冬

仔细看这幅图，其中有不适合的地方吗？

053 不可思议的平台

仔细看图片，图中有不合适之处吗？

054 老太太还是少妇

你看到的是老太太的侧面像，还是少妇的侧面像？

055 玩具头

玩具头是一种玩具，它展示了统计学的"通过一部分样本来推导整体"的方法。

一个玩具头（如图所示）里面装了 60 个小球，分别是绿、黄、蓝、红 4 种颜色。我们不知道各种颜色的小球分别有多少个。

统计学是收集和研究数据的科学，很多问题都能够用统计学来解决。

转动一下玩具头，它就会旋转，里面的小球也会重新混合。每次转动停下来时，它的眼睛、鼻子和嘴巴所显示的都是不同的 10 个小球的组合。

右上角是 6 次转动玩具头后所得到的结果。

你能够由此推导出里面各种颜色的小球分别有多少个吗？

056 多形组拉丁拼板

试着将这6个拼板重新组合成一个大正方形，使这个正方形每一行和每一列的6个小正方形颜色都不同。这个大正方形叫作拉丁正方形。

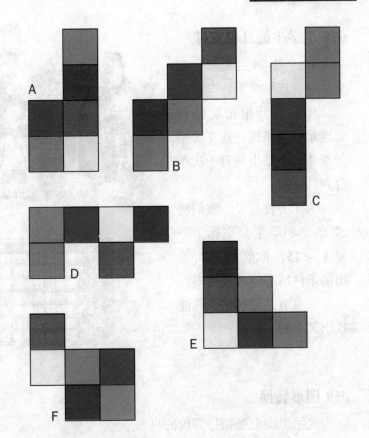

057 折叠4张邮票

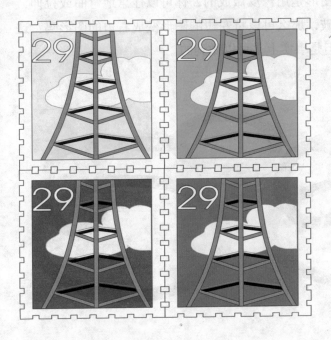

如图所示，4张邮票组成了一个正方形。你能说出一共有多少种折叠方法吗？

只能沿着邮票的边缘（锯齿）处折叠，最后必须折成4张上下放置。

邮票朝上朝下都没有关系。

4种颜色有24种排列方法。

可以折出其中的几种？

058 小学生的日程安排

15个小学生3人一组去上学，连续7天。

他们的分组情况必须要满足一个条件：在7天中任意2个小学生只有1次被分到同一组。

为了方便起见，我们将这15个小学生分别标上序号1～15，你能根据所给出的条件填写分组表格吗？

一共有7种解法，你能找出其中的一种吗？

分组情况														
第1天														
第2天														
第3天														
第4天														
第5天														
第6天														
第7天														

059 图形转换

这两个图形是拓扑等价的吗？

也就是说，假想这两个图形是用橡皮做成的，你可以任意地弯曲或拉伸，但是不能够将曲面撕裂或割破，那么可以将左边的图形变成右边的图形吗？这个问题看起来似乎不可能，但是事实上是可以做到的。

那么应该怎样变呢？

060 游泳池

一个游泳池长 10 米、宽 5 米、深 1 米，你一生中所喝的水的总量能不能把这个游泳池装满？

061 曲线上色

请你给下面这 4 幅图里的曲线上色，使每两条在图中灰色的节点相接的曲线颜色都不同。请问最少需要用多少种颜色来上色？

1

2

3

4

062 十二边形模型

如图所示的十二边形被分割成 20 块色块，并且这些色块被重新排列成不同的模型。这 4 个模型中哪个是不可能由这些色块组合而成的？

063 六边形的图案

如上图所示，在圆上取 6 个等距离的点。这 6 个点用不同的连线方式可以画出不同的图案，如左图所示。

请问：你能找出上图众多图案中与众不同的那一个吗？

064 图形转换

依据第一组图形的转换规律，请判断所给出的图形对应转换后应该是哪一项。

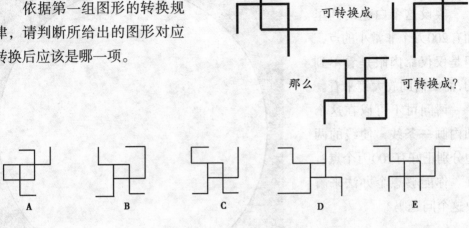

A　　　　B　　　　C　　　　D　　　　E

065 忧郁的狭条

你能不能把这个图案分成85条由4个不同数字组成的狭条，使得每个狭条上的魔数都等于34？

用数字1到16组成和为34的4数组合共有86种，这个网格图中只出现了85条。你能把缺失的1条找出来吗？

1	4	14	15	1	3	5	12	14	14	4	7	11	12	3	13	2
12	13	4	5	6	10	16	3	5	7	2	16	9	7	6	8	10
11	8	1	14	12	16	5	2	11	9	1	7	12	14	10	3	7
10	9	13	2	15	5	6	16	7	4	9	11	12	15	10	15
13	6	3	15	8	9	2	3	2	6	3	7	8	16	4	1
7	11	7	4	16	8	6	8	5	7	6	13	16	1	4	7	6
8	9	9	2	5	12	15	9	13	10	11	12	1	3	8	10	11
6	8	15	16	6	10	2	14	14	11	14	1	10	9	14	13	16
2	8	11	13	4	11	7	1	15	4	2	1	3	2	6	11	15
6	7	9	12	9	15	3	14	2	9	5	4	4	9	9	13
3	7	11	13	10	1	16	10	7	9	11	13	10	1	3	14	16
3	7	10	14	11	2	8	10	14	15	14	15	12	5	8	9	12
3	4	14	2	5	6	10	13	4	3	4	7	2	6	12	14	5
8	13	6	7	2	3	13	16	5	6	11	8	13	9	11	1	8
11	9	10	12	3	5	11	15	11	12	6	9	14	6	13	1	10
12	4	13	1	2	13	16	14	13	10	5	6	9	14	11
4	16	12	2	12	4	8	1	14	3	13	4	5	5	6	8	15
3	4	11	16	5	12	1	16	4	15	12	3	7	2	4	13	15
12	11	1	10	1	8	10	9	10	5	4	15	8	5	7	10	12
16	3	9	6	16	10	15	8	6	11	5	12	14	4	5	9	16

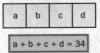

a	b	c	d

a + b + c + d = 34

066 200万个点

假设这个白色的圆里面有200万个非常小的点，但是仅仅靠肉眼是看不到的，需要借助放大镜来看。

请问可不可以在这个圆内画一条线，使线的两边分别正好有100万个点？

你能够想个办法来解决这个问题吗？

067 10个人

你能找到10个人吗？

068 圆桌骑士

让 8 位骑士围坐在圆桌边，每个人每次都要与不同的人相邻，满足这一条件的座位顺序一共有 21 种。上面已经给出了一种。可以用 1 ~ 8 这 8 个数字分别代表 8 位骑士，请你在图中画出其他的 20 种座位顺序。

069 狗的小岛

仔细观察图片，你能看到狗吗？

070 彩色词

看到下面的彩色词了吧！不要读出这些词，而是说出它们的颜色，越快越好。开始吧！

红色　　　绿色

蓝色　　　橘红色

黑色　　　蓝色

黄色　　　灰色

红色　　　粉红色

071 比舞大赛

在一次大赛中一对舞伴分别被拍照 8 次。

哪几张照片中显示出他们改变了跳舞姿势呢？

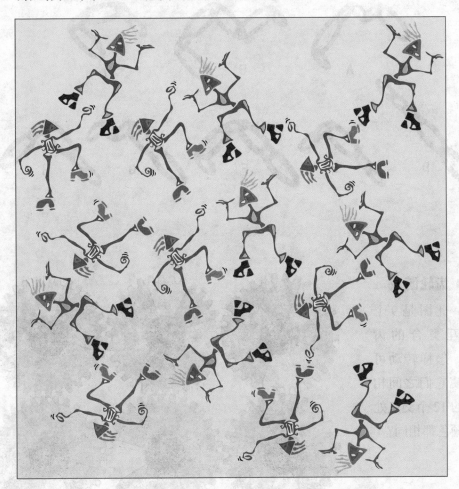

072 4 个力

这 4 个力是作用在同一个点上的（蓝点）。力的大小以千克为单位。

你可以算出它们合力的大小吗？

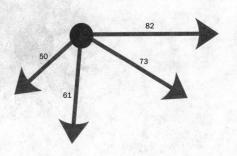

073 类同变化

从 A 到 B 的变化，类同于从 C 到哪一项的变化？

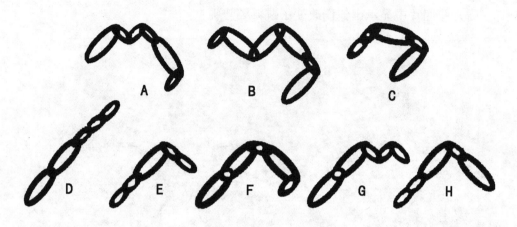

074 齿轮游戏

此图是 9 个相互契合的齿轮，怎样转动可以使它们之间相接的 12 个交点处的颜色都相同？

075 齿轮片语

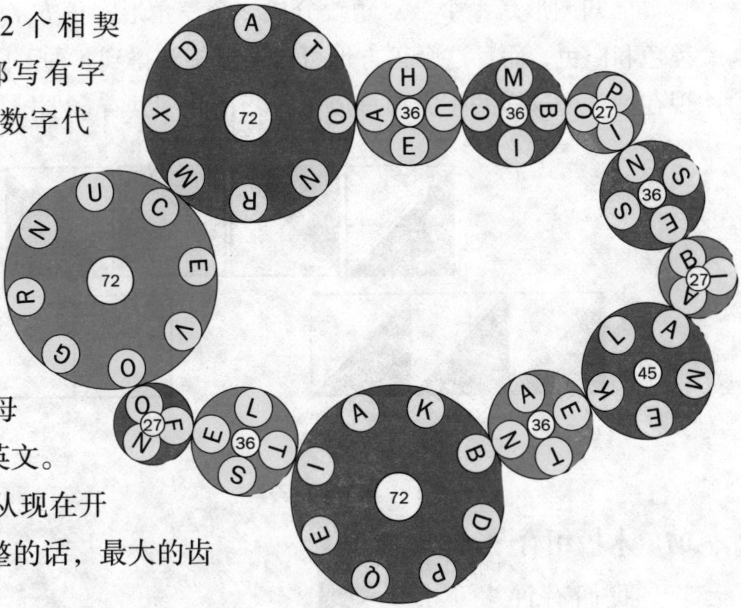

如图所示，这 12 个相契合的齿轮周围分别都写有字母（每个齿轮中间的数字代表这个齿轮有多少个齿）。在多次旋转或者局部旋转之后，从左上方的大齿轮（红色）开始，这些齿轮连接处的字母将会顺时针拼成一句英文。

你能否告诉我们从现在开始到你能读出一句完整的话，最大的齿轮需要转多少圈？

076 回文

回文并不是只出现在文字上，数字也可以产生回文现象。

选择任意一个正整数，将它的数字顺序前后颠倒，然后再与原来的数相加。将得到的数再重复这个过程。如此重复多次以后，你会得到一个回文顺序的数，即把它颠倒过来还是它本身。下面举了 234，1924 和 5280 的例子：

$$
\begin{array}{r}
234 \\
+432 \\
\hline
666
\end{array}
\qquad
\begin{array}{r}
1924 \\
+4291 \\
\hline
6215 \\
+5126 \\
\hline
11341 \\
+14311 \\
\hline
25652
\end{array}
\qquad
\begin{array}{r}
5280 \\
+0825 \\
\hline
6105 \\
+5016 \\
\hline
11121 \\
+12111 \\
\hline
23232
\end{array}
$$

89
...
...
?

是不是每一个数最后都可以得到一个回文顺序的数呢？

试试 89，看它是不是。

269

077 排列法

已知图形是1个被对角线分成2个三角形的正方形，这2个三角形分别为黑色和白色，而且这个正方形可以通过旋转得到4种不同的图案，如下图所示。现在把3个这样的正方形排成1行，请问一共有多少排列方法？

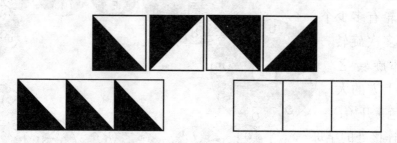

078 木板组合

我们有许多不同长度（毫米）的厚木板，如图所示，我们的目的是选择一些木板并把它们组合成一根连续长度尽可能接近某一个特定的长度的木板——在这道题目里为3154毫米长的木板，如果可能，不要砍断任何木板。你能得到的最好结果是多少？

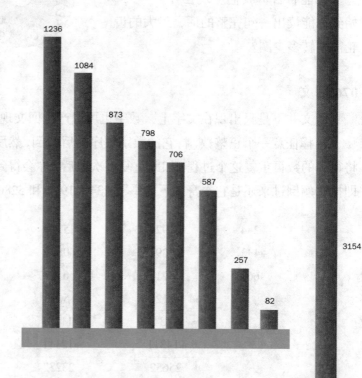

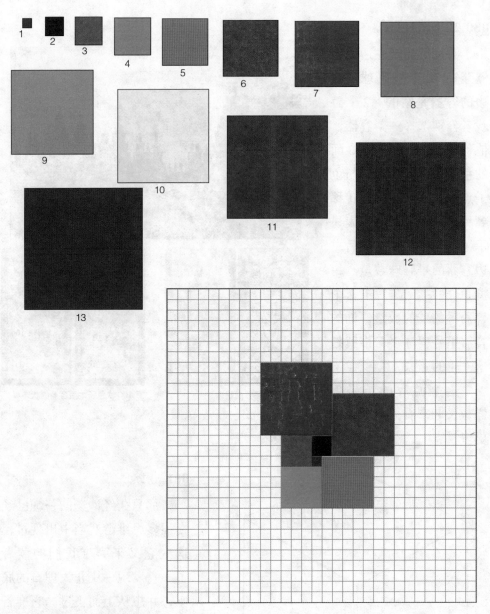

079 螺旋的连续正方形

前 13 个连续的正方形如上图所示。

在图示中，前 7 个连续的正方形呈螺旋状排列在中心的 1×1 正方形周围，并且没有空隙。

还有多少个正方形可以以这种螺旋的方式围绕着中心排列进去，把这个平面覆盖住并且不留空隙？

080 20 面的色子

游戏开始时左边的容器装有 20 个号码球，右边的容器是空的。2 个游戏者分别选择一个容器，他们轮流掷一个有 20 面的色子来进行游戏，与色子点数相同的球将被转移到另外一个容器。下表显示了掷色子 100 次之后左边容器的号码球数量。每掷 10 次后检查一下 2 个容器里的球的数量，谁的容器里号码球多，谁就是这一轮的赢家。

这个游戏的结果怎样，长期来看，谁会赢得更多?

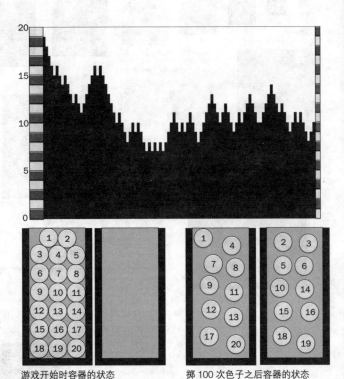

游戏开始时容器的状态　　　掷 100 次色子之后容器的状态

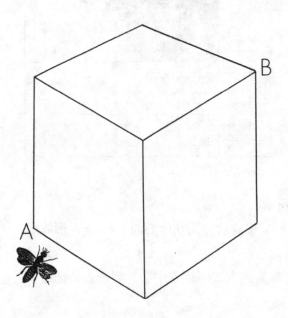

081 苍蝇

那只久经沙场的苍蝇已经在很多思维游戏当中出现过，这次它又来为难我们的读者了。它发现一块儿大理石的底座，并想从上面飞过。它准备从图中所示的这个立方体左下角的 A 点出发，然后到达立方体对面的右上角 B 点。这个立方体的每条边都长 60 厘米。那么，你能为这只苍蝇找出一条最短的路线吗?

082 贪婪的书蛀虫

书架上有一套思维游戏书，共 3 册。每册书的封面和封底各厚 1/8 厘米，不算封面和封底，每册书厚 2 厘米。现在，假如书虫从第 1 册的第 1 页开始沿直线吃，那么，到第 3 册的最后一页需要走多远？

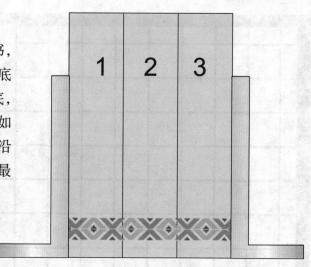

083 图形与背景

很多图案通常都由主体图形和背景这两部分组成。比如下面的这个图案，有一部分是主体图形，其余的则是背景。主体图形看上去会比较突出，甚至感觉从纸上凸显出来，而背景则相反。

你能找出这个图案的主体图形吗？是画有放射线条纹的部分，还是画有同心圆环的部分，或者都不是？

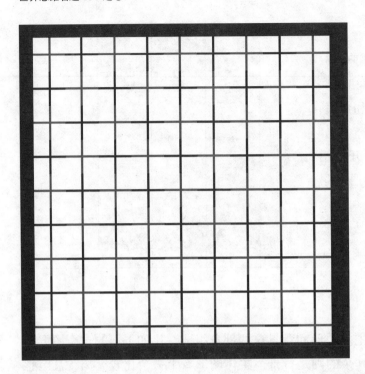

084 发散幻觉

在如图所示的矩阵中，红色的十字覆盖了格子的一部分，蓝色的十字覆盖了剩下的部分。红色和蓝色看上去像是向对角线方向发散的。

如果把这页纸旋转45°，会出现什么现象？

085 哈密尔敦路线

从游戏板上的1开始，必须经过图中每一个圆圈，并依次给它们标上号，最后到达19。你每次只能到达一个圆圈，并且必须按照图中的箭头方向前进。

注意：不能跳步。

086 中断的直线

2 条相交的直线被一张黑色的卡片遮住了一部分，只用眼睛看，不用直尺，请问图中这 9 条彩色的线中哪一条是原相交直线上的部分？

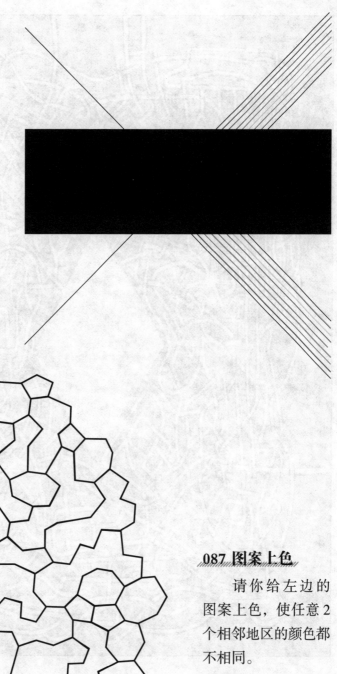

087 图案上色

请你给左边的图案上色，使任意 2 个相邻地区的颜色都不相同。

请问最少需要几种颜色？

088 卡罗尔的迷宫

如图所示，从迷宫中心的菱形开始，你能否走出这个迷宫？

089 第 5 种颜色

1975 年 4 月，《美国科学报》发表了该报数学版记者马丁·加德纳的一篇文章，文章中称格雷格——纽约的图论学家发明了一张地图，这张地图至少要用 5 种不同的颜色上色才能使地图上每两个相邻地区的颜色不同。

下面就是这张用上了 5 种颜色的地图。请问你能用更少的颜色上色，并使之满足条件吗？

第 5 种颜色

090 货车卸运

一辆货车将货物 A 运到 B 处，将货物 B 运到 A 处，但不能让它们穿越公路，最后将货车返回到原先的位置。

怎样解决这个问题呢？

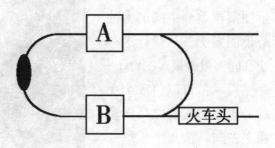

这里的"底朝天"可是跟喝酒一点儿关系也没有。你能够解出这些关于玻璃杯的题目吗？

091 玻璃杯

有 7 个倒放着的玻璃杯，要求你把这 7 个杯子全部正过来，但是每次都必须同时翻转 3 个杯子。

请问最少需要几次才能完成？

092 有钉子的心

如图所示，大的心形图案上有很多钉子（在图中用黑色的圆点表示）。在下面的 3 个小的心形图案上各有一些小孔（在图中用白色的圆点表示）。现在请你将这 3 个小的心形图案覆盖到中间的大的心形图案上，尽量让这些小孔能够覆盖最多的钉子。

提示：可以将 3 个小的心形图案旋转之后再覆盖上去。

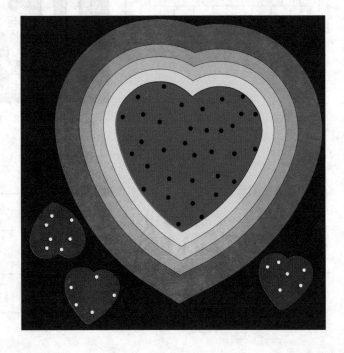

093 对结

如图，一条绳子的两个不同方向上分别有 2 个结。

请问这 2 个结能够相互抵消吗？还有，你能否将这 2 个结互换位置？

在日常生活中分辨不同图案的组合是非常重要的，这样我们才能够在十字路口正确地遵守红绿灯，另外我们在整理自己的衣橱时也能够更好地按颜色把不同的衣服分类放好。

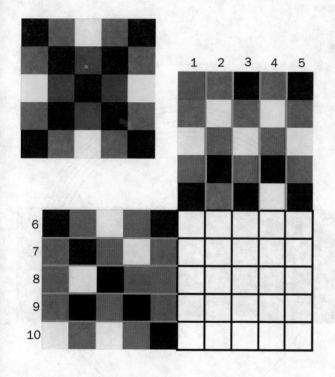

094 折叠问题

沿着蓝色的线分别把空白正方形上边和左边的正方形剪开。

请你把这些剪开的纸条向空白的正方形折叠，使该正方形的颜色跟所给出的正方形颜色相同。请问应该怎样折叠？

095 弹孔

按照过去的西部观念，卡特尔·凯特称得上是位高人。她使用 6 发装左轮手枪的本领堪称传奇，这里我们看到她是如何打赌取胜的。她说她可以在扭转头的同时往墙上射 12 颗子弹，这 12 个弹孔排列成 7 行，每行 4 个弹孔，当然，某些弹孔将同时存在于多个行列。钢琴师萨姆一点也不担心。那么，你认为弹孔在墙上是如何排列的呢？

即使是用眼睛也不能把世界上的所有信息都捕捉进来，因此我们的眼睛有时候会被图画所迷惑也就没有什么值得大惊小怪的了。我们的大脑可能会出现空白（比如我们眨眼睛的时候），而且很有可能会欺骗我们。

096 中断的圆圈

一个完整的圆圈被一张黑色的卡片遮住了一部分，只用眼睛看，你能不能判断出 7 条弧线中哪 1 条是这个圆圈上的弧线？

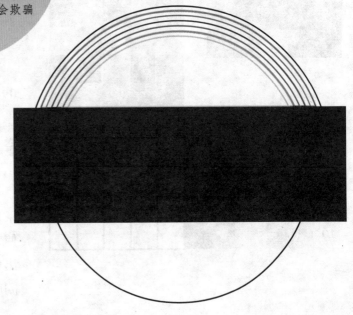

第六章

急智思维名题

001 球和阴影

两图中球与背景的相对位置相同吗?

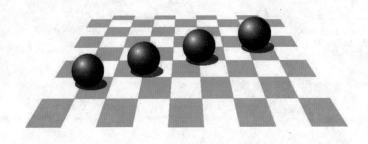

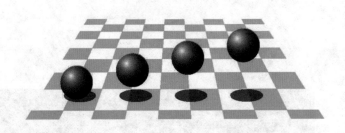

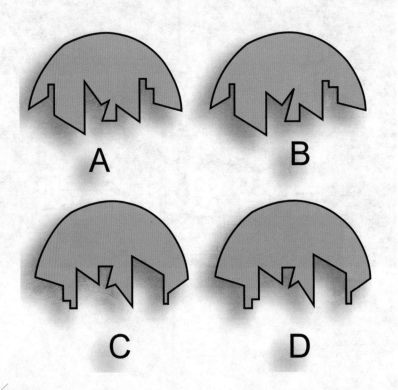

002 拼整圆

4幅图中只有2幅能够恰好拼成一个整圆,是哪两幅呢?

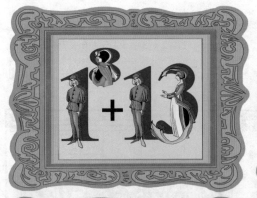

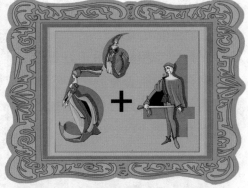

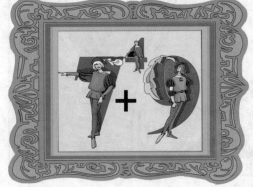

003 数字展览

对于古希腊人来说，数字就是一切。在我们今天的艺术展览中，数字就是艺术。

有些艺术家喜欢偶数，另外一些则喜欢奇数。

看上面的这几幅作品，不通过计算，仅凭直觉，你能否说出哪些是偶数，哪些是奇数？

004 加法

熊爸爸好像被它在佩尔特维利报上看到的一个思维游戏难住了。趁它还没有被烦透，我们来看看这个思维游戏吧：

一行数字相加之后正好等于45。那么，你能否将其中一个加号改为乘号，使这行数字相加的值变成100呢？

嗯……1＋2＋3＋4＋5＋6＋7＋8＋9＝45

005 数一数

请你数出图中有多少个点，你需要多少时间？

你能在30秒之内完成这个任务吗？

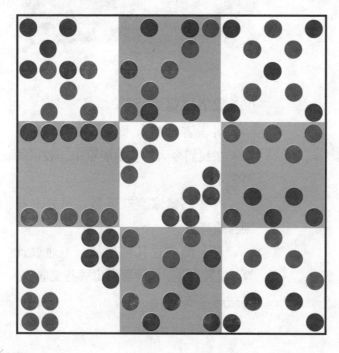

006 组合正方形

图形中有三个色块组合在一起正好可以组成一个正方形，是哪三个？

1. A B C
2. B D E
3. B C D
4. A D E
5. A C D

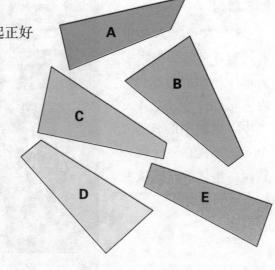

007 打喷嚏

人们在打喷嚏的时候通常会把眼睛闭上半秒钟。想象一下，如果你正在以每小时 65 千米的速度驾驶时突然打了一个喷嚏，这时你前面大约 10 米处的一辆汽车为避免撞到一只横穿马路的猫突然刹车。

当你睁开眼睛准备刹车时，你的车已经行驶了多远？

这场事故可以避免吗？

008 遛狗

9个女孩每天都带着她们各自的宠物狗出去散步。她们每次分3组，每组3个人，4天之中，她们中的任意2个女孩都只有一次被分到同一组。请问应该怎样给她们分组呢？

第1天		
第2天		
第3天		
第4天		

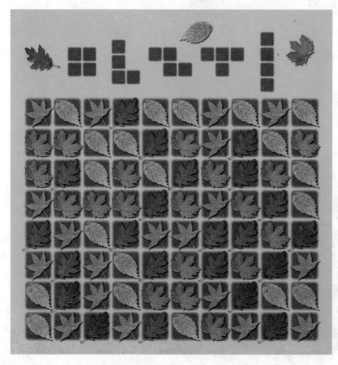

009 树的群落

在左边的方框里隐藏着方框上面所示的5种特定形状，全部由给出的4种叶子组成，其中每种叶子在每个形状里出现且仅出现一次。方框里的形状与方框上所示的一模一样，不能通过旋转得到。看看你是否能把它们通通找出来。

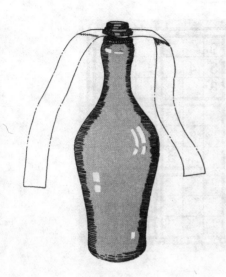

010 瓶子

把一个空瓶子垂直放在桌子上。然后，剪一个2厘米宽、30厘米长的纸带，按照如图的样子将纸带放在瓶口。在纸带下瓶口处放4枚硬币：先放1枚1元硬币，然后是1枚5角硬币，接着是2枚1角硬币。现在，大家来试试在保持硬币平衡的情况下把纸带移走。大家在进行游戏时，既不能接触硬币也不能触摸瓶子，唯一可以接触的就是纸带。

011 检查雪花

51号雪花检查员正在检查哪些雪花的6个部分并不完全对称。他最后通过的只有2片雪花。你能找出它们，并且指出其他5片雪花的不合格之处吗？

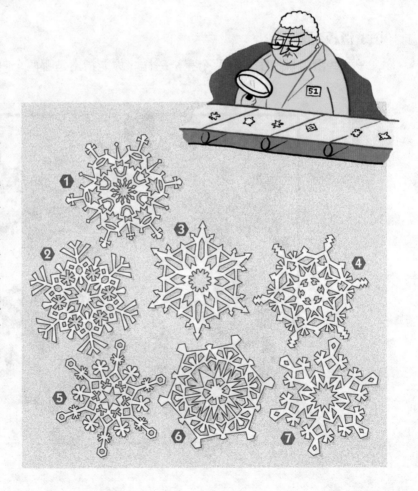

012 数独

在每个格子里填上数字1 9，使得每一横行、每一竖行，以及每个3×3的小方框中这9个数字分别出现一次。

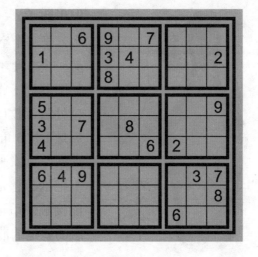

013 滑板玩家

这些滑板玩家中只有两个完全一样。你能指出是哪两个吗?

014 赝品

一个忙碌的伪造者制作了大量珍贵物品的赝品，这个人几乎每件赝品上都有一个错误。仔细研究每一组的原件，看看你能否找出5件赝品里完美的一件以及另外4件上的错误。

015 多米诺骨牌

方框中放了一整套多米诺骨牌，即从（0，0）到（9，9）的数字组合。这些骨牌可以横放，也可以竖放。每个小格子里的数字指代一张骨牌上的其中一个数（一张多米诺骨牌上有两个数）。这些多米诺骨牌分别是怎样摆放的？

0	0	7	0	4	2	1	2	0	6	3
9	1	4	5	8	9	3	5	3	6	7
1	1	3	8	0	0	6	2	4	5	1
6	0	3	1	8	1	4	4	9	7	1
5	6	8	2	5	7	3	9	8	0	1
9	9	5	8	7	3	7	1	9	1	5
7	2	8	9	5	4	6	2	5	6	7
2	0	0	6	7	9	6	4	0	0	4
3	4	3	5	9	2	6	8	4	2	6
8	3	4	4	2	2	1	0	2	8	1

016 网球赛

很多年以前，人们在闲暇时刻乡村俱乐部举行了一场盛大的泰迪·罗斯福混双网球锦标赛。一共有 128 对选手报名参加这项赛事。管理员撒

迪厄斯·拉肯卡特熬了半宿才把赛程拟订出来。那么，你知道在冠军产生之前会进行多少场混双比赛吗？

017 整数长方形

如图所示，一个大长方形被分成很多个小长方形。每个小长方形或者高是整数，或者宽是整数。绿色的小长方形宽为整数，高不是整数。橘红色的长方形高是整数，宽不是整数。

那么这个大长方形的高和宽都是整数吗，还是都不是整数？

018 面积和周长

有 8 个图形，其中有 2 个圆、2 个六边形、2 个正方形和 2 个三角形。这些图形中有 4 个图形面积相等，4 个图形周长相等。

请你分别把它们找出来。

019 拇指结

有 3 个相交之处的拇指结是最简单的结（如图所示），它也是其他很多种复杂的结的基础。

在我们的题目中，拇指结绳子的末端在绳子上再次绕了两下。请问：现在拉一下绳子的末端，这个结会被打开吗？

020 数学题

普里西拉·孙珊女士今天是我们的代课老师，可得当心啊。

"同学们，我上次站在这里已是好几个星期之前了，这样吧，我给大家出一道题。大家需要把黑板上的这 8 个数字分成两组，每组各有 4 个数字，将每组的 4 个数字排列组合成 2 个数并相加，而两组相加后的结果必须一致。谁能把这个题解答出来呢？"

021 魔镜，魔镜

下图左边的场景和它右边的镜像至少有 27 处冲突。比如，飞机的方向就被反射错了。其他错误你还能找出多少？

022 重要部件

这里每件物品都缺少一个重要部件。仔细观察，你能找出它们分别缺少什么吗？

023 飞船

梅格拉克专门买了一艘跟其他人都不同的宇宙飞船，但是现在在这个银河系停车场里，他找不到自己的飞船了。要帮助他，你需要仔细观察所有的飞船，找出其中 12 对相互匹配的飞船。剩下那艘单独的就是梅格拉克的了。

024 仔细听

要找出这道题的答案，从左边的每幅图向右边相对应的一幅图画一条直线，其中右边图和左边图发出的声音要一样。作为解题的第一步，圆锯和蜜蜂（它们两个发出的声音都是嗡嗡声）之间已经连线了。你所画的每一条线都会穿过一些字母。完成以后，按顺序从上到下阅读剩下的字母，你就会得到题目的答案。

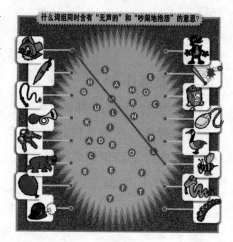

025 动物园

沃尔特·斯奈尔特拉普是当地动物园里的公园管理员，他在为一群动物划分界线时遇到了麻烦，可以说都怪狮子不安分守己。斯奈尔特拉普把 9 只动物混合圈在一个正方形围栏里。可是，没过多久，狮子开始咬骆驼，而大象却把狮子踩了，这让大家很是不悦。于是，斯奈尔特拉普决定把每只动物分别圈在各自的围栏里。他只在大围栏里建了两个围栏就把所有的动物各自分开了。你知道他是如何修建围栏的吗？

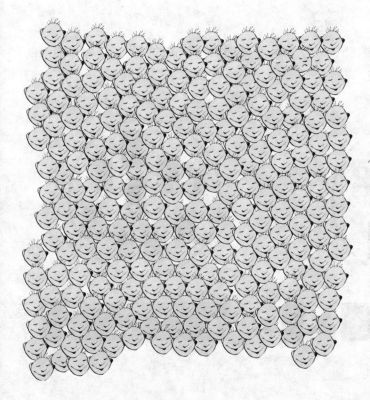

026 找面具

在左边的一组面具中有一个带有生气表情的面具，看看你多久能够找出来。

027 8个"8"

将 8 个"8"用正确的方式排列，使得它们的总和最后等于 1000。

028 数字 1 到 9

将数字 1、2、3、4、5、6、7、8、9 分别填到等式的两边，使等号前面的数乘以 6 等于后面的数。

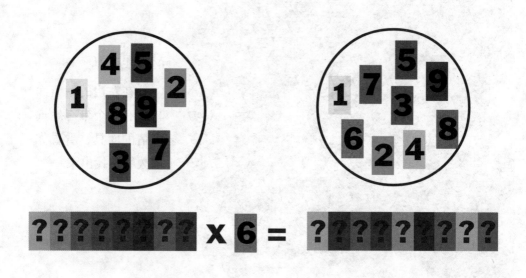

029 赛车

著名的佛塔纳兄弟是单轮脚踏车赛的冠军，他们总是在 4 个长为 1/3 千米的圆形轨道上进行赛前练习。兄弟 4 人从中午开始每人沿着一个轨道进行骑车练习，他们各自的速度分别为 6 千米 / 小时、9 千米 / 小时、12 千米 / 小时以及 15 千米 / 小时。直到他们第 4 次在圆圈中央相遇时才停下来。那么，他们需要骑多长时间呢？

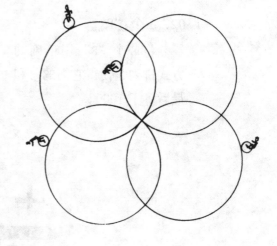

7356432633183741

030 总和为15

请问上面的这行数中有多少组连续的数字相加和为15？

031 动物散步

图中的问号处应该分别填上什么动物？

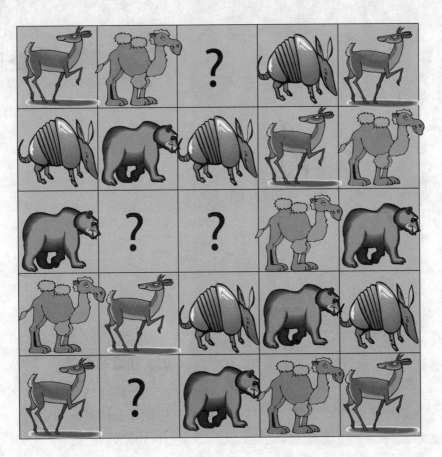

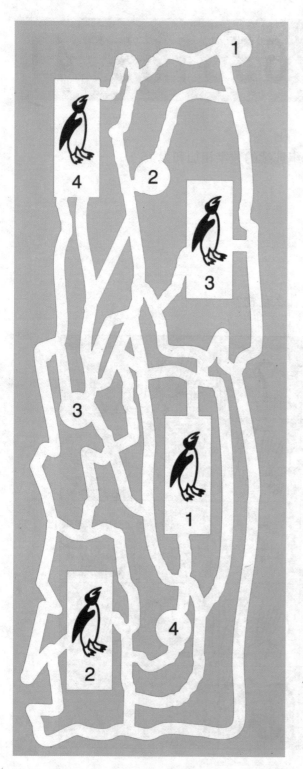

032 四边形组成的十二边形

一个十二边形可以被分割成 12 个相同的四边形，每个四边形都是由一个等边三角形和一个正方形的一半组成。

你能用这 12 个四边形重新组成一个十二边形吗？

033 迷路的企鹅

不横过这些道路，你能让企鹅都回到它们自己的家吗？

034 鱼网

你能将外面的18条"鱼"全部放进中间的"鱼网"中吗?

035 封口

羊栏里有36个出口,但只要封住其中一个出口,羊就根本无法跑出去。应封住哪个出口?

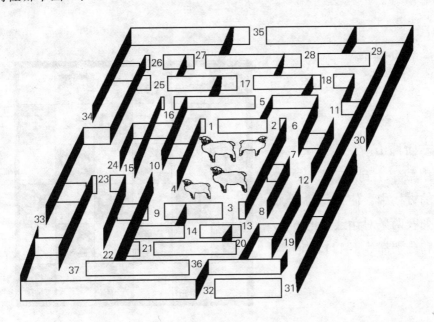

036 木头人

这是一个很经典的脑筋急转弯。

一个老座钟上立着一个木头人。每当他听到钟响 1 次，他就会跳 2 次。座钟每到整点就响，响的次数与时刻数相等。

那么一天 24 小时，这个木头人一共会跳多少次？

037 六阶魔方

用数字 1 到 36 填入缺失数字的方格中，使得每一行、每一列及两条对角线上的 6 个数之和分别都等于 111。

28		3		35	
	18		24		1
7		12		22	
	13		19		29
5		15		25	
	33		6		9

038 莱昂纳多的结

此图是莱昂纳多创造的一个复杂的拓扑学结构，请问这个结构里面一共用了多少根绳子？莱昂纳多关于结的众多猜想为现代拓扑学和其他学科里的打结问题奠定了基础。

什么时候一个结不是真正的结？看上去一片混乱就一定是真正的结吗？希望你不用绳子，仅仅通过想象也能解决有关结的各种问题。

039 神谕古文石

这块"神谕古文石"是在冰岛的胡
萨威克被发现的，它曾经吸引很多考古
学家前来研究，直到有个上学的小男孩
告诉他们那不过是个赝品而已，考古学
家们才恍然大悟，原来上面描述的正是
一个著名的思维游戏。凿在石头上的是
9 个秘密文字。上图中的第六个文字（即
中间那行第三个文字）故意没有完成。
这个游戏就是要猜出来那个文字是什
么，而你只有先确定其他文字所代表的
事物，才能把那个文字猜出来。

提示：所有文字都有一个共性。

040 穿过雪花

你能穿过雪花，从图中的起点到达终点吗（只能经过蓝色的位置）？

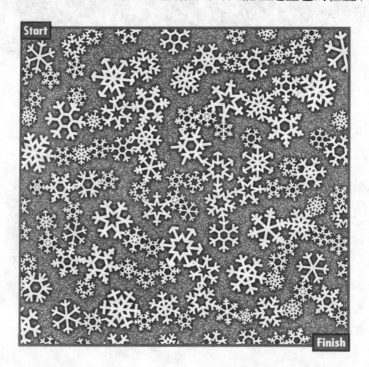

041 跟随岩浆

你能从起点到达终点而不被烧着吗?

起点

终点

042 长跑

帮助这个运动员完成马拉松,使他沿着黄色的路线到达底部的领奖台(不准越线)！完成以后,把路线涂个颜色,你就能知道他比赛的结果。

043 上色

用给定的这几种颜色将图中的空白区域涂满，并且使任意两个相邻的区域颜色都不同。应该怎么做呢？

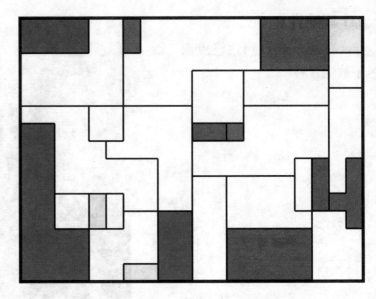

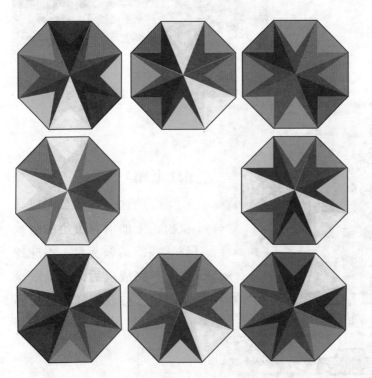

044 积木冲击

将这8个八边形复制并裁下。

你能以同样布局安排这些八边形，并且使八边形之间相邻的一边的颜色一致吗？

045 替换

大家对苏珊女士在数学课上出的这个附加题好像都算出了答案。如果你对这种题型不熟悉的话，我会告诉你：你必须用 0 到 9 这几个数字代替数学表达式中的 10 个不同字母，最后的结果必须是一个正确的加法表达式（要把相同的数字替换成相同的字母）。

046 穿越马路

想知道这只鸡穿越马路的真正原因吗？先完成这个迷宫！从鸡所在处开始，你能否找到去往 The Other Side 的路，并且不迷失方向呢？

047 六边形填色题

每个六边形被分成6个三角形，其中3个为黑色。

用所给6种颜色中的3种进行颜色填充，你能创造出多少个不同的六边形？

旋转后得到的六边形不被算作不同的；镜面反射则算作不同。

048 数字图案

你能发现表格中数字的规律，并在空白处填上恰当的数字吗？

	2	5	6	
3	4	7	8	11
10	11		15	18
12	13	16	17	20
	20	23	24	

那个日子的后天是"今天"的昨天，那个日子的前天是"今天"的明天，这两个"今天"距离那个日子的天数相等，我们就在那个日子结婚。

049 婚礼

　　这两个人很显然是一对情侣。这位年轻的女士问她的未婚夫星期几结婚。他的话不多，又说得含糊不清。那么，你能确定他想在星期几结婚吗？

050 颜色相同的六边形

　　右图是一个蜂巢式的结构，蜂巢中的每一个六边形都用如图所示的 6 种颜色上色，六边形的 6 个顶点颜色相互都不同。

　　现在要求将整个图形上色，使每 2 个相接的六边形的顶点的颜色都相同。请问有多少种不同的六边形的上色方法？

　　同一图形的旋转和镜像只算作一种上色方法。

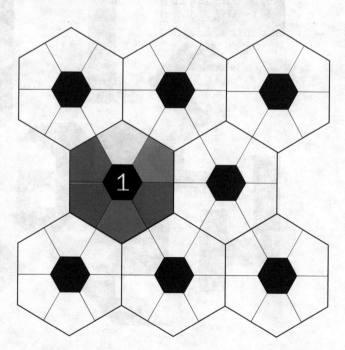

051 加一条线

在下面这个等式中加一条线，使等式成立。

$$5+5+5=550$$

052 七巧板数字

用七巧板拼出图中所示的数字，速度越快越好。

053 玻璃杯

威灵顿·曼尼拜格斯是赌场中的名家，他身后就是一道"玻璃杯"难题。将一根火柴支撑在两个颠倒的玻璃杯的中间部位（如图所示）。现在，威灵顿打赌说他即使将其中的一个玻璃杯拿走也可以使那根火柴悬在空中。你只能拿桌子上的第二根火柴与那根火柴接触。那么，谁对他的这个赌感兴趣呢？

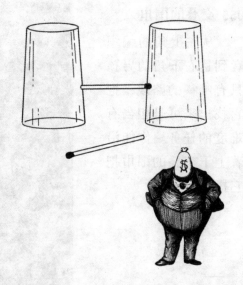

054 蛛丝马迹

你能从蛛网外的蜘蛛处出发，只能沿蛛丝行动，最终到达网中心的那只苍蝇处吗？注意其他的苍蝇——那些都是死角！

055 交叠的围巾

从左上角的编织者到达右下角的男孩只有唯一的路线，把它找出来可是相当有难度的任务。你能沿着上下交叠的围巾把它找出来吗？

056 幸运之旅

这座迷宫里，其中一堆三叶草里藏有一片幸运四叶草，是哪一堆呢？从左上角开始，沿着路径直到你到达一堆三叶草，加减沿路的数字。如果你得到的总数是4，那么你已经找到了四叶草。如果总数是3，回到起点，看看你下一次的运气会不会好点儿！

057 开始挖吧

这块考古宝地很难四处走动。左上角的考古学家需要到达右下角的同伴那里，但是他需要穿越恐龙骨骼。哪一条是唯一行得通的路线？

058 玩具车

下边方框内的哪一个图形与给定的图形完全相同？

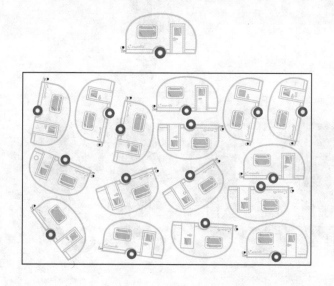

059 方格寻宝

在表格的每一行、每一列中，隐藏了若干珠宝，表格边的数字揭示其数量。此外，在某些方格中标记了箭头的符号，意思是：在箭头的方向藏有珠宝，数量可能不止一个。换句话说：每个箭头所指处，至少能找到一个珠宝。请在表格中标出你认为有珠宝的表格，看你能找到多少个？

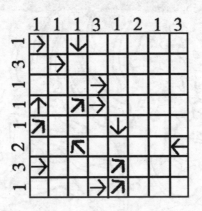

060 足球运动员

下面 5 个选项中哪一个是所给图的镜像图？

061 六角星魔方

你能将数字 1 到 12 填入右图的六角星的圆圈中，使得任何一条直线上的数字之和为 26 吗？

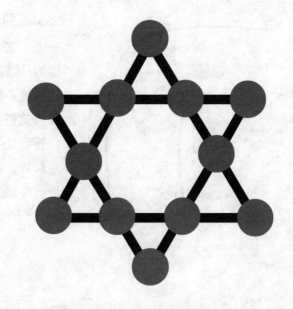

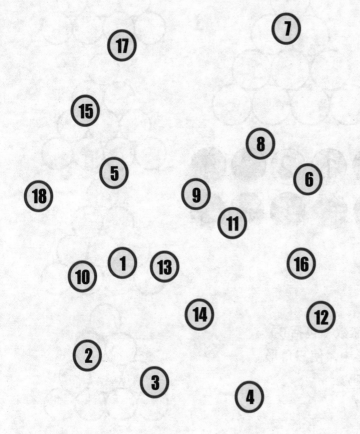

062 连线

你能够把数字 1 ~ 18 用曲线从头到尾连接起来吗？注意曲线之间不能相交。

063 不向左转

吉姆和汤米在一条马路上走着，眼见前面的马路就要向左拐弯了，汤米便考吉姆说："你能不往左转，就把这条马路走完吗？"吉姆笑道："这还不容易？"说罢，便快步向转弯处走去。没多一会儿，他果然没有向左转弯，就走完了这条向左转弯的路。你知道他是怎么做到的呢？

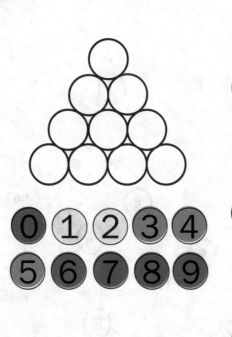

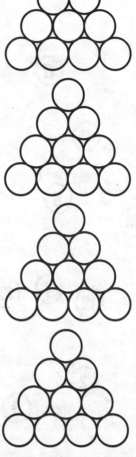

064 三角形数

你能将前 10 个自然数（包括 0）分别填入左边的三角形中，使三角形各边数字的总和都相同吗？

你能找出几种方法？

065 不可能的任务

如图所示，升旗手的任务是把旗杆插到这座塔的最高处。

你能帮助他找到最高处吗？

066 第 3 支铅笔

在这堆铅笔中，按照从下往上数的顺序，哪支铅笔是第 3 支呢？

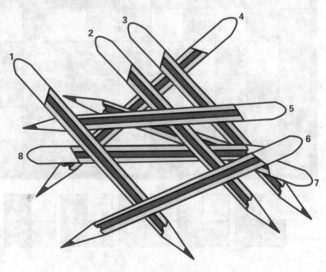

067 与众不同

这 5 个图形中哪一个与众不同?

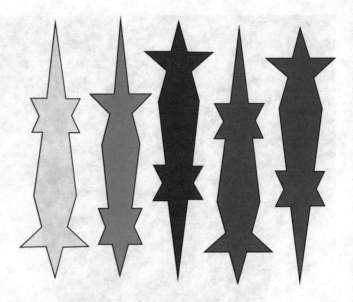

068 彩色方形图

底部这 5 张编号的方形卡片中哪张永远不可能在上方的图中找到?

069 捉老鼠

猫逮住白鼠还是黑鼠?

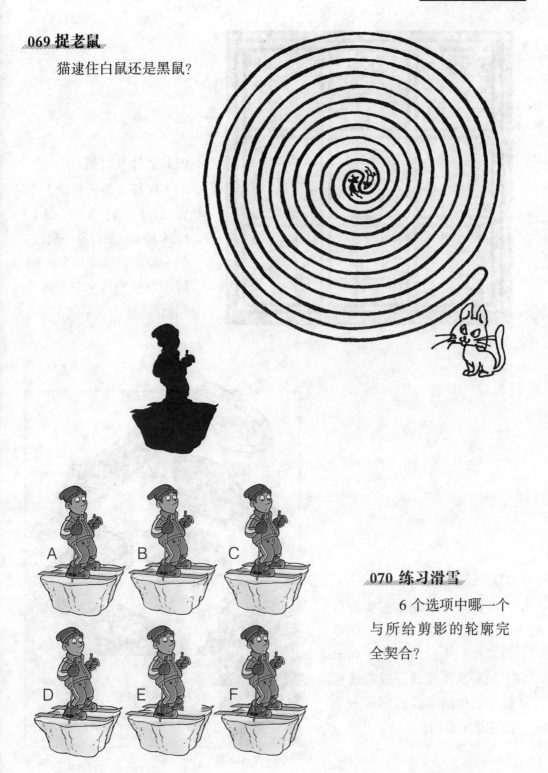

070 练习滑雪

6个选项中哪一个与所给剪影的轮廓完全契合?

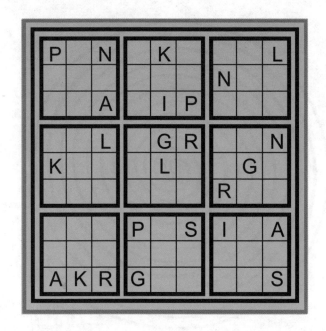

071 字母九宫格

在每个格子里填上字母 S、P、A、K、L、I、N 和 G，使得每一横行、每一竖行，以及每个 3×3 的小方框中这 9 个字母分别出现一次。

072 雪橇之谜

奥弗希尔先生想要为自己买一个雪橇，但他不知道该买哪一个。图下文字列出了他的真实想法。根据这些描述，你能不能猜出哪一个是他最中意的？

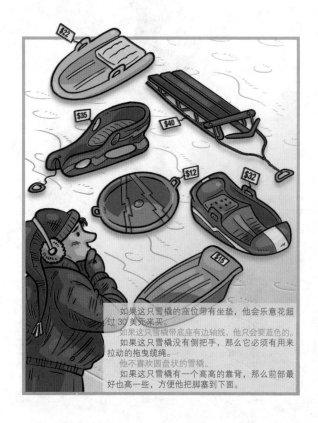

如果这只雪橇的座位带有坐垫，他会乐意花超过 30 美元来买。

如果这只雪橇带底座有边轴线，他只要蓝色的。

如果这只雪橇没有侧把手，那么它必须有用来拉动的拖曳缆绳。

他不喜欢圆盘状的雪橇。

如果这只雪橇有一个高高的靠背，那么前部最好也高一些，方便他把脚塞到下面。

073 网格里的数字

下面每一个算式的结果都可以在数字模式的网状格里找到。你可以从上往下找，也可以从下往上找，横着竖着斜着找都可以。最聪明的人是不会去找计算器帮忙的！

1. 1111 × 9
2. 20 × 20 × 20
3. 88 × 88
4. 22 × 222
5. 1776 ÷ 4
6. 3 × 3030
7. 1010 ÷ 5
8. (3 × 3 × 3) × (4 × 4 × 4)
9. 23624 × 5
10. (5 × 5) × (5 × 5 × 5)
11. 7 × 200
12. 4994 × 2
13. 66000 ÷ 3

5	2	1	3	2	0
4	4	7	7	0	2
8	8	9	9	2	1
8	0	9	0	4	8
4	9	0	0	4	1
9	0	9	0	4	1

074 书法

行走满天下，羽翼丰满时！这是 20 世纪的一位自由速记员——内尔·库克的座右铭。库克女士随时做好记录任何听写任务的准备，为了磨炼自己的书写技巧，她每天都会进行她自己十分熟练的练习。其中就包括用一笔连续画出图中所示的 4 个完整的圆圈，而且它们不会在任何地方交叉。手法稳健、思维敏锐是解决这个书法思维游戏所必需的条件。

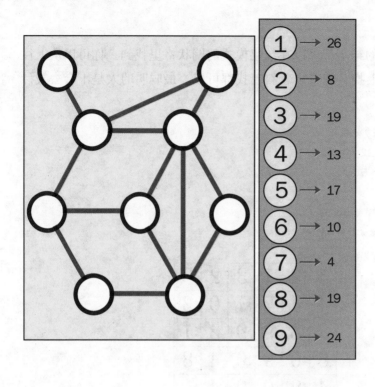

075 相邻的数

你能否将 1 ~ 9 这 9 个自然数填入圆圈中，使得每个数的所有相邻数之和如图所示。

076 纪念碑

这个纪念碑是由一定数量的同一种图形构成的，如图所示。请你说出这个纪念碑一共是由多少个同样的小图形组成的？

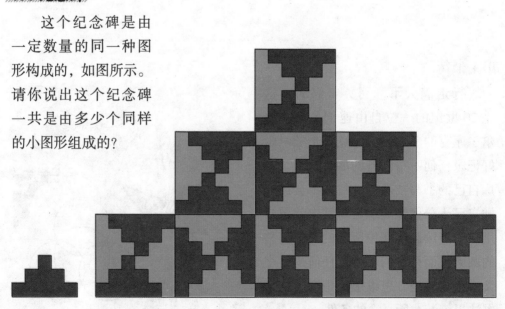

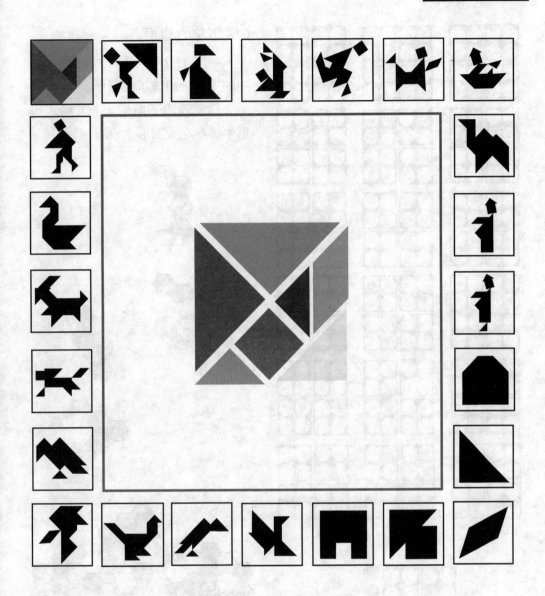

077 七巧板

    人们熟知的最古老的分割问题是中国的七巧板。经典的七巧板是世界上最美妙的难题之一。有关它最早的文字记载是在中国的一本1826年出版的书里，但是它的起源应该比这更早。

    把这个彩色的七巧板图片复制并剪下来。

    当你解决了这里给出的问题，请试着自己发明一些图样。

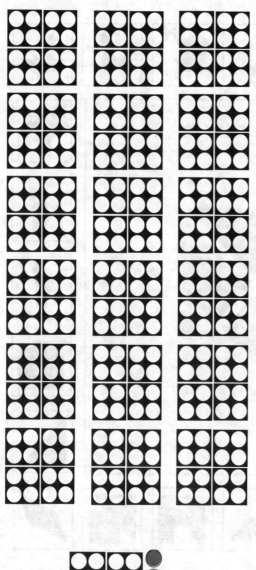

078 五格六边形

一共有22个五格六边形，其中的一部分组成了大图形。

你能说出下面的4个五格六边形中哪些在大图形中没有用到吗？

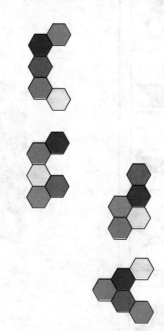

079 排列组合

有多少种分配方法将4个上了色的物体放在4个没有标记的碟子上？

080 碎片正方形

下面这些图形能组成一个 4 × 4 的正方形。将这些碎片组合成一个完整的 16 格正方形，组成后要求横向、纵向和对角的和都相等。

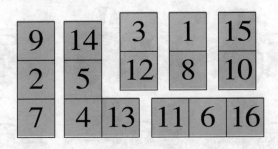

081 千禧年

第二个千禧年时人们用一个特殊的"千禧年幻方"思维游戏庆祝了一下。建立的这个幻方里的数字无论在水平方向、垂直方向还是对角线上相加的结果都是 2000。现在，我们已经为你填出了其中的 4 个数字，而剩下的 12 个范围在 492 到 503 之间的三位数要由你来填。你能解答这道题吗？

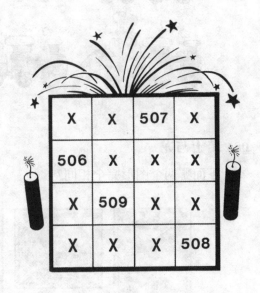

$$
\begin{array}{r}
AB \\
\times\, AB \\
\hline
ABB \\
\end{array}
\qquad
\begin{array}{r}
AA \\
+\, AA \\
\hline
BBC \\
\end{array}
$$

$$
\begin{array}{r}
ABA \\
+\, BAB \\
\hline
BBBC \\
\end{array}
\qquad
\begin{array}{r}
ABA \\
+\, BAA \\
\hline
CDDD \\
\end{array}
$$

082 字母等式

等式中每一个字母都代表一个不同的数字。你能破译出它们分别代表哪个数字吗？

083 小火车与猫咪

下面每幅图中都有一处与其他图不同。你能把它们全部找出来吗?

084 骑士与龙

下面哪两个图形完全相同?

085 哪个不相关

哪个图与其他的图不相关？

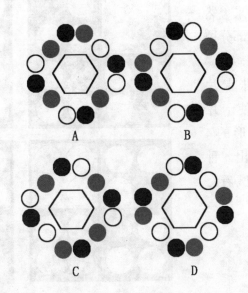

086 折叠 8 张邮票

你能否将这 8 张邮票沿着锯齿处折叠，使邮票折叠以后从上到下的顺序是图中的 1 ~ 8？

最后折出来的邮票朝上朝下都没有关系。

087 穿孔卡片游戏

将这 4 张正方形的穿孔卡片复印并剪下来，然后把卡片上的白色部分挖空，作为"窗户"。

请你将这 4 张卡片重叠起来，并且使卡片上每一个小正方形的 4 个圆圈分别呈现出 4 种不同的颜色。试试看，应该怎么做呢？

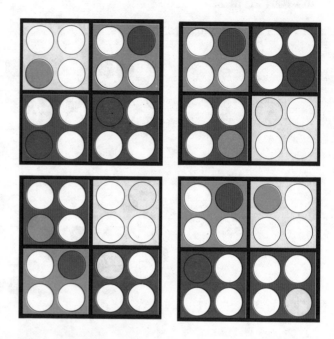

088 折叠正方形

将一个大正方形两边对折，折成它 1/4 大小的小正方形，然后用打孔器在小正方形上打孔，见每行最左边的小正方形。

将小正方形展开，会得到一个对称图形。

你能说出 4 个小正方形对应的展开图分别是哪个吗？

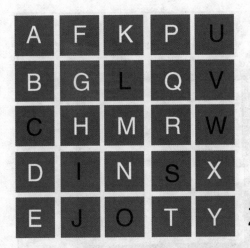

089 黑色还是白色

依照左图的逻辑，说说 Z
应该是黑色还是白色？

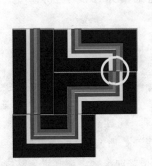

如图所示的彩虹的连接方式
是错误的

090 弯曲的彩虹

上图是 18 个 2×1 的长方形。

我们的任务是把这些长方形拼成一个完整的 6×6 的正方形，并且这个正
方形中彩虹的 4 种颜色是连贯的。

091 第一感觉

仅凭你的第一感觉，迅速找出外环的射线中跟图中4个正方形内的颜色顺序相同之处。

第一眼看上去很简单的题目实际上往往并不那么容易。

092 最小的图形

马蒂是一个艺术家，他的作品因能给人的视觉带来多样性而备受推崇。

请问马蒂在这6幅图中使用了多少种基本图形？

最复杂的图案往往是由最简单的图形所组成的。下次你看到一个看起来很复杂的图案时数数里面所用到的图形的个数，你肯定会对结果感到无比惊奇的。

093 翻身

请你把右边的火柴图按
箭头所指的方向翻一个身，
它会变成选项中哪一个？

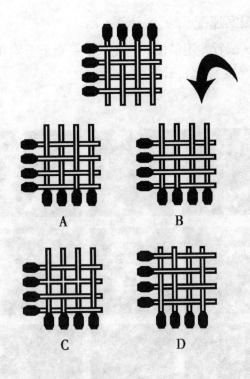

A   B

C   D

094 锯齿形彩路

这 8 个棋子的每
一条边都包含 6 种颜
色。你能分辨出棋子经
过旋转后（不改变它们
在游戏板上的位置），
哪种颜色能形成一条
封闭的环形线路？

095 图案速配

试试看，用最快的速度从下一页上分别找出与本页的 30 幅图完全相同的图案。

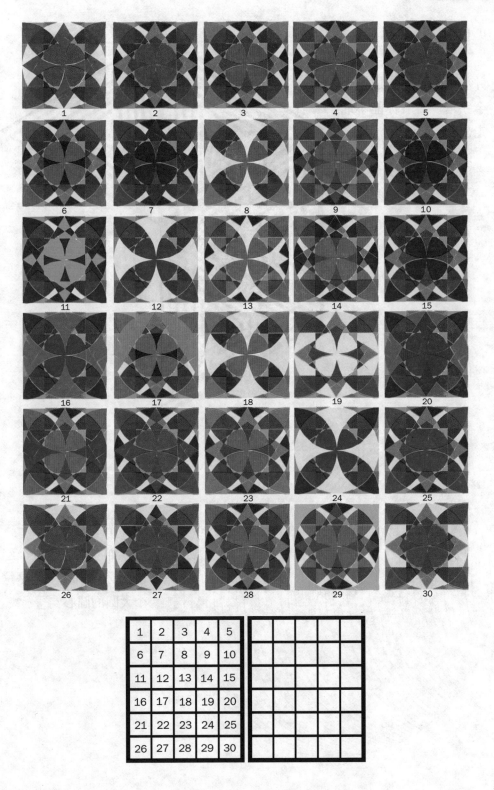

096 金字塔迷宫

把这张迷宫图复制并剪下来，再折成一个金字塔。看看你能不能走出来。

入口

出口

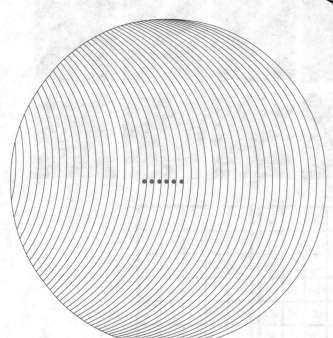

097 中心点

如左图，这 6 个红色的圆点中哪一个是这个大圆的圆心？

098 排队

看右边的图示，5 个人排成一行（5 个人中男孩和女孩各自的人数不确定），问有多少种排列方法，可以使每个女孩旁边至少有一个女孩？

099 纸条的结

下面 6 幅图分别是由 6 个纸条绕成。

问哪一幅图与其他 5 幅都不同？

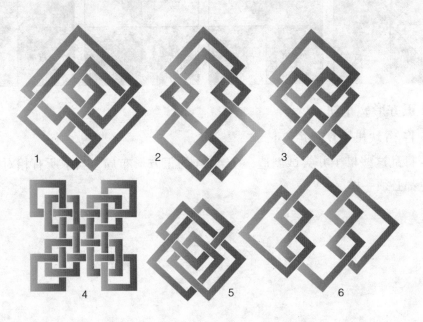

100 正方形熨平机

将 16 块棋子复制并裁下。

打乱这些棋子并尝试创造一个 4×4 的正方形布局,当中所有相对的面的颜色都必须一样。

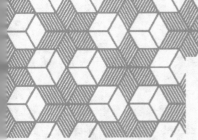

答案

第一章　逻辑思维名题

001 最大周长

D。哪个图形中彼此接触的面最少，那它的周长就最长。

002 数字球

26。其他各球中，个位数字与十位数字相加结果都等于10。

003 通往目的地

3-C。线路1到达2的位置，线路2到达1的位置。

004 逻辑图框

4。不同数字代表叠加在一起的四边形的个数。

005 逻辑数值

1009315742。表格第1行红色方格前面的黄色方格个数对应数列的第1个数，第2行红色方格后面的黄色方格个数对应数列的第2个数；第3行要计算红色方格前面黄色方格的数量；第4行则要计算红色方格后面黄色方格的数量，往后依此类推。

006 潜水艇拦截网

如果将这个网剪成两半，最少需要8步。从A开始，由上向下剪到B。

007 4个"4"

20以内唯一不能被这样展开的数是19。如果允许用阶乘的话，也可以把它展开（4!=1×2×3×4），19可以被写成4!-4-（4/4）。

```
1=44/44
2=4/4+4/4
3=（4+4+4）/4
4=4（4-4）+4
5=[（4×4）+4]/4
6=4+[（4+4）/4]
7=4+4-（4/4）
8=4+4+4-4
9=4+4+（4/4）
10=（44-4）/4
11=44/（√4 × √4）
12=（44+4）/4
13=（44/4）+√4
14=4+4+4+√4
15=（44/4）+4
16=4+4+4+4
17=（4×4）+4/4
18=（4×4）+4-√4
19= 无解
20=（4×4）+√4+√4
```

008 加减

如图所示。

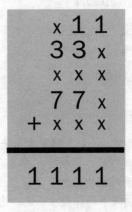

009 类似的数列

第9个数是：

31131211131221。

第10个数是：

13211311123113112211。

在这个数列里的每一个数都是描述前一个数各个数字的个数（3个1、1个3、1个2，等等）

这个数列里的数很快就变得非常大，而且这个数列里的数字不会超过3。比如，这个数列里的第16个数包含102个数字，而第27个数包含2012个数字。

这个数列是由德国数学家马利欧·西格麦尔于1980年发明的。

010 连续整数

3个重物的重量分别为17、18和19克。

011 数学式子

如下面所示。

$$10^2 = 100$$

$$\frac{10}{\sqrt{10}} = 3.1622777$$

$$\sqrt{10} = 3.1622777$$

$$\frac{\sqrt{10}}{10} = 0.3162277$$

$$\frac{1}{\sqrt{10}} = 0.3162277$$

$$\frac{1}{10\sqrt{10}} = 0.0316227$$

012 链子

把那条带4个环的链子拿出来，将上面的4个环都打开，这样会花费4元。接着，利用这4个环把剩余的5条链子连在一起；然后，把这4个环焊接在一起，这会花费2

元。所以，一条29个节的链子一共会花费6元。

013 整除

答案是2520=5×7×8×9。如果一个数能被8整除，那它也能被2和4整除；如果一个数能被9整除，那它也能被3整除；如果一个数能同时被3和2整除，那它也能被6整除。

014 总数游戏

不管游戏者1将5放在哪一栏中，游戏者2把6放在另一栏里就可以赢得游戏。

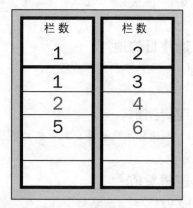

015 被拴起来的狗

菲多被拴在一棵直径超过2米的粗壮的树上，所以菲多可以绕着树转一个直径为22米的圆，如图所示。

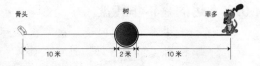

骨头　　　　　　树　　　　　　　菲多

10米　　2米　　10米

016 3个色子

总点数从3到18共有6×6×6 = 216种结果。

出现总点数为7共有15种方法（7%），出现总点数10共有27种方法（12.5%）。

017 滚动色子

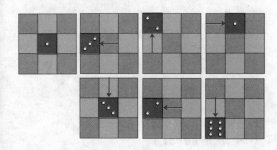

018 数字

答案如下：

$$
\begin{array}{r}
147 \\
25\,\overline{)\,3675} \\
25 \\
\hline
117 \\
100 \\
\hline
175 \\
175 \\
\end{array}
$$

解题步骤：（1）因为第一个值与除数相同，所以，商的第一个值就是1；（2）根据第二次减运算，可用得知字母E肯定是0，因为字母FC原搬不动的放在了下面；（3）字母FEE所代表的数字就是100，而这正是字母AB与第二个值的乘积，除数不可以是0，所以当一个两位数和一个一位数相乘能够得出100的只有25，因此，商的第二个值就是4；（4）在第一次减运算中，字

母GH与25的差是11，所以，字母GH肯定是36；（5）最后一个字母C就是7、8或9。如果你每一个都试一试，那么，你很快就可以发现只有7最合适。

019 弄混了的帽子

如图所示，3个帽子弄混一共有6种情况。

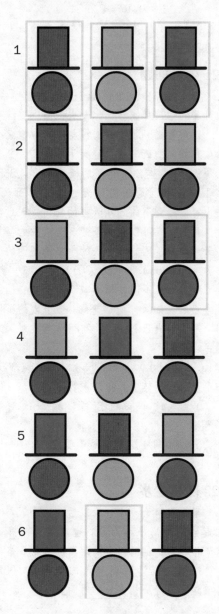

而其中的 4 种情况都有一个人拿到他自己的帽子。因此至少有一个人拿到自己帽子的概率应该是 4/6，也就是约为 67%，这个概率还是很高的。

020 射击

先算出 3 个人全都没有射中的概率为：

$3/5 \times 3/5 \times 7/10 \approx 0.252$

因此，3 人中至少有 1 人射中的概率为 1−0.252=0.748。

021 生日问题

很多人都猜至少需要 150 人或者更多，但计算的结果可能会让你大吃一惊。

只需要随机抽取 23 个人，其中有 2 个人生日相同的概率就已经大于 50% 了。分析如下：2 个人生日不相同的概率为 364/365，第 1 个人可以是任何一天过生日，而第 2 个人可以是剩下的 364 天里的任何一天过生日，第 3 个人可以在剩下的 363 天内的任何一天过生日，因此 3 个人的生日都不同的概率为（364/365）×（363/365）。

随着生日不同的概率减小，生日相同的概率增加。如果你能够想到：23 个人的不同组合可以组成 253 对，那么 23 人就能够满足题目的要求了。

（364/365）×（363/365）×…×[（365−n+1）/365]，其中 n 指总人数。

n 个人的不同组合可以组成的对数等于：

n×（n−1）/2 也就等于 1+2+3+…+（n−1）

022 随机走步

根据概率论，在 n 次以后，这个人与中间起点的距离平均为 $\sqrt{n}$。也就是说，掷 36 次硬币以后，他离起点的距离应该是 6 格。

这个人最终回到起点的概率是 100%，尽管这需要经历相当长的时间。

023 幸运的嘉年华转盘

你在游戏中希望赢到的钱数被称为期望值，每种期望值都可以通过概率计算出来。

我们可以将题目中每一个转盘的期望值都计算出来。

转盘 1：（16×50%）+（4×50%）=10

转盘 2：（10×50%）+（8×25%）+（20×25%）=12

转盘 3：（4×50%）+（8×25%）+（16×12.5%）+（28×12.5%）=9.5

转盘 4：（14×25%）+（6×25%）+（6×25%）+（16×25%）=10.5

转盘 5：（0×25%）+（20×50%）+（10×25%）=12.5

因此，选择转盘 5 最好。你每拿出 10 美元，平均都能赢回 12.5 美元。

024 最牢固的门

D。因为三角形的 3 条边长确定后，它的形状不易改变，而 D 是由 2 个三角形组成的。

025 长方形与格子

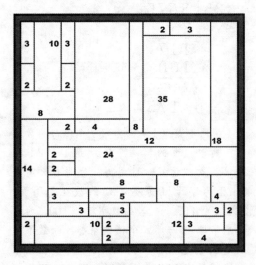

026 箭头与数字

027 对角线和闭合图形

028 掷硬币

每次掷一枚硬币会有两种可能的结果。根据下面的基本计算规律，掷 5 次硬币一共有 $2 \times 2 \times 2 \times 2 \times 2 = 2^5 = 32$ 种结果。

基本计算规律：

两个独立的任务，如果第 1 个任务有 M 种可能的完成方法，第 2 个任务有 N 种可能的完成方法，那么两个任务就会有 M×N 种不同的完成方法。

029 不相交的路线

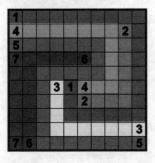

030 长条图案

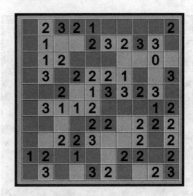

031 只剩一点

有可能。那个人像图中所显示的一样画直线，所以留下一个"点"字。

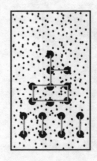

032 打乱的多米诺骨牌

033 林地

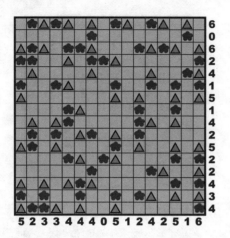

034 填字母

035 表格中的星星

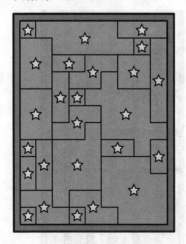

036 颜色小组

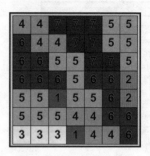

037 彩色多米诺

038 面粉

在第一层，将布袋（7）和（2）交换，这样就得到单个布袋数字（2）和两位数字（78），两个数相乘结果为156。接着，把第三行的单个布袋（5）与中间那行的布袋（9）交换，这样，中间那行数字就是156。然后，将布袋（9）与第三行两位数中的布袋（4）交换，这样，布袋（4）移到右边成为单个布袋。这时，第三行的数字为（39）和（4），相乘的结果为156。总共移动了5步就把这个题完成了。

039 醉汉走步

我们无法说出这个醉汉最终会走到哪里去，不过我们可以知道某一个特定次数之后这个人与起点的距离大概为多少。

在很多次的无规则走动之后，醉汉与起点的距离 D 等于每移动一步的直线距离 L 乘以总次数 n 的平方根：

$$D = L \times \sqrt{n}$$

例如，如果每次移动 1 格，每 1 格的长度为 1，那么掷 100 次硬币以后，这个醉汉与起点的距离应该为 10。

在这种平面内、有界限的题目中，这个醉汉最终会回到起点。

而如果这个方阵没有界限，醉汉可以一直往外走，那么情况就非常复杂了，由此也产生了很多迄今尚未解决的难题和理论。

而如果这个方阵是立体的，要求沿着这个立体图形上有限的方格走步，那情况就更复杂了。

但是出人意料的是，在这种情况下，在有限的时间内，一个随机走步的人一定会走到任意一个交叉点。

举一个现实生活中的例子，在一栋大楼或者一座迷宫里，无论走廊以及回廊多么复杂，你最终一定会在一段有限的时间内走到一个出口。

但是如果格子的数量是无限的，那就不可能了。

040 棋盘正方形

一共有 204 个正方形，这个结果是由下面这个式子得到的：

$$8^2 + 7^2 + 6^2 + 5^2 + 4^2 + 3^2 + 2^2 + 1^2 = 204$$

边长包含 n 个单位正方形的大正方形里所含的正方形数等于从 1 到 n 的整数的平方和。

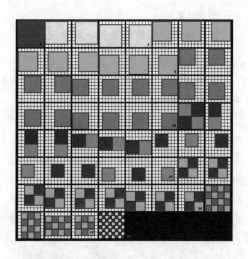

041 多米诺骨牌

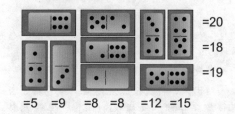

=20
=18
=19

=5 =9 =8 =8 =12 =15

042 天文

答案如下：

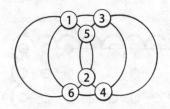

043 睡莲

59 天。在最先只有 1 朵睡莲的情况下，第二天应该有 2 朵睡莲。

044 父亲和儿子

可能的情况有以下几种：

父亲 96 岁，儿子 69 岁；父亲 85 岁，儿子 58 岁；父亲 74 岁，儿子 47 岁；父亲 63 岁，儿子 36 岁；父亲 52 岁，儿子 25

あ

岁；父亲 41 岁，儿子 14 岁。

依据插图，应该是最后一种情况。

045 战俘的帽子

如果这些战俘能够正确地站成一列，所有人都能被释放。

第 1 个战俘站在这一列的最前面，其他的人依次插入，站到他们所能看到的最后一个戴红色帽子的人后面，或者他们所能看到的第一个戴黑色帽子的人前面。

这样一来，这一列前一部分的人全部都戴着红色帽子，后一部分的人全部都戴着黑色帽子。每一个新插进来的人总是插到中间（红色和黑色中间），当下一个人插进来的时候他就会知道自己头上帽子的颜色了。

如果下一个人插在自己前面，那么他就能判定自己头上戴的是黑色帽子。这样能使 99 个人获救。

当最后一个人插到队里时，他前面的一个人站出来，再次按照规则插到红色帽子与黑色帽子中间。这样这 100 个战俘就都获救了。

046 最长路线

最多可以走 5 步。

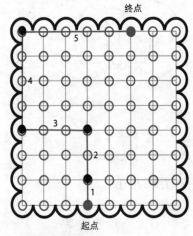

047 二进制图形

如图所示，至少要变 4 步，分别是第 1

行、第 4 行、第 2 列和第 3 列。

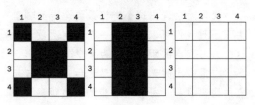

048 数字分拆

数字 6 有 11 种分拆方法，数字 10 则有 42 种分拆方法。

随着数字增大，分拆的方法数迅速增加。

n=50 时，有 204226 种；

n=100 时，有 190569292 种。

049 3 个小正方形网格

事实上，由 1 到 9 当中的 3 个数字组成和为 15 的可能组合有 8 种。

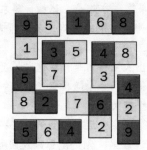

050 贝克魔方

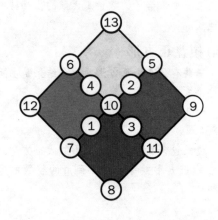

051 路径逻辑

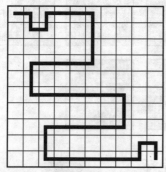

052 魔轮

053 九宫图

九宫图中的9个数字相加之和为45。

因为方块中的3行（或3列）都分别包括数字1到9当中的1个，将这9个数字相加之和除以3便得到"魔数"——15。

总的来说，任何n阶魔方的"魔数"都

可以很容易用这个公式求出：$\dfrac{n^3+n}{2}$

和为15的三数组合有8种可能性：

9+5+1 9+4+2 8+6+1

8+5+2 8+4+3 7+6+2

7+5+3 6+5+4

方块中心的数字必须出现在这些可能组合中的4组。5是唯一在4组三数组合中都出现的。因此它必然是中心数字。

9只出现于两个三数组合中。因此它必须处在边上的中心，这样我们就得到完整的

一行：9+5+1。

3和7也是只出现在2个三数组合中。剩余的4个数字只能有一种填法——这就证明了魔方的独特性（当然，旋转和镜像的情况不算）。

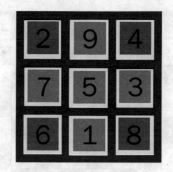

054 七角星魔方

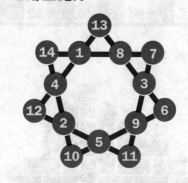

055 老鼠迪克

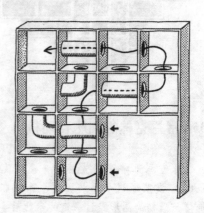

056 八阶魔方

八阶魔方具有许多"神秘"的特性，而且超出魔方定义的一般要求。

比如说每一行、列的一半相加之和等于魔数的一半等。

52	61	4	13	20	29	36	45
14	3	62	51	46	35	30	19
53	60	5	12	21	28	37	44
11	6	59	54	43	38	27	22
55	58	7	10	23	26	39	42
9	8	57	56	41	40	25	24
50	63	2	15	18	31	34	47
16	1	64	49	48	33	32	17

057 多米诺覆盖

058 富兰克林的细胞自动机

原来的图形被复制需要 4 步，如下图所示。

麻省理工学院的爱德华·富兰克林于 1960 年发明了这个系统。这个系统非常有价值，最初的图形经过一定的步数后会复制为原来图形的 4 倍、16 倍、64 倍。

059 肥皂环

如图所示，这个曲面被称为悬链曲面。

060 最短的距离

如图所示，对于房子总数为偶数的情况，到所有的房子距离最近的点应该在中间两栋房子的中心。

而对于房子总数为奇数的情况，到所有房子距离最近的点应该是最中间的那栋房子。

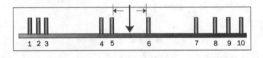

061 质数加倍

任意一个整数和它的 2 倍之间总有一个质数。

062 最小的排列

一共有 64 种排列方法，如图所示。

063 精确的底片

应该选择B，将B覆盖在红色方框中每对图案右边的图案上，都能够使这3对图案都正好相互反色。

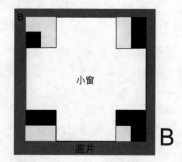

064 蜈蚣

所有这些横线都是等长的。

065 聚集太阳光

透镜2和透镜1都是凸透镜，透镜2比透镜1更厚，因此经过透镜2的光线弯曲度更大，会聚太阳光的能力也更强。如下图所示。

透镜3和透镜4都是凹透镜，它们根本不会汇聚太阳光，因此它们下面的纸不可能燃起来。

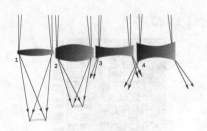

066 纽扣店

答案如下图所示：

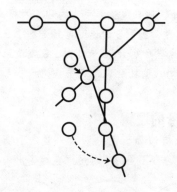

067 各有所爱——蜜蜂也不例外

$$\sqrt{\frac{x}{2}} + \frac{8}{9}x + 2 = x$$

这里 x= 蜂群中的蜜蜂数

整理式子：

$$\sqrt{\frac{x}{2}} = \frac{x}{9} - 2$$

两边平方：

$$\frac{x}{2} = \frac{x^2}{81} - \frac{4x}{9} + 4$$

简化为：

$$2x^2 - 153x + 648 = 0$$

这可以分解为：

$$(x-72)(2x-9) = 0$$

很明显 x 不等于 4.5（假设 2x-9=0 得出的结果），所以 x 一定是 72，那么整个蜂群一共有 72 只蜜蜂。

068 四点生成树

第1行的第3幅图中的公路总长度最短。

1968 年，贝尔实验室的埃德加·吉尔伯特和亨利·波拉克提出一个理论：不管这几个城市的位置如何，用斯泰纳树的方法能够比用生成树的方法节约 13.34% 的距离。23 年后这一理论被普林斯顿大学的堵丁柱教授和贝尔实验室的黄光明博士所证实。

069 赛跑

当选手A跑完100米抵达终点时，B还在90米处，他只跑了选手A的90%的距离。同样的道理，选手C的速度也只是选手B的90%，因此当B处于90米处时，C应该正处在81米处。也就是说，选手A比选手C领先了19米。

070 字母的逻辑

字母应该如下图分别放入这3个圆圈中，其中与众不同的字母用红色标了出来。

该圆圈内的字母都不含曲线，且可以一笔写成

该圆圈内的字母都不是闭合的

该圆圈内的字母都是闭合的

071 抢劫计划

答案如下图所示：

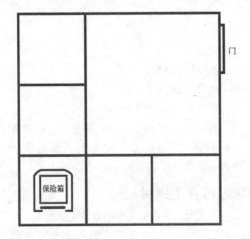

072 花朵上的瓢虫

3只瓢虫有125种方式降落在5朵不同的花朵上。将3个物体分配在5个碟子上的不同的分法是K^n，即$5^3=125$种。

073 杜勒幻方

下面的示意图阐明了挑选出魔数为34的几组可能性。以第一行的5幅图表为例：

①每一行、列之和为34；

②每个2×2的方块中数字之和为34；

③每个风筝形图案上的4个数字和为34；

④3×3的正方形4角之和为34；

⑤这4个不同的长方形的4角之和为34。

看看你能否推出其他示意图的原理。

074 七阶拉丁方

075 三道菜

第一组菜中你有两道可以选择，第二组菜中你有三道可以选择，第三组菜中你有两道选择。因此你的选择方法一共应该有 $2×3×2=12$ 种。

076 圆圈与阴影

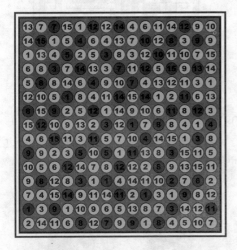

077 被截断的格子

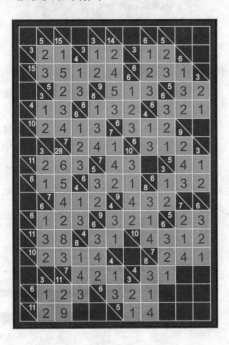

078 重叠九宫格

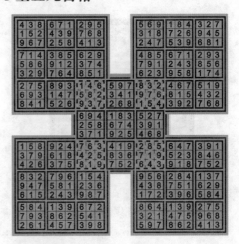

079 岛与桥

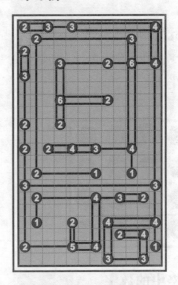

080 虚线区域

081 地雷

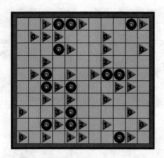

082 飞船

舰长的检查路线如下：从2号指挥中心进去，然后是E、N、H；3，J，M；4，L；3，G；2，C；1，B，N，K；3，I、N、F；2，D，N；A，1。

083 如此作画

正确的顺序是：6、3、1、4、5、2。

084 对半分

如图所示：

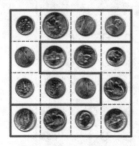

085 方格中的数字

1	2	3	2	3	1
2	1	1	3	2	3
3	1	1	3	2	2
2	3	3	2	1	1
3	2	2	1	1	3
1	3	2	1	3	2

086 迷宫

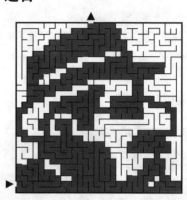

087 动物转盘

满足条件的排序一共有4种，下图是其中的一种。

088 滚筒原理

结果一定出乎你的意料，滚筒上的重物总是比滚筒要走得远。

如果滚筒旋转一周，它前进的距离就是滚筒的周长，而重物则移动了这个距离的2倍。这是因为重物相对于滚筒移动了，而与此同时，滚筒相对于地面移动了。如果滚筒的周长为1米，那么滚筒每转动一周，它所承载的木头移动2米。

089 数字迷宫

如图所示。

5	6	23	24	25
4	7	22	21	20
3	8	17	18	19
2	9	16	15	14
1	10	11	12	13

15	14	13	12	3	2
16	23	24	11	4	1
17	22	25	10	5	6
18	21	26	9	8	7
19	20	27	28	29	30
36	35	34	33	32	31

090 大杯鸡尾酒

杯口的周长。

091 测量

以下是解决这个题的9个步骤：（1）将绿色罐子注满水；（2）将绿色罐子内的水倒入红色罐子；（3）把红色罐子内的水倒回水池；（4）将绿色罐子内剩下的水倒入白色罐子内；（5）将绿色罐子注满水；（6）将绿色罐子内的水倒入红色罐子；（7）将绿色罐子内剩下的水倒入白色罐子内；（8）将绿色罐子注满水；（9）将绿色罐子内的水倒入白色罐子内。这时，绿色罐子内就剩下2升的水。

092 平衡游戏板

游戏板上所有这些重物都放置在正多边形的顶点，如图所示。其中还缺少5个重物，在图中用红色大圆圈表示。加上这5个重物可以保持整个游戏板的中轴平衡，因为所有的重物都是对称分布的。

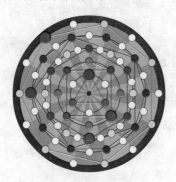

093 三色环

红色面积最大（19个单位面积），其次是绿色部分（18个单位面积），而蓝色部分的面积是17个单位面积。

这道题是建立在意大利数学家卡瓦列里（1598～1647）的理论基础上的，即等底等高的三角形面积相等。

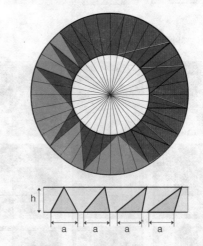

094 排列组合

有27种分配方法将3个物体放在3个有标签的碟子上。

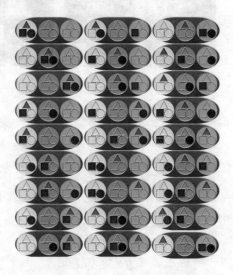

095 拉格朗日定理

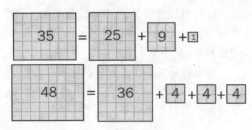

096 三阶拉丁方

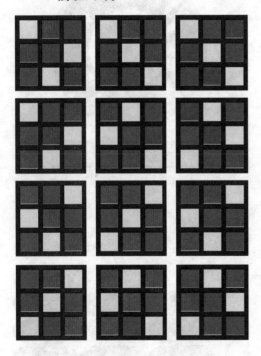

097 数字不见了

5。这个方框包括：

1个1　1（1×1）

4个2　2的平方（2×2）

9个3　3的平方（3×3）

16个4　4的平方（4×4）

25个5　5的平方（5×5）

36个6　6的平方（6×6）

49个7　7的平方（7×7）

098 棘轮结构

绿色的主动轮顺时针旋转一周，主动轮上固定的臂会拨动棘轮转过一个齿。

第二章　发散思维名题

001 去吃午饭

错误：两扇窗户一扇显示的是白天，一扇是夜晚；一位顾客手里的菜单（MENU）拿倒了；服务员用勺子写字；服务员只穿了一只鞋；收银员用收银机打游戏；牌子上写着"HAVE A A NICEDAY"（多了一个A）；蛋糕柜子上圆下方；蛋糕柜里装有一个宇宙飞船；一个女孩在喝番茄酱；一个男人的衣服穿反了；一个男人用帽子盛汤；前面拿菜单的男人长了三只手；服务员的盘子失去了平衡；一个凳子没有支柱；一个男人举着空杯子在喝；通往厨房的门是外开式，服务员却在往里推；一个服务员戴着护士的帽子；一个服务员把咖啡倒进谷物里；一个女人用狗狗的碗吃饭；蛋糕半边三层半边双层；盐和胡椒的标签弄反了；厨师旁边的订单里夹了一只袜子；厨师正烹饪的蛋没有剥壳；厨师手里的盘子端倒了。

002 化装服

步兵拿走了吸血鬼的尖牙。

天使拿走了橄榄球运动员的头盔。

嬉皮士拿走了艺妓的扇子。

斗牛士拿走了嬉皮士的眼镜。

足球运动员拿走了斗牛士的斗篷。

吸血鬼拿走了宇航员的手套。

艺妓拿走了步兵的帽子。

宇航员拿走了天使的翅膀。

003 平分秋色

Two：glue（胶水），screw（螺丝钉），

shoe（鞋）

　　Four：core(of apple)（苹果核），door（门），oar（桨）

　　Six：bricks（砖），chicks（小鸡），sticks（棍子）

　　Eight：crate（板条箱），gate（大门），plate（盘子）

　　Ten：hen（母鸡），men（男人），pen（笔）

004 藏身之处

1. 盐瓶

2. 鸟舍

3. 烤面包机

4. 洗衣机

5. 高尔夫球洞

6. 橙汁饮料盒

005 剪掉

1. 字典　　　2. 日历

3. 电话簿　　4. 地图

5. 菜单　　　6. 收银机小票

7. 食谱　　　8. 连环画

9. 视力检查表

006 灌铅色子

　　将色子慢慢地放进一杯水中。

　　灌了铅的色子在下沉的过程中会不断打转，而普通色子则会直接沉下去，不会打转。

007 服务员

　　把脸靠近这枚硬币，然后吹。如果用力吹，那么风会把这枚硬币从盘子上吹下来。你所挑选的盘子的边缘坡度要小。

008 纸风车图案

　　这个图案与风车的4种颜色密切相关。4种颜色一共可以有24种不同的组合，而在我们的题目中，不计纸风车的旋转，这样就还剩下6种不同的颜色组合。每一横行或每

一竖行都正好包含这6种不同的颜色组合，从黄色开始：

　　1. 黄→红→绿→蓝

　　2. 黄→红→蓝→绿

　　3. 黄→绿→红→蓝

　　4. 黄→绿→蓝→红

　　5. 黄→蓝→红→绿

　　6. 黄→蓝→绿→红

　　根据这个规律，你就可以给这些白色纸风车涂上正确的颜色了。

009 图案和图形

　　如图所示，该图形没有被用到。

010 啤酒搅拌器

　　答案为：

011 通道和墙

012 假日海滩

1. 双肩背包，棒球手套

2. 运动型收音机，充气游泳圈

3. 太阳镜，裤子

4. 紧身短背心，夹趾拖鞋

5. 帽舌，脚蹼

6. 潜水面罩，手表

013 打保龄球

右边图比起左边图的变化：橘色的三角形变成了蓝色；中间的道多了一个瓶；打扫的男人脸上多了一副眼镜；扫帚变成了拖把；女人的直发变成了卷发；男人衣服背后印的 GARAGE 变成了 GARBAGE；回球器里面中间那个球的颜色变了；男孩帽子的帽檐变短了；男孩手里的鞋鞋带系上了；桌上杯子里插的吸管由弯变直了；盘子里的比萨移动位置了；女孩换了一只手来写字；椅子底座分开了；热狗涂上了芥末酱；橘色的球旋转了；男人的袖子变长了；绿色和黄色的球由分开变成靠在一起了。

014 土地裂缝

最先出现的那条裂缝是图中间横向的一条，从正方形左边的中间向右延伸到右边离右上角 1/3 处的地方。

20 世纪 60 年代，美国空军剑桥研究实验室的詹姆士·尼尔根据他多年对泥裂的研究得出结论：泥块之间相交的裂缝是大约垂直的，这些被裂缝分割成的泥块都呈四边形。"几何的约束"在断裂的泥块中间也发挥了作用。所有简单的网状结构的形成都有这样的趋势——每 3 条边相聚合在 1 个交叉点。一大片泥地里的多处裂缝显然不是同时形成的，而是先后形成的。因而，当一个裂缝出现时，它通常会挨着已经形成的老的裂缝，与之形成一个交点，从这条交点发射出 3 条射线。要形成发射 4 条射线的交点是不太可能的，因为一般不会出现两个新裂缝同时与老裂缝相交，而且正好向相反的方向发展的情况。

通常要判断两个裂缝中哪个更早出现并不难：更早出现的裂缝会完全穿过这两个裂缝的交点。

015 1 吨重的摆

通过很多次轻轻地拉动绳子，这个巨大无比的摆将会慢慢摆动起来，而且摆幅会越来越大——只要轻拉绳子，节奏是可以引起共振的。

如果你用力过大就会将磁铁从摆上拉开，而轻轻地拉动绳子则会带动摆开始有一点摆动。然后把磁铁拿开，让摆自己摆动，当它向你摆过来又要摆回去的时候，再次将带着绳子的磁铁吸在它侧面，并且将绳子往你的方向轻轻拉动。如果你时机把握得好，节奏又把握得非常准的话，摆的摆幅就会逐渐增大。

016 燃烧的蜡烛

燃烧需要氧气，没有氧气就不能燃烧。

当蜡烛燃烧用完玻璃瓶中的氧气时，蜡烛就会熄灭，这时玻璃瓶里的水位会上升，以填充被用尽的氧气的空间。

017 突变

如图所示。比原始卡片的宽和高都增加了 1 倍。

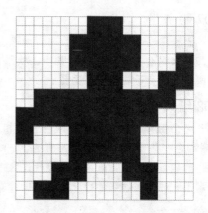

018 折叠报纸

在实际操作中，不可能将报纸对折 8 次或者更多，不论这张报纸有多大，纸有多薄。

这是因为每对折 1 次，纸的厚度就增加了 1 倍，很快纸就会变得很厚。

折叠 8 次之后，纸的厚度就会是开始时的 256 倍，这样的厚度不可能再次对折，除非你的力气实在是大得惊人。

019 四阶拉丁方

如果只要求每一行、每一列有 4 种不同的颜色，那么以下这个简单的图案符合要求。

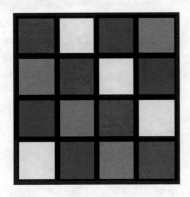

020 4 个数

$4+4^2+4^3+4^4=340$

021 硬币

将手指按在顶部中间那枚硬币上，然后向上滑动，再向左滑。接着，将硬币沿着左列硬币向下滑动。最后滑到底部中间硬币的下面。现在将中间那列硬币整体向上推，直到每行再次有 3 枚硬币。此时，你会发现每一行的硬币或者全是正面或者全是背面。在整个移动的过程当中，你的手只接触了一枚硬币。

022 倒三角形

这个结构理论上你想搭多高都可以。当你将一块积木放在另一块积木上时，只要它的重心在比它低的积木上面，就不会倒。

如果所有的积木都摆放得非常完美，那么整个结构会非常平稳（当然，在实际操作中，即使是很小的误差也会导致积木全部倒塌）。

023 羽毛相同的鸟

如图所示，相匹配的鸟用字母标出。

A：有小斑点的那块低一些

B：尾巴有三个分叉

C：翅膀尖的羽毛是黄色

D：后脑勺上没有红点

E：头顶的羽冠要长一些

F：喙要勾一些

G：胸前的小斑点少一些

剩下的一只鸟没有配对。

024 含有 Dr 的事物

事物：drapes（布帘），drawbridge（吊桥），driver（司机），drumstick（鼓槌），dracula（伯爵），drawstring（束带），

drawer（抽屉），dryer（烘干机），dream（on magazine）（杂志封面的做梦），dress（裙子），drum（鼓），drink（饮料），drip（水滴），drain（排水口），dragon（龙），drill（钻孔机）

025 眼花缭乱

1. 汽水罐
2. 灯
3. 扫帚
4. 锤头
5. 录像带
6. 字典
7. 自行车头盔
8. 伞
9. 开罐器

026 看两遍

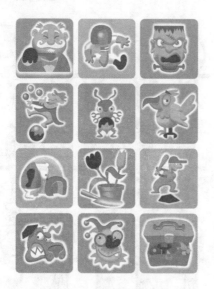

027 哥伦布竖鸡蛋

如图所示，这个鸡蛋竖起来的道理与高空走钢丝是一样的。两个叉子给鸡蛋提供平衡力，降低鸡蛋的重心。多一点耐心就可以完成题目的要求。

028 按音阶来

DO（图6）：dog（狗），doll（娃娃），donut（甜甜圈）

RE（图3）：refrigerator（冰箱），reindeer（驯鹿），remote（遥控器）

MI（图1）：microphone（麦克风），milk（奶），mimer（滑稽演员）

FA（图5）：fan（电风扇），fangs（尖牙），faucet（水龙头）

SO（图2）：soap（肥皂），socks（短袜），sombrero（墨西哥宽边帽）

LA（图4）：ladder（梯子），lake（湖），laundry（洗好的衣服）

TI（图7）：tickets（票），tie（领带），tiger（老虎）

029 奎茨奈颜色棒游戏

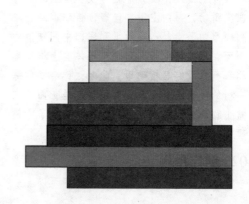

030 调换

这22步依次如下：10号到5号、1号到8号、11号到6号、2号到9号、12号到7号、3号到4号、5号到12号、8号到3号、6号到1号、9号到10号、7号到6号、4号到9号、12号到7号、3号到4号、1号到8号、10号到5号、6号到1号、9号到10号、7号到2号、4号到11号、8号到3号、5号到12号。

031 排列组合

有5种分配方法将3个不同的物体放在3个没有标记的碟子上。

032 T 时代

033 瓢虫的位置

如图，19个瓢虫分别在不同的空间内。

一般情况下，3个三角形相交，最多只能形成19个独立的空间。

这一点很容易证明。两个三角形相交，最多能够形成7个独立的空间，而第3个三角形的每一条边最多能够与4条直线相交，因此它能够与前两个三角形再形成12个新的空间，所以加起来就是19个空间。

034 把5个正方形拼起来

5个边长为1个单位的正方形可以拼入一个边长是2.707个单位的正方形内。

下面是n（n从1到10）个单位正方形可以拼入的最小面积的正方形。k是正方形的边长。

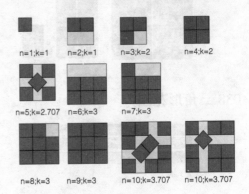

n=1;k=1　　n=2;k=1　　n=3;k=2　　n=4;k=2

n=5;k=2.707　n=6;k=3　　n=7;k=3

n=8;k=3　　n=9;k=3　　n=10;k=3.707　n=10;k=3.707

035 多边形七巧板

一组13个凸多边形，如图所示。

036 警察

这名警察的巡视路线已经展示在下面。

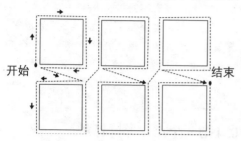

开始   结束

037 分巧克力

如图所示切6次。

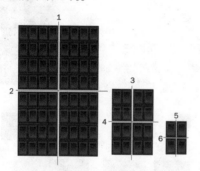

038 三角形花园

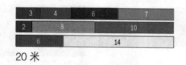

20米

039 截然相反

1.POOL（游泳池）LOOP（环状）

2.STRAW（吸管）WARTS（瘊子）

3.BUS（公交车）SUB（潜水艇）

4.STEP（台阶）PETS（宠物）

5.STAR（明星）RATS（老鼠）

6.GUM（口香糖）MUG（大杯）

7. DRAWER（抽屉）REWARD（赏金）

8.STRESSED（紧张的）DESSERT（甜点）

040 单词接力

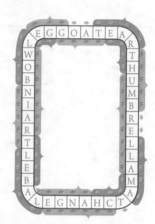

041 餐桌

042 街道

043 撕开包装

1.Soccer ball（足球）

2.Scooter（踏板车）

3.Telescope（望远镜）

4.CD player（CD 播放器）

5.Guitar（吉他）

6.Backpack（双肩背包）

7.Video game（电视游戏）

8.Mountain bike（山地车）

044 三角形七巧板

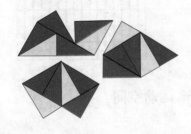

045 射击

这 3 只鸟是 25、6、19。

046 紫罗兰

在左上侧的紫罗兰花下是拿破仑妻子的轮廓；右上边的大叶子下是拿破仑的轮廓；最下面一朵紫罗兰花上面是他们儿子的轮廓。

047 断掉的拐杖

所给出的等边三角形是解决这道题目的几何类似物。如下图所示，这个三角形中 3 条垂线（P）的总和是一定的，等于该三角形的高，即等于题中拐杖的长度（L）。

只有当拐杖折断的点落在中间橘色的小三角形中时，这 3 条垂线才能组成一个三角形。只有在这种情况下，3 条垂线中任意两条的和才能大于第 3 条，这是组成一个三角形的必要条件。

另一方面，如果折断的点落在橘色小三角形的外面，那么必然有一条垂线比其他 2 条垂线的和还要长。

因为这个橘色小三角形的面积是整个等边三角形的 1/4，所以这根断掉的拐杖可以

组成一个三角形的概率也是 1/4，即 25%。

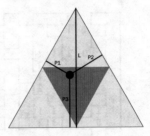

048 正方形蛋糕

你所要做的是把周长分成相等的 5 份（或 "n" 份，这个 "n" 是你所要得到的蛋糕块数）。

然后从中心按照一般切法把蛋糕切开。

诺曼·尼尔森和佛瑞斯特·菲舍在 1973 年提供了证明，证明如下。

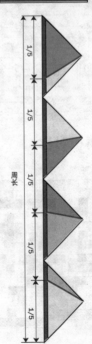

049 滑动链接

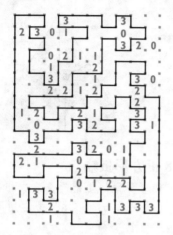

050 建造桥梁

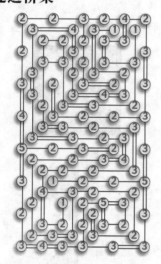

051 多格拼板对称

如图所示。

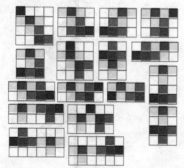

052 贪玩的蜗牛

下图只是正确答案的一种，你可以发挥你的想象帮蜗牛设计路线。

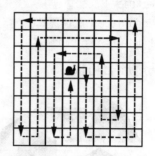

053 运动空间

1. 篮球
2. 击剑
3. 高尔夫球
4. 美式撞球
5. 举重
6. 保龄球
7. 网球
8. 排球
9. 足球
10. 棒球
11. 箭术
12. 花样滑冰

054 韵味季节

押韵单词分别为：

castle（城堡）/tassel（流苏）

tents（帐篷）/ fence（篱笆）

bees（蜜蜂）/skis（滑雪板）

shed（棚屋）/sled（雪橇）

hoe（锄头）/snow（雪）

cow（奶牛）/plow（耕犁）

racket（球拍）/jacket（夹克）

cat（猫）/hat（帽子）

kittens（小猫）/mittens（手套）

fountain（喷泉）/mountain（山）

hair（头发）/bear（熊）

towel（毛巾）/owl（猫头鹰）

dollar（美元）/collar（衣领）

shorts（短裤）/ forts（堡垒）

sandal（凉鞋）/handle（手柄）

tire（轮胎）/fire（火焰）

axe（斧子）/tracks（车辙）

stump（树墩）/pump（水泵）

weights（哑铃）/skates（冰鞋）

grass（草地）/glass（玻璃杯）

mice（老鼠）/ice（冰）

roots（根）/boots（靴子）

juice（果汁）/moose（驼鹿）

bicycle（自行车）/icicle（冰柱）

055 组词成趣

Peanut butter cup（装花生酱的杯子）

Headphone jack（耳机接孔）

Horse shoe crab（马蹄蟹）

Pancake batter（煎饼面糊）

Basketball net（篮球网）

056 词以类聚

旋转的事物：地球、滑冰选手、陀螺、光盘。

能够挤压的事物：橡皮鸭，牙膏皮、手风琴、海绵。

带有针的事物：指南针、缝纫机、松树、医生。

单词以 X 结尾的事物：

狐狸（fox）、狮身人面像（sphinx）、邮件箱（mailbox）、传真（fax）。

057 单词聚合

1.ROAD（道路）+BASKET（篮子）=SKATEBOARD（滑板）

2.ARM（胳膊）+DIME（十分币）=MERMAID（美人鱼）

3.NET（网络）+BROOM（扫帚）=TROMBONE（长号）

4.NURSE（护士）+WOLF（狼）=SUNFLOWER（向日葵）

5.COOKIES（饼干）+PEDAL（踏板）=KALEIDOSCOPE（万花筒）

058 筹码

我们知道，可以排列的最多的偶数行列数是16。下图就是所要画出的棋盘。你也可以把筹码放在与之不同的地方，但是结果要保持一致。

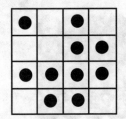

059 蜂巢迷宫

359

060 火柴积木

解法之一如图所示。

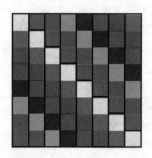

061 数字游戏板

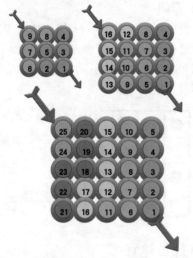

062 珠子和项链

基本的图案只有 3 种，然而通过不同颜色之间不同的排列一共可以串出 12 种不同的项链，如下图所示。

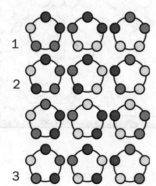

063 猫和老鼠

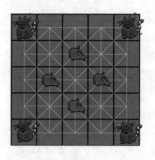

064 垂直的剑

眼睛贴近纸面，从图右下方的一点往上看。

065 皇后的小型对抗

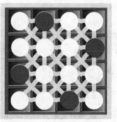

题 1
一共有 2 种解法，这里是其中一种。

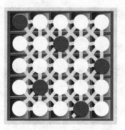

题 2
一共有 10 种解法，这里是其中一种。

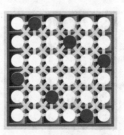

题 3
一共有 4 种解法，这里是其中一种。

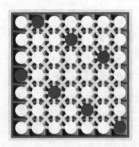

题4
一共有7种解法，这里是其中一种。

066 四色问题

答案如下图。

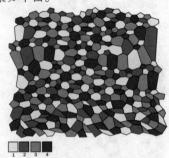

1 2 3 4

067 六彩星星

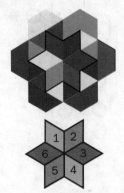

068 棋盘与多米诺骨牌

许多与棋盘有关的题目以及其他谜题都可以通过简单的奇偶数检验法解决。

第一面棋盘中，无论你用什么办法都不能覆盖空缺的棋盘，而证明方法很简单。除空缺块以外，棋盘上有32块黄色方块，但只有30块红色的。一块多米诺骨牌必须覆盖一红一黄的方块，因此第一面棋盘不能用31块多米诺骨牌覆盖。

如果从棋盘中移走2个相同颜色的方块，剩下的方块就不能用多米诺骨牌覆盖。

该原理的反面由斯隆基金会主席拉尔夫·戈莫里证明。

如果将2个颜色不同的方块从棋盘移出，剩下的部分必然能用多米诺骨牌覆盖。

因此只有第二面棋盘能全部用多米诺骨牌覆盖。

069 掩盖游戏

解法之一如下图所示。

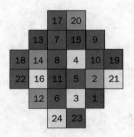

070 不完整正方形的个数

如图所示，一共有15个正方形。

071 Tic Tac 秀

Tic：brick（砖），chick（小鸡），pick（镐），stick（棍子）

Tac：sack（麻袋），stack（of paper）（纸堆），track（轨道），yak（牦牛）

Toe：bow（弓形物），crow（乌鸦），hoe（锄头），snow（雪）

072 寒冷天气

1. 豪猪——豪猪在糟糕的天气里可能会待在它的洞穴里，但是它不冬眠。

2. 雪地车——冰上舞蹈于 1976 年被引入冬奥会，单板滑雪于 1998 年引入。

3. 树——南极洲有一定数量的火山和一些小昆虫，但是没有比地衣或苔藓更大的植物。

4. 它们跟猫一样呜呜叫——北极熊咆哮，不会呜呜叫。

5. 它的名字意思是"海象之地"——"阿拉斯加"由阿留申语翻译而来，接近"大陆"的意思。

6. 绒毛耳罩——这个被他的发现者称为奥兹的人，是 1991 年在阿尔卑斯山被发现的。

7. 苔原——是俄罗斯词。

8. 焰火——迄今为止，只有一个盲人攀上了珠穆朗玛峰，有一对新人在那里举行了婚礼。

073 迷岛

如图所示：

074 船在哪儿

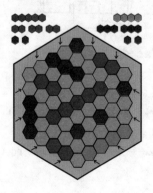

075 着魔

TOAD，ROAD 马路，
ROAR 咆哮声，REAR 尾部，
BEAR 熊，BEAT 击打，NEAT
干净，NEWT。

076 冲浪板

1. Keyboard 键盘
2. Clipboard 剪贴板
3. Backboard 篮板
4. Cardboard 硬纸板
5. Blackboard 黑板
6. Snowboard 滑雪板
7. Billboard 广告牌

077 撞球

答案如下图所示：

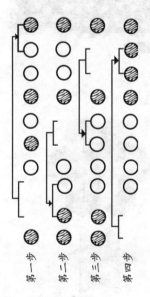

第一步　第二步　第三步　第四步

078 八边形填色游戏

略。

079 六角魔方

这个问题可不简单。

一共有12！（12 阶乘 =1×2×3×…

×11×12= 479001600）种方法将数字1到12填入六角形上的三角形中。电脑搜索出这道题的出题者们只做了一种解法，如下图所示。

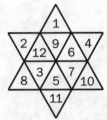

080 连接色块

该题的解有很多种，下面是其中一种，如图所示。

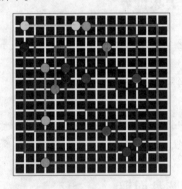

081 给正方形涂色

一共有12种不同的涂色方法，如图所示。

082 拼接三角形

根据我们前面已经学过的组合的公式，从6根棍子里选出3根来有20种可能性：

Crn=6!/（3!×3!）

=6×5×4×3×2×1/（3×2×1）×（3×2×1）=720/（6×6）=20 种

但是并不是这20种组合都能够拼成三角形，根据"三角形两边之和必须大于第三边"的定理，3-4-7、3-4-8、3-5-8这三种组合都不能组成三角形。

所以用这些棍子一共可以拼出17个三角形。

083 瓶塞

将水缓缓倒入玻璃杯，直到水平面几乎超出杯口。如果你小心操作的话，液体的表面张力会使水稍稍凸起。这样，瓶塞便会向上"漂"，直到杯子的中央并停留在那里。

084 水族馆

如图所示，这里给出了其中一种摆放方法。

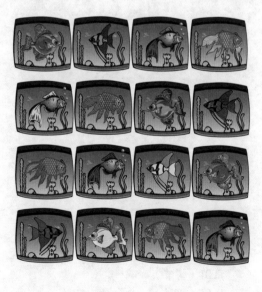

085 多边形变星形

086 身体部位

Head：head of lettuce（英语中 lettuce 可以用 head 来修饰）

Eyes：needle parts（针眼）

Ears：ears of a corn（玉米的穗）

Teeth: comb part（梳子的齿）

Neck：bottle part（瓶颈）

Heart：ace of heart（红心 A 牌）

Chest：treasure chest（宝箱）

Arms：axes（武器）

Hands：Clock parts（钟表的指针）

Palms：palm trees（棕榈树）

Legs：table parts（桌子腿）

Foot：ruler（度量单位：英尺）

087 风车转转

如图所示：

088 滚雪球

SNOW（雪）

SLOW（缓慢）

PLOW（犁）

PLOT（情节）

BLOT（弄脏）

BOOT（靴子）

BOAT（船只）

BEAT（跳动）

BELT（皮带）

BELL（贝尔）

BALL（球）

089 堆雪人

Flurry（阵风）

Icicle（冰柱）

Freeze（冻结）

Shovel（铁铲）

Gloves（手套）

Winter（冬天）

090 美味世界

1. Pear chair（梨做的椅子）

2. Pickle nickel（腌黄瓜做的五分币）

3. Cheese skis（奶酪的滑雪板）

4. Frank tank（热狗做成的坦克）

5. Cake lake（蛋糕湖）

6. Corn horn（玉米做的喇叭）

7. Jello cello（果冻做成的大提琴）

8. Bread bed（面包做成的床）

091 圆盘词趣

如图所示：

092 消失的脸

略。

093 消失的铅笔

略。

094 青蛙和王子

秘密就是看阴影处的8个方格。如果在这8个方格中，青蛙和王子的数量都是偶数，那么这个游戏最终就是有解的，反之则无解。原因是每一次翻动都会影响到0个或者2个在这个阴影区域的方格，而不可能只影响到奇数个方格。由于你必须在游戏最后让这个区域内所有的方格都显示为同一个图案，因此如果这个区域内青蛙或王子的数量是奇数，那么这个游戏是不可能完成的。根据这个规律，题1无解，题2有解。

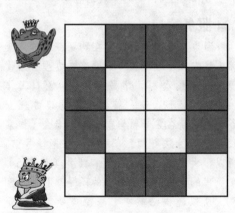

095 酒店的门

最后序号为1，4和9的门是关着的。如图所示：只有当N能被K整除时，第N扇门在第K步变化，一扇门最终是开着的还是关着与它变化的次数有关（这个次数是奇数还是偶数）。平方数与其他数的奇偶性不同。非平方数有偶数个约数（如10的约数有1，2，5，10这4个），但是平方数有奇数个约数（如9的约数只有1、9、9这3个）。现在你知道结果为什么如此了吧。

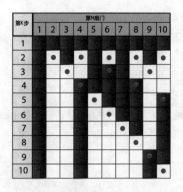

096 等积异型魔方

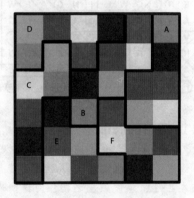

第三章　推理思维名题

001 嫌疑人

1. FORK（叉子）

2. OCTOBER（十月）

3. MAID（女仆）

4. UMBRELLA（伞）

5. SOCK（袜子）

6. LINCOLN（林肯）

7. VIOLIN（小提琴）

8. BOWLING（保龄球）

9. DOG（狗）

10. BASKET（篮子）

11. HAMMER（锤子）

12. SHARK（鲨鱼）

13. CAST（石膏）

14. BEARD（胡子）

15. LADDER（梯子）

16. RAKE（草耙）

17. GLASSES（眼镜）

18. DETECTIVE（侦探）

剩下的字母连成一句话：The painter was caughtred-handed（画家被发现是右撇子）。

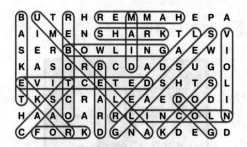

002 博物馆的展品

B物是胸针，不是在1912年被赠出的（线索3），根据线索5，A物不可能是酒杯或在1912年被赠出之物，而这两者是邻排的。A物也不可能是剑（线索4），所以它是银匙。已知B物胸针、A物银匙都不是在1912年被赠出，酒杯也不是（线索5），所以赠出的是那把剑。它出产的时间不是10世纪（线索4）或9世纪（线索5），也不是12世纪（线索2），所以那把剑是出产于11世纪。因此，根据线索5可知，酒杯是10世纪的东西。已知它不是A物或B物，根据线索4得出也不是D物，所以是C。剩下D物是11世纪的那把剑。产于10世纪的酒杯赠送的时间不是1936年（线索1），不是1948年（线索2）或1912年（线索5），所以是1929年。银匙不是9世纪的东西（线索1），它是12世纪出产1948年赠出的（线索2）。最后，B物胸针一定是9世纪出产并在1936年赠出。

答案：

物品A，银匙，12世纪，1948年。

物品B，银胸针，9世纪，1936年。

物品C，银酒杯，10世纪，1929年。

物品D，银剑，11世纪，1912年。

003 递进

数字3是这组递进数字的关键。你必须按照减去3，除以3，加上3，减去3，除以3，加上3的顺序计算。我们先从第一洞的分数12中减去3，得出9，即第二洞的分数；然后让9除以3，得出3，即第三洞的分数；接着，再加上3，得出6，即第四洞的分数；再从6中减去3，得出3，即第五洞的分数；然后，再除以3，得出1，即第六洞的分数；最后，第七洞的分数就是1加上3，得出4，即这个题的答案。

004 服务窗口

因为4号窗口的顾客在购买一本邮票集锦（线索4），3号窗口的顾客在办理公路收费执照（线索2）。路易斯在3号窗口工作（线索3），那么亨利就在1号窗口办理业务。艾莉斯在2号窗口前提取养老金（线索1）。用排除法可知，亨利必定在寄挂号信。所以，大卫必然在2号窗口工作（线索5）。在亚当的窗口前办理业务的不是亨利（线索2），所以迈根必然在1号窗口处工作，亚当在4号窗口处工作。从亚当那里购买邮票的不是玛格丽特（线索4），他是丹尼尔，剩下在路易斯的窗口前办理公路收费执照的是玛格丽特。

答案：

1号窗口，迈根，亨利，挂号信。

2号窗口，大卫，艾莉斯，养老金。

3号窗口，路易斯，玛格丽特，公路收费执照。

4号窗口，亚当，丹尼尔，邮票集锦。

005 滑行方块

如图所示，需要 23 步。

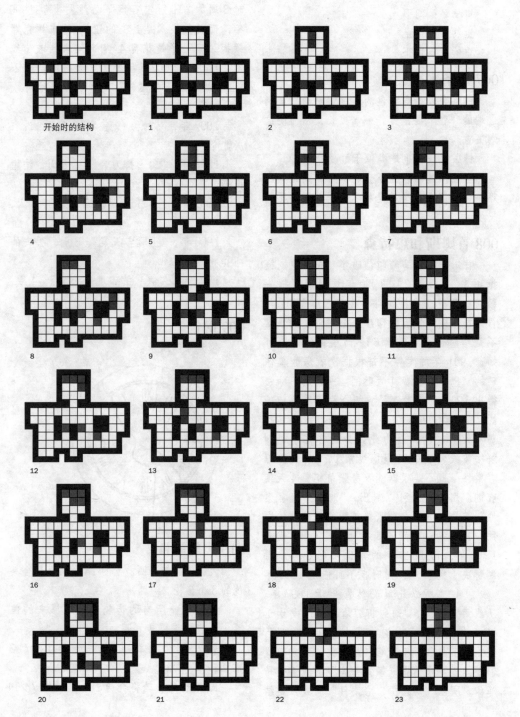

006 向上还是向下

重物 1：向上

重物 2：向下

重物 3：向上

重物 4：向下

007 链条平衡

链条会开始向空盘的这一端滑动，直到这端的"臂"要比另外一端更长，从而使这端更重。

链条虹吸管也是类似于虹吸管原理。

当然，这种装置不会有真空，或是气压等条件。这个模型只是展示了滑轮臂的不同长度。

008 首姆斯和惠特森

首姆斯根据马蹄印侦破了"布林克斯顿扼杀案"（线索 2），1900 年首姆斯根据一颗纽扣侦破了一桩案件（线索 5）。1901 年首姆斯侦破"假冒的印度王公案件"的线索不是结婚证书（线索 6），而根据线索 1 可知，1901 年的案件不是根据洗衣房账单侦破的，也不是花费 4 天时间。所以用排除法得出 1901 年的案件是首姆斯根据车票侦破的。"王冠宝石案"不是根据洗衣房账单花费 4 天侦破的，因为此案费时 3 周才得到解决（线索 3），而根据线索 1，"幻影掷刀者案件"也不是根据洗衣房账单花费 4 天侦破的。用排除法可以得出，"波斯外交官案件"就是根据洗衣房账单花费 4 天侦破的案件。我们知道此案不是发生于 1900 年或者 1901 年，而 1898 年的案件费时 6 周才得到解决（线索 7），同时也不可能是 1899 年（线索 4），所以此案必然发生于 1897 年。从线索 1 可知，"幻影掷刀者案件"发生于 1898 年，花费了 6 周的调查时间。我们已经推断出与 3 个年份相匹配的关键线索，我们还知道"布林克斯顿扼杀案"的线索是马蹄印，所以"幻影掷刀者案件"的线索是结

婚证书。现在，用排除法可知，"布林克斯顿扼杀案"必然发生在 1899 年，而那个用时 3 周的"王冠宝石案"必然发生于 1900 年，而且其线索是丢失的纽扣。"布林克斯顿扼杀案"不是花费 4 周时间来侦破（线索 2），所以它必然花费了 8 天时间，剩下"假冒的印度王公案件"花费了 4 周时间。

答案：

1897 年，"波斯外交官案"，4 天，洗衣房账单。

1898 年，"幻影掷刀者案"，6 周，结婚证书。

1899 年，"布林克斯顿扼杀案"，8 天，马蹄印。

1900 年，"王冠宝石案"，3 周，丢失的纽扣。

1901 年，"假冒的印度王公案"，4 周，车票。

009 时钟

答案如图所示：

010 齿轮转圈

大齿轮旋转一圈，它的 14 个齿会契合其他的 3 个齿轮。

设为了使所有的齿轮都回到原来的位置，大齿轮需要转 n 圈。

那么 13 个齿的齿轮将会转 $14n/13$ 整圈；

12 个齿的齿轮将会转 $14n/12$（即 $7n/6$）

整圈；

11 个齿的齿轮将会转 14n/11 整圈。

也就是说，n 必须被 13，6 和 11 整除。由此可知，n 最小为 $13 \times 6 \times 11 = 858$。大齿轮至少需要转 858 圈才能使所有的齿轮都回到原来的位置。

011 齿轮六边形

逆时针旋转 2/3 圈。

012 卢卡数列

无论你前 2 个数写的是什么，这 10 个数的总和总是等于绿色方框里的数的 11 倍。

013 缺少的时针

指向 10。从左上方开始，沿顺时针方向进行，每个钟上时针与分针所指向的数字之和从 3 开始，每次加 2。

014 运货车

亚瑟驾驶 2 号运货车，而汤米驾驶的不是 1 号运货车（线索 1）。因为汤米在亚瑟之前驶离出口（线索 1），所以他也不可能驾驶 4 号运货车，而 4 号运货车是沿着 D 号马路行驶的（线索 4），所以汤米只可能驾驶 3 号运货车。驾驶 2 号货车的亚瑟不是从 D 号马路离开的，所以汤米不可能是第 3 个驾驶运货车离开的（线索 1）。而第 3 个离开的运货车是沿着 C 号马路行驶的（线索 2）。罗斯是

第 2 个驾驶运货车离开的（线索 3）。既然汤米不是第 1 个离开的（线索 1），那他必定是第 4 个离开的。1 号运货车的司机是第 3 个离开的，它在 C 号马路上行驶，所以他不可能是罗斯，只可能是盖瑞。剩下罗斯驾驶着 4 号运货车在 D 号马路上行驶。而驾驶 2 号运货车的亚瑟是第 1 个离开的。从线索 1 可知，亚瑟在 B 号马路上行驶，而汤米在 A 号马路上行驶。

答案：

1 号运货车，盖瑞，马路 C，第 3。

2 号运货车，亚瑟，马路 B，第 1。

3 号运货车，汤米，马路 A，第 4。

4 号运货车，罗斯，马路 D，第 2。

015 足球的破绽

波特平静地说："球星中有英国人、德国人、巴西人、意大利人，怎么都用英文签名呢？"

016 扑克牌

设有 4 张牌，前 3 张的和为 21，后 3 张的和也为 21。那么就说明第 1 张牌和第 4 张牌一定相等。因此在这些牌中，每隔 2 张牌都是一样的。

017 师生

学生1，约翰，是格林老师的学生；
学生2，劳埃德，是布罗德老师的学生；
学生3，马特，是肯特老师的学生；
学生4，韦斯，是威廉老师的学生。

018 数列

数列里面去掉了所有的平方数。

019 缺失的数

这个数列包含的数字都是上下颠倒过来也不会改变其数值的数字。

020 21个重物

最多需要称3次。

把21个盒子分成3组，每组7个。在天平的两端每边放一组，可以得出两种可能的结果：

a.天平平衡；b.天平倾斜。

如果天平平衡，那么那个较重的盒子就在没有被称的那一组里。如果天平倾斜了，显然那个较重的盒子在天平倾斜的那边。把重的那组分为两组，每组3个盒子，剩下一个盒子，把这两组分别放在天平的两端。

又一次，有两种可能的结果：

a.天平平衡；b.天平倾斜。

如果天平平衡，那么那个剩出的盒子就是那个比较重的盒子，我们就不需要再称了。否则，我们就需要再称一次，在天平两端每边放一个盒子，剩下一个盒子。

021 规律推图

B。

022 正确的图形

A。下面每个方框中的图形与其上面的图形加在一起可以形成一个正方形。

023 圣诞袜

霍莉的袜子是从左边数第二只。

024 园艺师

花盆1是布莱恩的；
花盆2是罗杰的；
花盆3是托尼的；
花盆4是比尔的。

025 狡诈的走私犯

霍普走私的正是他每月定期开过海关的高级轿车，而他的那3个神秘的行李箱是迷惑转移海关视线的工具。当海关人员为此而头昏脑涨时，也就忽视了走私的轿车，他采用了障眼法。

026 射球明星

最后进球的不是文斯（线索1），不是艾伦或格雷厄姆（线索2），也不是大卫（线索3），所以是保罗。E位置的不是文斯（线索1），不是格雷厄姆（线索2），不是保罗（线索5），也不是大卫（线索3），所以是艾伦。因为艾伦没有进第1个球（线索2），A位置的人没有进第1和第2个球（线索1）；线索1同时指出A不是9号。A也没有进第3个球（线索4）和最后一个球。因此A进的是第65分的球；艾伦是9号。B进的是第2个球，而A是7号（线索2）。因为保罗不是A（线索5），所以他不是

7号，B不是8号（线索5）；因此B的号码是6，保罗的是3。因为已知最后一球不是在E位置的艾伦踢出的，8号不在D位置（线索1）。所以8号在C位置，D位置的是保罗，是进最后一个球的人。文斯是在B位置的人（线索1）。大卫不在A位置（线索3），所以是在C位置。而格雷厄姆在A位置。综上，大卫踢进的是第21分的球。

答案：

位置A，格雷厄姆，7号，第65分。

位置B，文斯，6号，第34分。

位置C，大卫，8号，第21分。

位置D，保罗，3号，第88分。

位置E，艾伦，9号，第47分。

027 血型辨凶手

凶手不是弟弟。AB型和O型血液的人结婚，子女不会有AB型血。

028 8个金币

把8个金币分成2部分，一部分6个金币，一部分2个。

不管假币在哪一部分，我们只用2步就可以把它找出来：

先将第一部分的金币一边3个分别放在天平的左右两边。如果天平是平衡的，那么假币一定在剩下的2个中。

再将剩下的2个金币分别放在天平的两端，翘起的那一端的金币较轻，这个就是假币。

如果第一步分别将3个金币放在天平的两端，天平是不平衡的，如图所示，天平右端翘起了，说明右边较轻。那么假币是天平右边所放的3个金币中的1个。

再取这3个金币中的任意2个分别放在天平的两端，如果天平不平衡，那么轻的那一端放的就是假币。

如果天平仍然是平衡的，那么剩下的那个就是假币。

029 福尔摩斯

作案时间是2时12分。短针走一刻度相当于长针的12分钟，故当短针正指着某一刻度时，长针必有0分、12分、24分、36分、48分等几个位置。研究两针的位置之后便可得出答案。

030 巨款仍在

伯纳注意到在纪念品中有一件鱼目混珠的物品，即那个企鹅标本，它是罪犯留下的而不是老探险家的，因为企鹅仅生活在南极。

031 彩票

这对情侣有90种途径会赢，有30种途径会输，因此他们不能赢到这辆汽车的概率是30/120，即1/4（25%）。

032 真假难辨

033 早上的电话

住在朴茨茅斯的居民姓里得雷（线索4），而罗莎蒙德姓纳尔逊（线索5），所以不姓彼得斯（线索2），住在洛斯特的奥德丽一定是基思太太。奥德丽·基思没有接到8:30的电话（线索6），罗莎蒙德也没有（线索5），而伯妮斯接的是10:30的电话（线索3），所以一定是雪莉在8:30接到电话。所以9:30的电话是打给里丁的（线索1）。我们知道这不是打给雪莉或伯妮斯的，同时由于地域的限制也排除了是奥德丽的可能性，所以里丁的居住者一定是罗莎蒙

德·纳尔逊。综上得出，奥德丽一定是11:30电话的接收者。而剑桥的居住者一定姓彼得斯，结合线索5可知，她是接到8:30电话的雪莉。剩下在10:30接到电话的伯妮斯，姓里得雷，住在朴茨茅斯。

答案：

8:30，雪莉·彼得斯，剑桥。

9:30，罗莎蒙德·纳尔逊，里丁。

10:30，伯妮斯·里得雷，朴茨茅斯。

11:30，奥德丽·基思，洛斯特。

034 巴都万螺旋三角形

巴都万数列的前22项：

1，1，1，2，2，3，4，5，7，9，12，16，21，28，37，49，65，86，114，151，200，265，…

巴都万数列的一般规律是：巴都万数列中的每一个数都等于它前边第2位和第3位数之和。

斐波纳契数列的前21项：

1，1，2，3，5，8，13，21，34，55，89，144，233，377，610，987，1597，2584，4171，6755，10925，…

除1和2以外，两个数列里都出现的数只有3、5、21。

巴都万数列后一个数与前一个数之比趋向于一个常量，它约等于1.324718。

在未来的研究中，可能也会发现巴都万数列在自然中的存在。源自于数学题目的斐波纳契数列，到目前为止已经发现了它在自然界许多地方存在。

035 变形

如图所示，在图形格子的旁边分别标上数字，这样解决起来就容易得多。首先，将纵向格子的变化用序号标出来，然后再用同样的办法重新排列横向的格子。

用同样的转换方式记录下每次变形的方式。

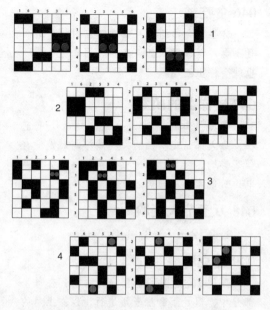

是个倒影。

038 弹子球

刚开始时他们各自有 40 颗弹子球。

设他们刚开始时的弹子球数为 x，2x+35-15=100，因此 2x+20=100，2x=80，x=40。

039 共振摆

在这个装置中，通过起连接作用的绳子使这两个摆锤的运动相互作用。当其中一个摆锤开始振动时，这种振动转移到起连接作用的绳子上，然后再转移到另一个摆锤上。第一个摆锤的能量逐渐转移到另一个摆锤上，然后再转移回来。

由于这种共振转移作用，这种摆通常被称为共振摆。

040 等差级数

对于一些简单的等差级数，其等差在 1 阶就可以得到，但是对于高阶等差级数，在找出等差之前需要进行多阶分析。

下面是两道题的详解：

题 1：20 28 40 56 76　0 阶

　　8　12 16 20　　1 阶

　　　4　4　4　　　 2 阶

4+16+56 =76 即问号处需要填上的数。

题 2：8 26 56 100 160 238 336　0 阶

　　18　30 44 60 78 98　　1 阶

　　　12　14 16 18 20　　 2 阶

　　　　2　2　2　2　　　 3 阶

2+18+78+238=336 即问号处需要填上的数。

在这个过程中，我们会发现高阶等差级数并不是在每一阶等差都相同，因此我们需要多阶分析才能找到最后的等差。

有些级数之间不是等差，而是等比，也就是每次都乘以一个固定的数，这种级数叫作等比级数。级数中后一个数与前一个数的比值就是这列数的等比。

036 "楼梯" 悖论

在第 10 代时一共有 2^{10}=1024 级楼梯。

无论将原正方形怎样分割，楼梯的长度都是不变的，即等于原来正方形边长的 2 倍，即 2 个单位的边长。

另一方面，随着分割的不断进行，这个"楼梯"最终看上去将会近似于一条斜线，那么根据勾股定理，这条斜线，即正方体的对角线的长度应该等于 $\sqrt{1^2}+\sqrt{1^2}=\sqrt{2}$ 。

看上去我们好像自相矛盾了（$\sqrt{2}\neq 2$），不是吗？

事实上，尽管这些小的梯级最后看上去趋近于一条对角线，但实际上并不是这样的。

虽然梯级变得越来越小，但是不论多小，它还是存在的，只不过用肉眼看不到罢了。不管梯级最后有多小，楼梯的长度总是等于 2 倍的边长。

037 明察秋毫

依据在银碗中见到的影像，营业员不可能认定罪犯是谁，因为碗中反射出来的影像

举一个例子：

| 2 | 6 | 18 | 54 |

6÷2=3 18÷6=3 54÷18=3

因此，这个数列的下一个数就应该是
54×3=162。

041 打破的水晶

凶手用的凶器是一把用水晶做成的小
刀，他把水晶故意打碎，然后把刀扔到水晶
碎片里面以混淆人们的注意力。

042 男孩的特征

从表格可以很直观地看出，最少有 1
个人、最多有 10 个人同时具备这 4 个
特征。

1	2	3	4	5	6	7	8	9	10	11	12	13	14	15	16	17	18	19	20
				蓝眼睛															
		黑头发																	
					超重														
			非常高																

1	2	3	4	5	6	7	8	9	10	11	12	13	14	15	16	17	18	19	20
				蓝眼睛															
											黑头发								
		超重																	
												非常高							

043 谁是谁

右边的是汤姆，中间的是亨利，左边的
狄克，而且狄克说谎了。

044 图形识别

C。其他各个图形的中心部分是逆时针
方向旋转，而周围部分是顺时针方向旋转。

045 正确的选项

C。数字排列的规则是：每行第 1 个和
第 2 个数字之积构成该行最后 2 个数字；第
3 个和第 4 个数字之积构成该行第 6 个和第 7
个数字；第 6 个和第 7 个数字构成的两位数
与第 8 个和第 9 个数字构成的两位数的差等
于该行第 5 个数字。

046 贪吃蛇

这些蛇会逐渐相互填满对方的肚子，而
且不会再继续吞食任何东西。因此这个圆环
也就会停止缩小。

047 楼梯上的凶案

管理员知道妮可是盲人，她从不乘电
梯，每天都是走楼梯的，突然停电对她没有
丝毫影响。倒是那男子整日乘电梯，突然停
电，对他才会有影响。

048 万圣节大变脸

1-D，2-E，3-B，4-C，5-A。

049 扑克牌

黑桃 3。把图形垂直分成两半，在每半
部分中，以蛇形和梯子形进行，以左上角的
牌为起点向右移动，然后下移 1 行向左移
动，最后移到右边。左半部分牌的数值以 3
和 4 为单位交替增加，右半部分牌的数值以
4 和 5 为单位交替增加。下面让我们再来计
算花色吧，仍然以蛇形和梯子形进行，从整
个图形的左上角开始向下移动，然后右移 1
格从下向上进行，依此类推。这些牌的花色
按这样的顺序排列，从红桃开始，然后是梅
花、方片和黑桃。

050 画符号

从左向右横向进行，把前 2 个图形叠加
在一起，就可以得到第 3 个图形。

051 铅笔游戏

V。这种排列是根据字母表中字母的顺序而排定的。"拐弯之处"的字母是由指向字母的铅笔数引出的。

看一下字母 L（哪个都可以）。字母 L 前进到了字母 M。但是，字母 M 却并没有前进到字母 N，这是因为有两支指向 O 的铅笔，于是字母 M 就跳了 2 步，前进到字母 O。运用同样的原理，字母 O 前进了 3 步到了字母 R，字母 R 则前进了 4 步到了字母 V。

052 雪夜目击

当时下着大雪，目击者的车在外面整整停了两个半小时，目击者上车前并没有把车窗上的雪擦掉，所以他不可能看见那人摔下来。

053 恰当的数字

4。在每个图形中，左边 2 个数字的和除以右边 2 个数字的和，就得到中间的数字。

054 图形推理

1 个全满的圆。观察三角形顶角，从前 1 个到后 1 个，刚好增加 1/4 份。同样道理，比较各个三角形的下角，从前 1 个到后 1 个，是刚好增加 1/2 份，全满后又重新开始。

055 巴士停靠站

从线索 1 知道，雷停靠的巴士牌号要比 324 号大。7 号的车牌不是 324（线索 2），雷停靠的也不是 5 号位置的车牌号为 340 的巴士（线索 5）。特里的车号是 361，那么雷的就是 397。它不在 6 或者 7 号位置（线索 1）。赖斯把车停靠在 4 号位置（线索 7），5 号的车牌是 340，这就排除了雷的车是 3 号的可能性（线索 1）。因 3 号车的车牌号要比邻近的车牌号都大（线索 4），雷的车也不可能是 2 号（线索 1），那么雷的

车一定在 1 号位置。从线索 1 中知道，324 一定在 3 号位置。从线索 4 中知道，2 和 4 号位置的车牌都是 2 开头的。因此可以从线索 2 中知道，7 号的车牌是 361，是特里停靠的（线索 3）。2 号位置的车牌不是 286（线索 2），6 号的也不是 286（线索 5），通过排除法，286 一定是 4 号的车牌，是赖斯停靠的。线索 6 告诉我们车牌号为 253 的不在 2 号位置，那么它一定在 6 号。因此肯停靠的车在 5 号位置（线索 6）。罗宾的车不在 2 或者 3 号（线索 8），那么一定是 6 号。通过排除法，2 号位置的车号一定是 279。3 号位置车的司机不是戴夫（线索 4），则一定是埃迪，剩下戴夫是把车号为 279 的车停在 2 号位置的司机。

答案：

1 号，雷，397。

2 号，戴夫，279。

3 号，埃迪，324。

4 号，赖斯，286。

5 号，肯，340。

6 号，罗宾，253。

7 号，特里，361。

056 雨伞

D。

这个方向决定背景颜色：

这个方向决定雨伞颜色：

这个方向决定形状：

057 数字与脸型

2。表情代表的是数字，根据其内部含有的或者周边增加的元素而计（不包括头本身）。将顶部代表的数字与右下角代表的数字相乘，除以左下角代表的数字，便得到中间的数字。

058 一片沉寂

如果确如哈利所说是在看电视时突然停电，同时发生了谋杀案，那么当电闸合上后，电灯亮了，电视也应有节目，寓所里不会是"一片沉寂"。

059 战舰

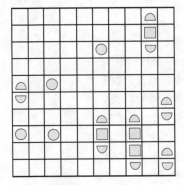

060 符号继续

A。前5个符号是数字 1~5 颠倒后的映像。符号 A 是数字 6 颠倒后的映像。

061 费尔图克难题

6支箭的分数刚好达到100分，那么，他射中的靶环依次为：16、16、17、17、17、17。

062 文学奖项

线索3指出两位女性评论家不可能坐在面对面的位置上，所以喜欢《木乃伊的诅咒》的肯定是一位男性评论家（线索1）。这位男性评论家不可能是科兰利·斯密斯特（线索1），所以他必然是德莫特·谷尔。两名男性评论家也不可能坐在面对面的位置

上。喜欢《无血的屠宰场》的是一位女性评论家。喜欢《恶魔的野餐》的是一位男性评论家（线索3），此人就是斯密斯特，他坐在盖莉·普拉斯姆的对面（线索3），所以迪尔德丽·高尔就是那个喜欢《无血的屠宰场》的女性评论家。因此，顺时针的顺序就是：高尔（《无血的屠宰场》），斯密斯特（《恶魔的野餐》），谷尔（《木乃伊的诅咒》）和普拉斯姆（《太空的魔王》）。从线索4看出，普拉斯姆坐在D座上。高尔坐在A座上，斯密斯特坐在B座上，谷尔坐在C座上。

答案：

位置A，迪尔德丽·高尔，《无血的屠宰场》。

位置B，科兰利·斯密斯特，《恶魔的野餐》。

位置C，德莫特·谷尔，《木乃伊的诅咒》。

位置D，盖莉·普拉斯姆，《太空的魔王》。

063 墨迹

$$\begin{array}{r} 289 \\ + 764 \\ \hline 1053 \end{array}$$

064 无限与极限

最终图形的高度会接近原来图形的2倍，但是永远不可能达到它的2倍，不论这个数列如何继续下去：1+1/2+1/4+1/8+…

计算"塔"的高度也与此类似。

065 悬赏启事

亨利是偷表人。因为司机路里并没有把罗蒙德医生的住址写进启事中，启事里只有邮政信箱的号码。如果亨利光看启事的话，他是不可能知道当事人的住址的。

066 落水的铅球

如果球直接掉进池里，它排出的池里的水量等于它本身的体积。

如果球落到船上，那么它排出的水量等于它自身的重量（阿基米德定律）。由于铅球的密度比水的密度大，因此落到船上所排出的水的体积要更大。

067 镜像射线

A——1 E——5 I——2 B——2
F——5 J——1 C——3 G——4
D——3 H——4

068 激光束

解法之一如下图所示。

069 传音管

声音的传播跟光一样，也遵循反射定律。

如图所示，当两根管子跟墙所成的角度分别相等时，两个孩子就能够听到对方讲话。声波反射到墙面上，然后再通过墙反射进管子。

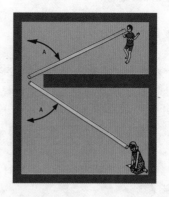

070 罪犯的同伙

凶手从窗口把箭射进去杀死犯人后，又将几只蜘蛛放到窗台上。其中一只蜘蛛在天亮时结了一张网，于是就造成不是从窗户射击的假象。

071 罗希的玫瑰花结

D玫瑰花结上的马不是"爵士"（线索1），不是"小鬼"（线索2）或"斯玛特"（线索3），是"花花公子"。罗希没有骑"花花公子"去切尔特娱乐中心（线索2），也不是骑着"爵士"（线索1）或"小鬼"（线索2），所以是斯玛特。因此，罗希在1998年骑的不可能是"斯玛特"（线索1），不是"爵士"（线索1）或"小鬼"（线索2），所以是"花花公子"，因此，C玫瑰花结上的是"爵士"（线索1）。在切尔特娱乐中心颁的玫瑰花结在"小鬼"赢的玫瑰花结右边（线索2），它不是A玫瑰花结，也不是"爵士"的C玫瑰花结，所以一定是B玫瑰花结，而"小鬼"是A 玫瑰花结。A玫瑰花结不是在梅尔弗德公园（线索4）和斯特克农场（线索5）赢的，是在提伊山赢的。因为斯特克农场的玫瑰花结不是B，1996年的不是A（线索5），A也不是2001年的（线索4），A 玫瑰花结是1999年的，因此，根据线索2得出，B玫瑰花结是2001年的。最后，1996年的是C，斯特克农场的玫瑰花结是D（线索5），剩下梅尔弗德公园的玫瑰花结是 C。

答案:

玫瑰花结 A,"小鬼",提伊山,1999 年。

玫瑰花结 B,"斯玛特",切尔特娱乐中心,2001 年。

玫瑰花结 C,"爵士",梅尔弗德公园,1996 年。

玫瑰花结 D,"花花公子",斯特克农场,1998 年。

072 箭轮

这 9 个轮中除了最底行中间的那个之外,其他都是同一箭轮经旋转或反射所得。

073 小丑表演

074 红色的水滴

事实上,在水滴落入水中 150 毫秒之后,你会再次看到水滴从碗中升起来,这一过程用一台超高速相机可以拍摄得到。

在这么短的时间内,这滴水还没有足够的时间与碗里其他的水融合。这种现象每滴水滴入时都会发生。这是一种复杂的流体力学现象的演示,这一现象被称之为"可逆层流"。

075 名画失窃

卡尔探长只字未提匿名电报之事,女管理员却自己先说了出来,可见她偷了画,又拍了电报。

076 飞上飞下

这是一个深度交替变换的视错觉图。一会儿你看到其中一只在这个图像的上方飞,一会儿你又看到另一只在上方飞,如此重复交替。

077 化学实验

6 个烧瓶的总容积是 98 个单位容积（98 被 3 除余数为 2）。

空烧瓶的容积必须是被 3 除余数为 2 的一个数（因为蓝色的液体是红色液体总量的 2 倍）,而在已给出的 6 个数中,只有 20 满足这一条件,因此容积为 20 的是空烧瓶。

剩下的 5 个烧瓶的总容积为 78,它的 1/3 应该为红色液体,即 26;剩下的 52 为蓝色液体。由此得到最后的结果,如图所示。

078 谁是盗贼

防盗玻璃整体是难以毁坏的,但如果玻璃上有个小小的缺陷,被人用锤在那里一击,防盗玻璃一定会破碎,知道这个破绽的人,只有那个设计制造防盗玻璃柜的人。

079 保龄球

可能的排列顺序应该有 6×5×4×3=360 种。

080 帽子与贴纸

如果B和C的贴纸都是蓝色的，那么A就会知道自己头上的是红色的，但是A并不知道自己的颜色，因此B和C中至少有一个或者两个人都是红色的。如果C是蓝色的，B应该知道自己是红色的，但是B不知道，因此C的贴纸一定是红色的。

081 柜子里的秘密

密码是 CREATIVITY。

082 形状

这个物体是一个带有凹槽的木制矮圆柱体。

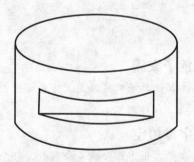

083 关系判断

F。

084 不同的图形

E。所有图形都可以分为4个部分。在前4个图形中，都是1个部分可以接触到其他3个部分，另外2个部分只可以接触其他2个部分。而在第5个图形中，有1个部分可以接触到另外3个部分，2个部分可以接触到另外2个部分，最后1个部分只能接触到其中1个部分。

085 星星

E。从左上角的方框开始，按照逆时针方向以螺旋形向中心移动。白色圆圈在两个相对应的尖角之间交替，同时，黑色圆圈按逆时针方向每次移动1步。

086 彼此对应

C。

087 抓强盗

柯南特意选在更夫走到屋子门外的时候点亮了灯盏，这样一来强盗拿着刀的影子就很清楚地映在了窗户上，这就给更夫提供了一个最好的暗示，使更夫知道屋子里有强盗。

088 填充空格

横向进行，把左右两边的图形添加在一起，就可以得到中间的图形。缺失部分如图所示。

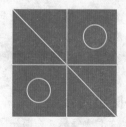

089 选择箭头

A。横行决定箭头的特征：空白，有边缘。
左斜线方向决定了箭头的指示方向。右斜线方向决定了箭头的颜色。

090 空缺图形

在每行中，从左边的圆圈开始，沿着顺时针方向增加1/4，即得到下一个图形，圆圈的颜色互相颠倒。

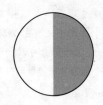

091 遮住眼睛

3号女孩戴着白色的帽子（线索4），4号女孩的帽子不是黄色的（线索2），4号女孩也不可能是叫曼尼斯（线索3），所以她是杰西卡，戴着粉红色的礼帽（线索1）。1号女孩不可能是爱莉尔（线索2）或莎拉（线索3），所以她是路易丝。因此2号女孩姓肯特（5）。已知她的帽子不可能是白色或粉红色，而肯特这个姓排除了绿色，所以是黄色。因而爱莉尔一定是3号女孩（线索2）。综上所述，曼尼斯是1号女孩的姓，所以1号女孩是路易丝。而2号女孩的全名是莎拉·肯特。爱莉尔不姓休斯（线索4），所以她姓巴塞特，剩下4号女孩是杰西卡·休斯。

答案：

1号，路易丝·曼尼斯，绿色。

2号，莎拉·肯特，黄色。

3号，爱莉尔·巴塞特，白色。

4号，杰西卡·休斯，粉红色。

092 填补圆中问号

B。圆点的位置每隔4个部分重复1次。

093 寻找凶器

用来勒死死者的凶器，原来是被害人自己头上长长的头发。最初，被害人的头发是一个或两个编在一起的辫子，与死者一道淋浴的凶手，从其身后将长长的辫子绕在她的脖子上，使其窒息而死。

094 时间图形

B。黄色的点表示时钟的表针。问号处

的时间应该是 3:00-9:00 = 6:00。

095 规律移动

A。

096 符合规律

D。秒钟数朝前走30，朝后走15，交替变化。分钟数朝后走10，朝前走5，交替变化。时钟数朝前走2，朝后走1，交替变化。

097 红绿灯

B。从上到下，交通灯的颜色依次是红色、黄色和绿色。它们的变化情况如下：红色和黄色一起变成绿色，然后是黄色，再次是红色。当黄灯亮的时候，接下来应该是红灯亮。

098 折叠图形

E。

099 替换数字

答案如下：

$$
\begin{array}{r}
1\,7 \\
\times\ \ 4 \\
\hline
6\,8 \\
+\ 2\,5 \\
\hline
9\,3
\end{array}
$$

100 色子家族

C。其他色子都可以用上方的那张图纸折出来。

101 字母填空

B。把大正方形分成4个部分，每个部分的字母都按相同的形式排列。

102 聚餐

阿里斯德尔点的是鳕鱼套餐，有一个比萨，付了40元；多戈尔点了一个北大西洋鳕鱼，有一个面包，付了45元；莱恩点了一个加拿大鲽鱼，并点了薯片，付了60元；莫顿点了一个鳐鱼套餐，含一个玛氏巧克力棒，总共付了55元；尼尔点了一个鲽鱼套餐，含一块芝士，付了50元。

103 间谍之死

双重间谍R出身罗马在题中被特别强调出来。一提到"出身罗马"，就要想到X不仅只是一个字母，而且是一个罗马数字的10。那么R肯定是要写XII，但没写完就断了气。XII是12号，杀死R的人肯定是A间谍。

104 缺失的正方形

折叠正方形，然后打开，依此类推。正方形的一面是红色，另一面是黄色。

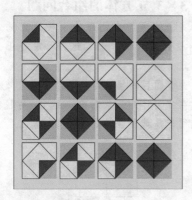

105 图形接力

F。在每个图形中，蓝色的圆组合在一起，形成直边的多边形。从左向右，再从上面一行到下面一行，每个多边形的边数从3条到8条，分别增加1条。

106 死里逃生

很容易就能使他们分开。一个人质用双手抓住他的绳子，使他的绳子在他同伴的另一侧形成一个松弛的绳圈。然后他把绳圈塞进同伴手腕上的套索中，并将绳圈绕过同伴的手指。当他把绳圈绕过同伴的手并从套索中拉出后，他们就自由了。

107 填补空白

C。从左上角开始并按照顺时针方向、以螺旋形向中心移动。7个不同的符号每次按照相同的顺序重复。

108 多余的图片

F。它是唯一带有圆边的图片。

109 图形填空

A。上面图中的每个小方块都在下面的图中有小方块相对应。

110 想象图形

B。在每一行中，交叉点向下移动。在每一列中，交叉点向右移动。

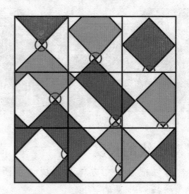

111 补充图案

C。每行的图形不论颜色如何都是顺序重复着的。

第四章 空间思维名题

001 宇航员逻辑题

1.C 2.G 3.F
4.A 5.B 6.E
7. 睡着了 8.D 9.H

002 三角形三重唱

三幅画如图所示，分别是tea（茶），eye（眼睛）和bee（蜜蜂）——这些单词大声念出来时都是字母的发音（T, I, B）。

003 藏着的老鼠

004 对角线的长度

他可以把3个立方体排列成如图所示的样子，然后测量x的长度。

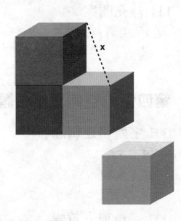

005 在镜子中的记忆

略。

006 立方体上色

这8个立方体的上色可以用一个平面的席雷格尔表格表示，这跟三维的立方体是拓扑等价的。

最少需要3种颜色，如图所示。

007 3×3 立方体的组合问题

我们处理组合问题的一般的直觉方法是先放置最大的，其实这并不总是正确的策略。

这道题目的秘诀是这3个小立方体必须被放在立方体的一条对角线上。然后我们就可以很容易地放置其他大一些的积木了。

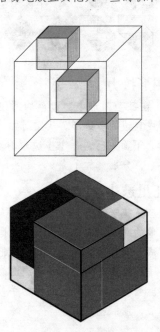

008 神奇的风筝

答案如下图:

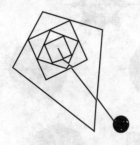

009 8个多格拼板

5个四格拼板不能正好放入4×5的长方形中。T形的四格拼板放进去覆盖住了3个黑色格子和1个白色格子,剩下的4个都是覆盖住2个黑色格子和2个白色格子。因此这5个四格拼板覆盖的黑色和白色格子数必须分别都为奇数,但是题中长方形里的黑色和白色格子各10个,因此,答案是不能放入。

010 把三角形放进正方形

可以放入5个等边三角形的最小正方形的边长为1.803个单位。

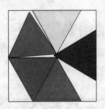

011 棋子

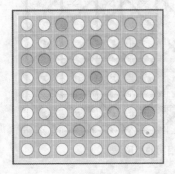

012 五格六边形

如图所示。

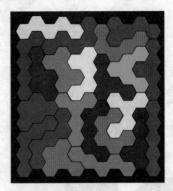

013 正方形里的正方形

如果不断重复这个过程,那么最终的结果就是黄色部分的面积将会一直增加,直到它的面积最后等于原来正方形的面积。这个结果听上去令人摸不着头脑,但是这种结果在处理无限问题的时候并不算是非常特殊的。

第1次分割:新出现1个黄色正方形,其面积为$1/9 \approx 0.111$

第2次分割:新出现8个黄色正方形,其面积分别为$(1/9)^2$。因此此次分割后黄色部分的总面积为$8 \times (1/9)^2 + 0.111 \approx 0.209$

第3次分割:新出现8^2个黄色正方形,其面积分别为$(1/9)^3$,此次分割后黄色部分的总面积等于$8^2 \times (1/9)^3 + 0.209 \approx 0.297$

第4次分割:新出现8^3个黄色正方形,其面积分别为$(1/9)^4$,此次分割后黄色部分的总面积等于$8^3 \times (1/9)^4 + 0.297 \approx 0.375$

这个图形变得逐渐清晰。黄色部分的总面积是一个无限的数,它等于:

$1/9 + 8 \times (1/9)^2 + 8^2 \times (1/9)^3 + 8^3 \times (1/9)^4 + \cdots$

如果我们根据这个式子算到第25次分割,黄色部分的面积总和就已经约为0.947,这个数字与原正方形的面积1已经非常接近了。

014 三角形的内角

如图将三角形的 3 个角分别向内折，中间形成一个长方形，这样 A、B、C 三个角加起来正好是一个平角，也就是相加之和等于 180°。

除了欧几里得平面，还存在球面和双曲球面，在球面上的三角形 3 个内角之和大于 180°，而在双曲球面上的三角形内角和则小于 180°。

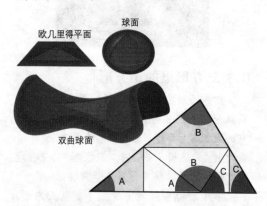

015 双胞离体

沿虚线剪开。

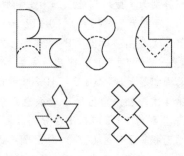

016 看进管子里

盯着图看，这个人一会儿在管子左边，一会儿在管子右边。

017 对称轴

如图所示，有 2 个图案的对称轴不是 8 条。

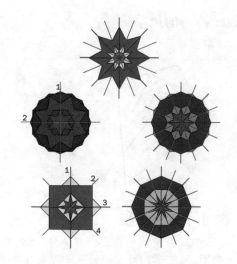

018 六角星

对于六角星迄今只有一种解法。

019 有趣的图案

这个图案是由 25 个闭合图形组成的，它们可以分成 3 组。

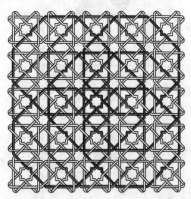

9 个相同的图形

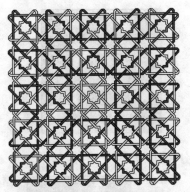

12个相同的图形，图形方向不同

4个相同的图形，图形方向不同

020 停车场

如图所示：

021 穿过黄色小圆圈

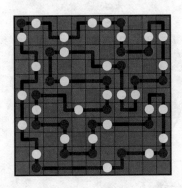

022 田野

P38，R17，C6。

023 不可思议的鸠尾接合

这两块模型是如图所示接合而成的，因此只要斜向滑动就能将这两块模型分开。

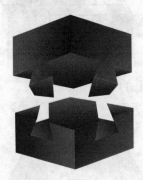

024 金鱼

从鱼身反射出的光线，由水进入空气时，在水面发生了折射，而折射角大于入射角，折射光线进入人眼，人眼逆着折射光线的方向看去，觉得这些光线好像从它们的反向延长线的交点鱼像发出来，鱼像是鱼的虚像，鱼像的位置比实际的鱼的位置要高。

光线在不同介质中的传播速度是不同的。光在水里的传播速度比在空气中要慢，同时光线由水里进入空气中时，在交界面上产生了折射。

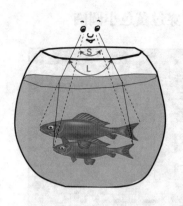

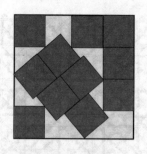

025 黏合纸环

最后得到的是3个两两相连的纸环，其中2个是简单纸环，1个是麦比乌斯圈。

030 分割非正的正方形

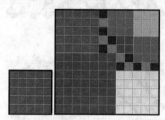

026 立方块序列

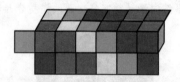

031 帕瑞嘉的正方形

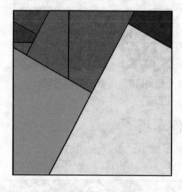

027 非正的六边形

如图所示，这个六边形可以分成的最少的等边三角形的数目是11。

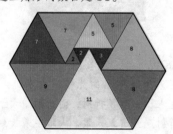

032 增大体积

你的体重将会变成原来的8倍。

如果所有测量长度的工具都变为原来的2倍，那么一个二维物体的面积将会增加到原来的4倍（2×2）。

同样，一个三维物体的体积将会变成原来的8倍（2×2×2），因此重量也会变成原来的8倍。

028 动物园的围栏

在面积相等的3个围栏中，正方形围栏所用的材料最少。

029 组合单位正方形

正方形的边长是3.877个单位长度。倾斜的正方形以40.18°的角度倾斜。

033 视图

另一个黑面。这道题也要画一个展开图来考虑，但你很快会发现自己被捉弄了，那就是因为存在两个黑色的面，黑色面的对面还是一个黑色的面。

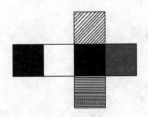

034 拼长方形

这 11 个长方形的总面积同一个 21×21 正方形的面积相等。这样一个正方形能包含这 11 个长方形吗？

我最好的成绩是把除了第 6 个长方形（5×6 长方形）以外的所有长方形都拼起来。

21×21 正方形不能被这 11 个长方形完全覆盖。

可以装得下所有 11 个长方形的最小的正方形是一个 22×22 正方形。

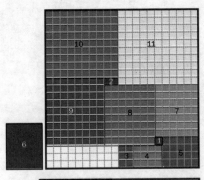

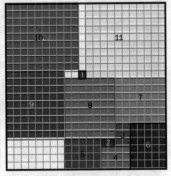

035 萨瓦达美术馆

我们可以用下面的定理来解决这个美术馆的问题。

如图所示，将这个美术馆的平面图分成若干个三角形，每个三角形的顶点分别用 3 种不同的颜色标注出来，每个三角形所用的 3 种颜色都相同。最后在出现次数最少的颜色的顶点处安放监视器。

但是这个办法只能帮助我们从理论上知道需要放多少台监视器。

按照这一定理一共需要 6 台监视器，然而在实际操作中只需要 4 台就够了。

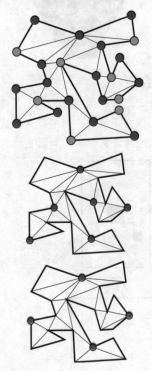

036 卡利颂的包装盒

下图是一种解法的直观图。

在该题中，3 种颜色的卡利颂必须分别占糖果总数的 1/3。

你有没有发现，下图 3 种颜色的卡利颂组成了一个非常具有立体感的图形。

037 颜色不同的六边形

如图所示，这是解法之一。

038 胶合板

先沿着图 1 中的虚线切割，然后，将上面那块儿板向下滑动，使它挪到左边，这样便可得到一块儿实心板（如图 2 所示）。

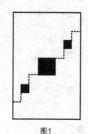

图1

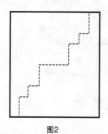

图2

039 立方体结构

数一下粘在一起的表面的个数，然后把它从 96（16 个小立方体的总的表面积）里

面减去，就得到了该图形的表面积。

图形 2 的表面积最大，因为它只有 15 对表面粘在一起。

040 游动的鱼

041 粉刷匠

1. BOOKCASE（书橱）

2. WASTEBASKET（废纸篓）

3. DESK（书桌）

4. OFFICE CHAIR（办公椅）

5. SPEAKERS[2（] 两只音箱）

6. RUG（地毯）

7. FLOOR LAMP（落地灯）

8. WELCOME MAT（门口的擦鞋垫）

9. BED（床）

10. BARBELL（杠铃）

11. SUITCASE（小提箱）

12. DOOR（门）

13. IN-LINE SKATES（轮式溜冰鞋）

14. NIGHTSTAND（床头柜）

15. BIKE（自行车）

16. PAINT CAN（漆罐）

如图所示：

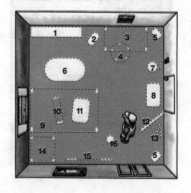

042 隐藏的立方体

问 1: 18 个面。

问 2: 26 个面。

043 隐藏的正五角星

044 圆形拼接

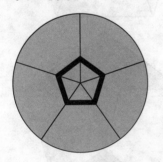

045 火柴正方形

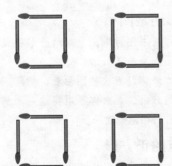

046 重叠镶嵌

如图所示。

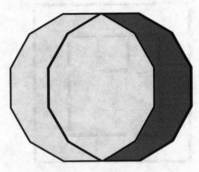

047 油漆窗户

图中的阴影部分就是应漆成蓝色的地方。

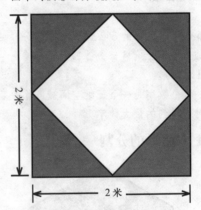

048 三维形数

四面体数: 1, 4, 10, 20, 35, 56, 84。这类数的公式是 $1/6n(n+1)(n+2)$。

正方锥数: 1, 5, 14, 30, 55, 91, 140。这类数的公式是 $1/6n(n+1)(2n+1)$。

其中 n 代表小球所在的层的序数, 而每一层的小球数等于 n^2。

最底层小球的数量是 100。

整个四面体的小球数是:

$1+4+9+16+25+36+49+64+81+100$
$=385$。

049 彩色铅笔

050 分割空间

15 部分。

这些部分如下：四面体的 4 个顶点上有 4 部分；四面体的 6 条边上有 6 部分；四面体的 4 个面上有 4 部分；四面体本身。一共有 15 部分。

这个数字是一个三维空间被 4 个平面分割时能得到的最大数字。

051 六边形的分割

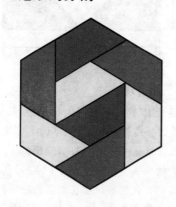

052 地毯

他先沿着图 1 中的虚线把地毯剪开，然后，再把上半部分的地毯向左下方移动，这样，就正好可以与下半部分的地毯合并在一起（见图 2）。然后，将它们缝合成一个完整的正方形地毯。

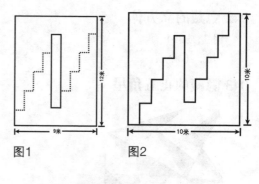

图1　　　　　图2

053 五边形的变换

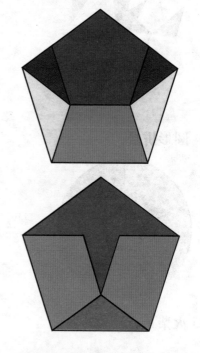

054 凸形还是凹形

如果你将书倒过来，原来的凸形变成了凹形，凹形则变成了凸形。

但是如果你盯着这些图形看，想象光是从下面投过来的，那么你不用将这一页倒过来，也能看到相同的效果。

055 顶点的正方形

这是一个经典的变换视觉主体图形的问题。有些二维的图形在解读它的三维效果时有多种方法。这个顶点处的正方形可以有 3 种方法来解读它，但是其中每一种印象都不会持续很久。

056 旋转的窗户

如果窗户慢速旋转，你看到的将是一个摆动的长方形！

如果你在窗户的一个洞里面插上一支铅笔，甚至会出现更奇特的现象。有些人会看到铅笔改变了方向——它看上去像从中间弯折或者扭曲了，并且随着旋转，它的速度和形状看上去都发生了改变。

窗户边的阴影会引起更多复杂的错觉。

在旋转的窗户上附上任何小东西（如小鸟），这个小东西看上去都在与窗户做反方向运动。

057 画线

答案如下：

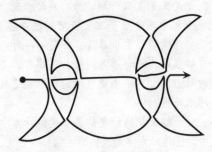

058 中空的立方体

如果你观察得足够仔细的话，还可以将立方体的 4 个面画出来。

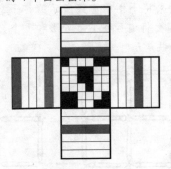

059 有洞的色子立方

看得见的洞（逆时针方向）如下。

上面的洞：4-2-3-6

左边的洞：5-4-1-3

右边的洞：6-2-1-2

看不见的洞如下。

底部的洞：3-5-3-2

左边的洞：5-6-1-2

右边的洞：3-1-3-6

要记住现在的色子都是沿逆时针方向增加点数的。

060 不可能的结构

如图所示。将这种方法重复 6 次，就完成了这个看似不可能的结构。

061 12 个五格拼板

这 12 个五格拼板在棋盘上的摆放位置有很多种，最后总是会留下 4 个方格。无论这 4 个方格选在哪里，总是可以将这 12 个五格拼板放进去。如图所示为答案之一。

062 狗窝

图中虚线已经将所要移动的火柴说清楚了。

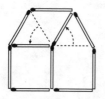

063 锯齿状的五格拼板

如图所示。

064 想象正方形

C。

065 最少的五格拼板

如图所示，最少5个。

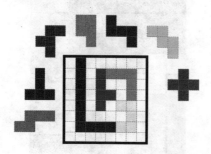

066 移走木框

当木框按照正确的顺序移走后，得到的单词是CREATIVITY。

067 虹吸管

这个模型展示的是间歇虹吸原理。

将这个模型倒过来，水首先会慢慢地流到中间的空厢，直到水位到达弯管的顶部，这时马上就会出现虹吸现象，迅速将中间空厢里的水抽干。这个过程将会不断重复，直到上面空厢里的水被完全抽干。

为什么会出现这样的现象呢？

虹吸管长的一端的水的重量要大，引起水从上面的空厢流出，直到上面的空厢被抽空。

虹吸现象之所以发生，最根本的一点是出水口要比入水口低。

很多世纪以前虹吸现象就被工程师所熟知，它被广泛运用在多个领域。最典型的一个例子是文艺复兴时期建造的自动喷泉。它是一个包含多个管子和虹吸管的复杂装置，这个自动喷泉上有机器鸟，每隔一段时间就会自动唱歌，还会扇动翅膀，这些靠的都是水的动力。之后一个更有名的运用就是厕所的冲水马桶。

对于虹吸管的研究是属于流体动力学领域的，流体动力学是流体力学的一个分支。

如果把这个模型再次倒过来，虹吸现象就会再次出现。

068 钉子

如果将下图中虚线所示的钉子拿走的话，那么将有5个小正方形和1个大正方形，一共是6个。

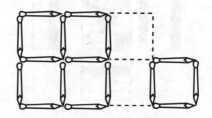

069 结的上色

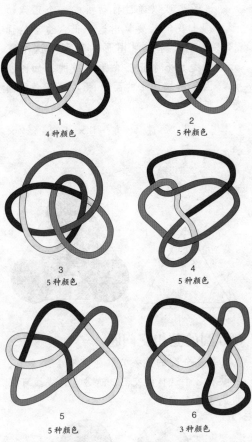

1
4 种颜色

2
5 种颜色

3
5 种颜色

4
5 种颜色

5
5 种颜色

6
3 种颜色

070 曲面镜

男孩看到的自己是右边凸起。

071 火柴光

可以，吸烟的人能看到经过 2 面镜墙反射出来的火柴光。

在 19 世纪 50 年代，厄斯特·斯托斯提出一个难题：是否存在一间如此复杂的房间，你在里面某处划着了一根火柴，却因为光的反射无法到达而使得有部分空间依然湮没在一片漆黑中？这个问题直到 1995 年才有了答案，加拿大艾伯塔大学的乔治·托卡斯凯回答了这个问题：存在这样一种房间，

其目前可知面积最小的房间平面图有 24 条边。只要火柴光所在的位置恰当，就会至少有另一个相对点处在黑暗中，如图所示（图中的红点）。乔治·托卡斯凯把它叫作最小不可照明的房间。

在托卡斯凯房间里有一个特定的划火柴的点，使得火柴划亮之后房间有一部分处在黑暗中，但如果你把火柴稍微移动一点，整个房间就又变亮了。

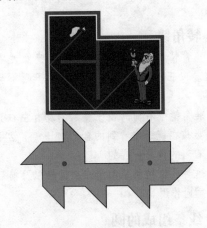

072 麦克马洪的彩色三角形

073 木匠活儿

下图展示了胶合板的切法以及 3 块板的拼法。

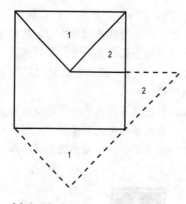

074 转角镜

正常情况下，镜子将物体的镜像左右翻转。以正确角度接合的两面镜子则不会这样。

转角镜中右面的镜子显示的没有左右变化，男孩在镜子中看到的自己和日常生活中别人看到的他是一样的。

这种成像结果是由于左手反转以及前后反转同时作用。

075 线条组成的圆

这是弗雷泽螺旋的一种变形，由一系列同心圆组成。

076 三维图

可以看到一颗心。

077 立方体展开

C。

078 分割牧场

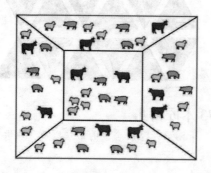

079 飞去来器

该图形可以通过移动拼成一个正六边形，那么我们只要算出这个正六边形的面积，就可以得到原图形的面积。这个正六边形是由 6 个正三角形组成的，如图所示。因此所求图形的面积 =6× 正三角形面积，即：

$$6 \times \frac{1}{2} \times 底 \times 高 = 6 \times (\frac{1}{2} \times 2 \times (\sqrt{2^2 - 1^2})) = 6$$

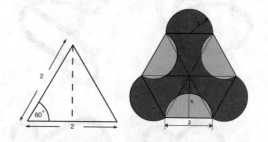

080 圆的弦相交问题

每 3 个圆的 3 条公共弦都有 1 个交点，一共有 3 个这样的交点，这 3 点连成线可以组成 1 个三角形。

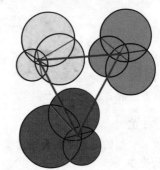

081 分割五角星

082 六边形变成三角形

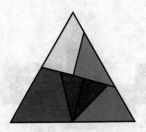

083 七角星

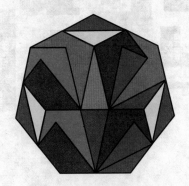

084 五角星

085 心形七巧板

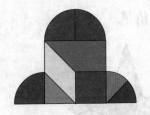

086 雪橇

答案如图所示（下图有6个小三角形和2个大三角形）。

087 圆形七巧板

088 正方形变成星星

089 重组五角星

090 麦比乌斯圈上色问题

如图所示，至少要用 4 种颜色上色才能满足题目要求。

091 房产规划

答案如图：

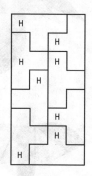

092 神秘的洞

沿 L 形的方向剪下正方形的一部分，然后将其向对角翻转，令有洞的部分居于纸张中心。

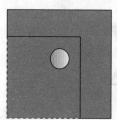 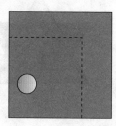

093 五格拼板的 3 倍

如图所示。

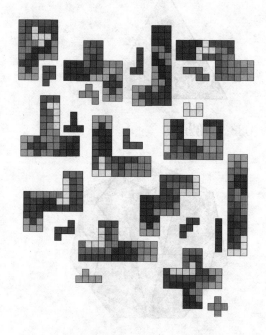

094 六边形游戏

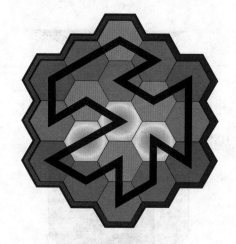

095 三角形与三角形

我们可以利用反向思维。如图所示，将三角形的底边 3 等分，将 2 个等分点分别用记号笔标注。然后从每个等分点出发分别画

4条线段：2条线段分别与三角形的两腰平行，一条线段为等分点与三角形上面的顶点的连线，另一条是与另一等分点与三角形顶点连线相平行的线段。然后沿着这些线段把三角形剪开，这样就得到了12个三角形。

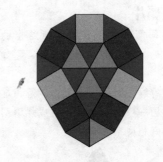

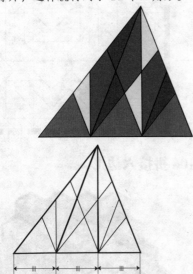

098 设计图

答案如下图所示：

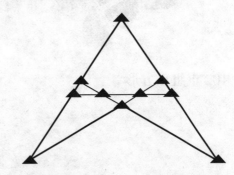

096 立方体魔方

这里给出其中一种解决方法。

099 最短的六边形

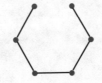

100 三分三角形

如图所示。

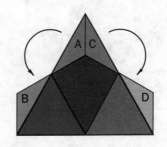

097 正方形和三角形

　　如图所示，至少需要7个正方形和13个三角形；其中由6个正三角形所组成的凸五边形可以用来作为十一边形的核心。

101 八色金属片

将8个不同颜色的纸片拼入所给出的不规则图形中，且不出现重复，答案如图所示。

此类题目的解法同拼图类似，但是稍难一些，因为拼图一般都是将碎片拼成规则图形，而此题恰好相反。

102 重组正方形

103 数一数

23 个正方形。

104 果园

答案如下图所示：

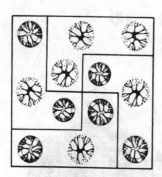

105 光路

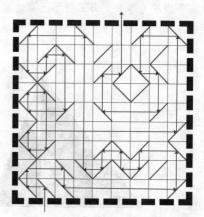

106 拼接六边形

107 分割多边形

一般情况下，正多边形能够分割成不相交的三角形的个数从三角形开始分别是：

1，2，5，14，42，132，429，1430，4862，…

这些数也被称之为加泰罗尼亚数字，以尤根·加泰罗尼亚（1814 ~ 1894）的名字命名。它们在组合数学的很多问题中都经常出现。

第五章　转换思维名题

001 包装小组

包装纸应该是冬青树图案的那个（5卷中间那卷），丝带应该是深绿的那盘。

002 反射镜

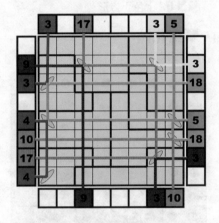

003 分开链条

只需要打开最下面的链子。上面的两根链子并没有连接在一起。

004 闪烁的栅格

在这个例子中，视觉系统对中心和背景的反应时间可能存在微小的差异。对中心的反应更快、持续时间更短，这引起了交叉点闪烁。环顾图片时，视觉系统对白色交叉点做出反应，发出强烈的白色信号，但是如果凝视任何交叉点，随即信号就会变弱，背景的侧抑制发生了，视觉系统感知到的就是交叉点变暗了。

005 雪落进来了

006 灰色条纹

两个灰色竖条纹的灰度是一样的。由于局部同时对比，产生了令人惊讶的效果——被白色环境包围的灰色条纹看起来要比被黑色环境包围的灰色条纹亮。

007 双菱形

两个菱形具有相同的亮度。

008 线条

这些线条实际上是笔直而且平行的，然而给人的感觉是弯曲的。错觉是由大脑皮质的方向敏感性的简单细胞引起的，这种细胞对空间接近的斜线和单向斜线产生交互影响，造成了弯曲效果。

009 整理书籍

至少需要移动5次书：

1. 红色的书放在第一堆书上。
2. 橘色的书放在第三堆书上。
3. 红色的书放在第二堆书上。
4. 黄色的书放在第三堆书上。
5. 红色的书放在第三堆书上。

010 鱼

它们有的向左游，有的向右游。

011 非传递的色子

A 胜 B，B 胜 C，C 胜 D，而 D 胜 A。

我们可以把这个游戏中各种可能性都列出来分析：

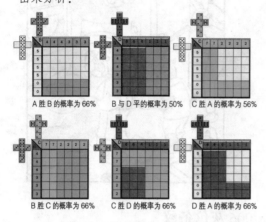

A 胜 B 的概率为 66%　　B 与 D 平的概率为 50%　　C 胜 A 的概率为 56%

B 胜 C 的概率为 66%　　C 胜 D 的概率为 66%　　D 胜 A 的概率为 66%

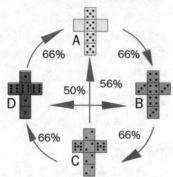

012 成对的珠子

最少应由 16 颗珠子组成，如图所示。

要用 n 种颜色组成一个圆圈，使该圆圈包含这些颜色中任意 2 种颜色的所有组合，那么这个圆圈最短的长度是 n^2。

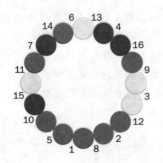

013 轨道错觉

开普勒当然是正确的，但是这幅图里面的椭圆并不是真正的椭圆。在它中部其实是两条平行的直线，但是在其他射线的干扰下，整个图形看上去像一个椭圆。

014 黑白正方形

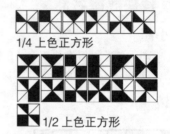

1/4 上色正方形

1/2 上色正方形

015 瓢虫花园

有多种解法，下图是其中的一种。

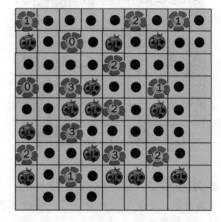

016 猴子

猴子应该按照下面的顺序走遍所有的窗户：10，11，12，8，4，3，7，6，2，1，5，9。这个线路在底部和中部的窗户之间的空间内只经过了 2 次。

017 黑暗中的手套

要解答这道题，首先要考虑到拿到的全部都是左手手套或者全部都是右手手套的情况。它们分别都有 14 只。

在这种情况下，如果拿 15 只一定会拿

到一双手套。

但是可以做得更好。尽管是在黑暗中，还是能够通过触觉分清左右手套。考虑到最差的情况，可以拿13只左手手套或者13只右手手套，然后再拿一只另一只手的手套。这样至少会有一对手套。也就是说，一共只需要拿14只手套就可以完成任务。

两种情况分别如图所示。

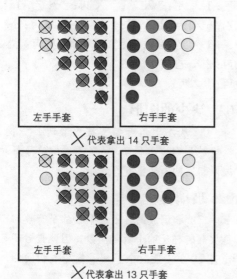

X代表拿出 14 只手套

X代表拿出 13 只手套

018 第 12 根木棍

8-10-7-3-2-11-5-4-13-1-6-9-12

019 红色圆圈

没有凹下去。这个类似红色圆圈的图形根本就不是一个标准的圆，下图中红色细线标出来的才是一个标准的圆。

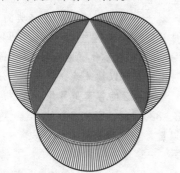

020 蝙蝠

021 结冰的池塘

倒影的不同：撞在一起的男孩位置反了；撞在一起的男孩手套变成不分指手套了；倒影的6看起来应该像9才对；黄色帽子上的长尾部变短了；紫色的裤子款式变了；牵狗女孩的发型变了；狗的皮带绳不见了；狗身上的斑点变了；牵手男人的倒影没有连着；牵手男人（右）的鞋子颜色变了；睡着的狗没有倒影；跳起来的男孩裤子颜色变了；跳起来的男孩的冰刀没有倒影；坐着的女孩倒影中多了一副眼镜；坐着的女孩外套上的补丁变了；快摔倒的男人的冰刀在倒影里成了轮滑鞋。

022 船

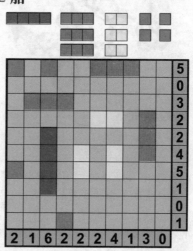

023 平行线

如图所示，图中用箭头标出来的那条线与其他直线都不平行，它有点倾斜。这个小小的改动使这条直线看起来与它左右相邻的直线平行。但事实上不是，它是唯一与其他直线都不平行的直线。

024 有几个结

如图所示，绳子拉开之后有2个结。

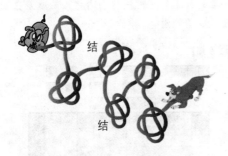

025 蚂蚁队列

1.令人惊讶的。

2.令人惊讶的。

3.不是令人惊讶的。因为在这个队列中，1个红蛋和1个蓝蛋前后距离为2的情况出现了2次。

4.不是令人惊讶的。因为1个红蛋和1个黄蛋前后距离为4的情况出现了2次。

5.令人惊讶的。

6.不是令人惊讶的。因为1个红蛋和1个蓝蛋前后距离为1的情况出现了2次。

026 五碗巧搬

1入丙；2入乙；1入乙；3入丙；1入甲；2入丙；1入丙；4入乙；1入乙；2入甲；1入甲；3入乙；1入乙；2入乙；1入乙；5入丙；1入甲；2入丙；1入丙；3入甲；1入乙；2入甲；1入甲；4入乙；1入丙；2入乙；1入乙；3入丙；1入甲；2入丙；1入丙。

027 缺少的图形

C。从左上角开始并按照顺时针方向、以螺旋形向中心移动。7个不同的符号每次按照相同的顺序重复。

028 玻璃杯

正放和倒放的杯子的个数都是奇数，而每次翻转杯子的个数是偶数，因此最后不可能将10个（偶数个）杯子都变成相同的放置情况。

奇偶性这个词在数学中首先是被用来区别奇数和偶数的。如果两个数同是奇数或者同是偶数，就可以说它们的奇偶性相同。

每次移动偶数个杯子，这样就保留了图形的奇偶性。

029 L形结构的分割问题

显然L形结构可以被分割成任何3的倍数。对于n=4的答案是一个经典的难题，这时被分割成的部分是和原来一样的L形结构。（这种图形被称作"两栖动物"，因为每个这种图形都可以被继续分割成4部分。）

对于n＝2的答案是另外一种图形（同n＝8，32，128，512，…的答案类似）。你可以把每个部分都分割成和它原来一样的4部分吗？

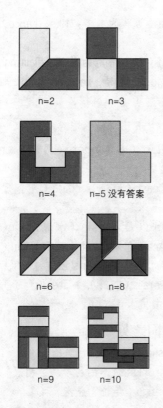

n=2   n=3

n=4   n=5 没有答案

n=6   n=8

n=9   n=10

030 猫和老鼠

一共有 4 种不同的解法，最少都需要 4 次才能将它们全都带过河。如图所示是其中的一种解法，其中 M 代表老鼠，C 代表猫。

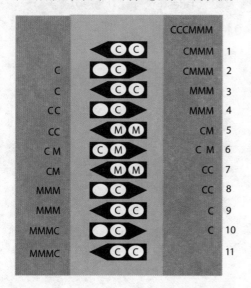

031 真理与婚姻

他应该问其中一位公主："你结婚了吗？"

不管他问的是谁，如果答案是"是的"，那么就说明艾米莉亚已经结婚了；如果答案是"没有"，那么就说明莱拉已经结婚了。

假设他问的是艾米莉亚，她是说真话的，如果她回答"是的"，那么就说明她已经结婚了。如果她的回答是否定的，那么结婚了的那个就是莱拉。

假设他问的是莱拉，莱拉总是说假话。如果她回答"是的"，那么她就还没有结婚，结婚了的那个是艾米莉亚；如果她回答"没有"，那么她就已经结婚了。

因此尽管这个年轻人仍然不知道谁是谁，但是他能告诉国王还没有结婚的公主的名字。

032 奇怪的球

1. Gumball 口香糖
2. Handball 手球
3. Basketball 篮球
4. Crystal ball 水晶球
5. Football 足球
6. Hair ball 毛球
7. Meatball 肉团
8. Pinball 弹球
9. Mothball 卫生球

033 馅饼

这个馅饼可以切成 11 个大小不同的碎块（如图所示）。

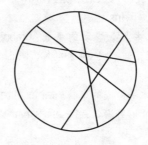

034 直尺下落

通过这个实验可以测试出你的反应时间。这个反应时间就是从松开直尺到握住直尺它所滑落的距离。

你用一只手握住直尺的顶部，让你的朋友食指和拇指稍稍分开，对准直尺上的 0 刻度处。突然松开直尺。你的朋友抓住直尺时所捏住的刻度就是他的成绩。

035 跟 ABC 一样简单

1. Apes Breaking Crayons(猿猴折断蜡笔)。

2. Ants Building Castle(蚂蚁筑城堡)。

3. Alice BuyingCherries(爱丽丝买浆果)。

4. Angels Baking Cookies(天使烤蛋糕)。

5. Adam Balancing Cows(亚当平衡牛)。

6. Astronauts Brushing Cats(宇航员给猫刷毛)。

036 古怪的职业

Preacher and teacher（传道士和教师）

Skater and waiter（滑雪者和服务生）

Diver and driver（潜水员和司机）

Charmer and farmer（魔术师和农民）

Fighter and writer（拳击手和作家）

Drummer and plumber（鼓手和管道工）

Sailor and tailor（水手和裁缝）

Chef and ref（厨师和裁判员）

037 物以类聚

1. e（都是棒球队的名称：Pirate, Angels, Tigers, Twins）

2. b（能够上下移动的事物：Drabridge 吊桥，yoyo 溜溜球，elevator 电梯，winshade 遮光帘）

3. c（用木头做成的事物：marionette 木偶，picnic table 野餐桌，baseball bat 棒球棒，pencil 铅笔）

4. a（男孩的名字：Mike, Lance, Bill, Jack）

5. d（以 o 结尾的单词：flamingo 火烈鸟，banjo 斑鸠琴，volcano 火山，taco 墨西哥玉米卷）

038 三 "人" 行

1. Nest（鸟巢），nets（网兜），tens（十元钞票）

2. Coast（海岸），coats（外套），tacos（墨西哥玉米卷）

3. Inks（墨水），sink（水槽），skin（皮肤）

4. Art（艺术），rat（耗子），tar（柏油）

5. Arms（胳膊），rams（公羊），Mars（火星）

6. Petals（花瓣），plates（盘子），staple（订书机）

039 相同之处

1. shells（外壳）

2. trunks(汽车的行李箱、树冠、象鼻）

3. rings（年轮、戒指、环）

4. teeth（锯齿、梳子齿、牙齿）

5. poles（杆）

6. tails（尾巴、尾部）

7. bows（弓、结、琴弓）

8. blades（尖叶、刀片、刀刃）

040 单词转盘

041 堆色子

看不见的那些面的总点数为155。这个结果可以用这10个色子的总点数（21×10=210）减去看得见的点数得到。

042 阿基米德的镜子

尽管许多科学家和历史学家都对这个故事着迷，但是他们都判定这是个不可能完成的功绩。不过有几个科学家曾试图证明阿基米德的确能使罗马舰船突然冒出火苗。这些科学家的假设是，阿基米德用的肯定不是巨型镜子，而是用非常多的小反射物制出一面大镜子的效果，这些小反射物可能是磨得非常光亮的金属片（也许是叙拉古战士的盾牌）。

阿基米德所做的是不是仅仅让士兵们排成一行，命令他们将太阳光聚焦到罗马船只上呢？

1747年法国物理学家布丰做了一个实验。他用168面普通的长方形平面镜成功地将330英尺（约100米）以外的木头点燃。似乎阿基米德也能做到这一点，因为罗马船队在叙拉古港湾里距离岸边肯定不会超过大约65英尺（约20米）。

1973年一位希腊工程师重复了一个与之类似的实验。他用70面镜子将太阳光聚集到离岸260英尺（约80米）的一艘划艇上。镜子准确瞄准目标后的几秒钟内，这艘划艇开始燃烧。为了使这个实验成功，这些镜子的镜面必须是有点凹的，而阿基米德很有可能用的就是这种镜子。

043 面包店

从下图的水平方向可以将这个面包切成10份。

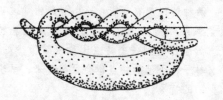

044 西尔平斯基三角形

第4次分割之后的图形如图所示。

045 给重物分组

046 连续的唯一数字

题1：一共有90个两位的阿拉伯数字，如下图所示。在它们之中有8个有连续的数字，所以答案是82个两位数。

10	11	12	13	14	15	16	17	18	19
20	21	22	23	24	25	26	27	28	29
30	31	32	33	34	35	36	37	38	39
40	41	42	43	44	45	46	47	48	49
50	51	52	53	54	55	56	57	58	59
60	61	62	63	64	65	66	67	68	69
70	71	72	73	74	75	76	77	78	79
80	81	82	83	84	85	86	87	88	89
90	91	92	93	94	95	96	97	98	99

题2：有9个两位数包含有相同的数字，所以答案是81个两位数。

题3：也许你可以在一分钟之内做完这一长串的计算。但是对于任何的这类四位数只要算一次就可以了，如图所示。你甚至可以按照这样的程序算到十位数。这些不同的数字叫作唯一数字。

345	543 − 345 =	198
456	654 − 456 =	198
567	765 − 567 =	198
678	876 − 678 =	198
789	987 − 789 =	198
1234	4321 − 1234 =	3087
2345	5432 − 2345 =	3087
3456	6543 − 3456 =	3087
4567	7654 − 4567 =	3087
5678	8765 − 5678 =	3087
6789	9876 − 6789 =	3087

047 炸弹拆除专家

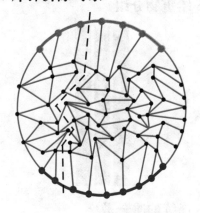

048 数字卡片

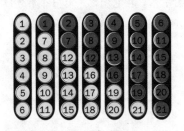

049 重力降落

假设没有摩擦力和空气阻力，这个球将以不断增加的速度一直下落直到到达地心。在那一点它将开始减速下落到另一边，然后停止，再无休止地重新下落。

050 虚幻

你可以看到一位美丽的姑娘望着镜中自己年轻的面容，或者看到露齿而笑的骷髅头。女孩的头和镜中的头组成了头骨的两个眼睛，梳妆台上的饰品、化妆品和桌布组成了牙齿和下巴。

051 兔子难题

有 8 条直线上有 3 只兔子；有 28 条直线上有 2 只兔子；6 只兔子排成 3 排且每排 3 只，可以如下图排列：

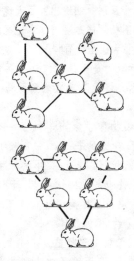

052 佛兰芒之冬

这幅图犯了视觉透视错误。最左边的柱子不可能跑到最前面来。

053 不可思议的平台

画家大卫·麦克唐纳以德尔·普瑞特的"棋盘"为基础创作出这幅"不可思议的平台"。图中的平台现实中是不可能有的。

054 老太太还是少妇

两种解释都有可能。这个经典错觉表明视觉系统如何基于你期望的内容来聚集特点。如果你看到一个特点比如眼睛像少妇，那么鼻子、下巴的特点也会聚集起来，呈现出少妇的特质。

055 玩具头

通过统计这6个玩具头所显示的小球，我们得到了下面的结果：

红色小球：31个　　绿色小球：6个

黄色小球：7个　　蓝色小球：16个

这个数据非常接近我们的正确答案，也就是这60个小球的分布（30个红色、6个绿色、9个黄色、15个蓝色）。

统计学是研究统计理论和方法的学科。很多问题都可以通过统计学的方法来解决。尤其是建立在不确定和不完全的信息基础上的问题。统计学运用样本——也就是从总体中所选取出来的一部分来推导总体。

样本是随机抽取的。因此，概率在统计学中起着非常重要的作用。统计学通过样本来决定总体的构成。

如果我们想通过样本对总体的估计精确到98%以上，那这个样本含量需要多少才可以呢？

如果总体是200个人，那么这个样本至少要包含105个人。如果总体是10000个人，那么样本必须包含213个人。这个玩具头的游戏就是遵循统计学原理的。

如果你对统计学有了一定的了解，你就再也不会相信那种基于错误数据所得出的错误结论了。

056 多形组拉丁拼板

如图所示。

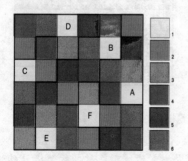

057 折叠4张邮票

可以折出8种。

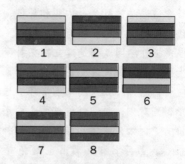

058 小学生的日程安排

解决这类问题可以使用几何方法，如图所示的就是其中一种。圆外环的14个点将圆的周长等分，内环的圆圈中包含5个彩色三角形，它以圆心（图中标的是15）为中心旋转，每次旋转两个单位，最后会形成7种不同的位置，从而每个三角形分别构成7个组，其中每组由三角形的3个顶点的数字组成。

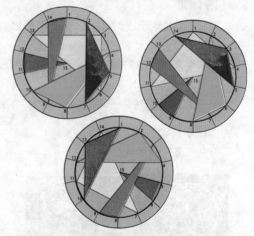

分组情况														
第1天	1	2	15	3	7	10	4	5	13	6	9	11	8	12	14
第2天	1	5	8	2	3	11	4	7	9	6	10	12	13	14	15
第3天	1	9	14	2	5	7	3	6	13	4	8	10	11	12	15
第4天	1	4	11	2	6	9	3	5	14	7	12	15	8	10	13
第5天	1	3	12	2	11	14	4	6	15	5	10	13	7	8	9
第6天	1	10	13	2	4	12	3	8	15	5	9	11	6	7	14
第7天	1	6	7	2	10	14	3	4	9	5	12	15	8	11	13

407

059 图形转换

拓扑学的基本观点包括很多我们在儿童时代就非常熟悉的概念:内侧和外侧、右边和左边、连接、打结、相连和不相连。

很多拓扑学问题都是建立在拓扑变形的基础上的,也就是说改变图形的表面,但不能使表面断开。如果两个图形能够通过拓扑变形得到对方,我们就说这两个图形是拓扑等价的。例如,球体和立方体是拓扑等价的;同样,数字 8 和字母 B 也是拓扑等价的,因为它们中间都有两个圈。拓扑学的基本问题就是把拓扑等价的图形归在一起。

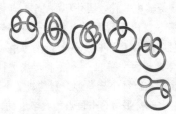

060 游泳池

可以。这个游泳池可以装 50 立方米的水,也就是 50 000 升水。

健康专家建议我们每天喝 2 升水,一年即 730 升。

68 年你就喝了这样一游泳池的水了。

061 曲线上色

至少需要 4 种颜色,如下图所示。

062 十二边形模型

不可能由这些颜色块组合而成的是模型 3,其中一个大的绿色三角形被换成了红色的三角形。

063 六边形的图案

只有这个图案是单独的,其他图案都是成对出现的。

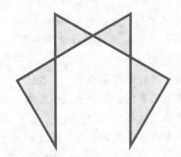

064 图形转换

B。

065 忧郁的狭条

缺失的狭条是:

4	7	8	15

066 200 万个点

我们可以从圆的外面选一点,从这一点向圆发出射线,射线从圆的边缘开始切入。我们可以数这条射线与圆相夹的面积内有多少个点，直到正好为 100 万个点为止。这时这条射线在该圆内的线段就是我们要找的线段。

如果射线一次扫射正好从 999999 个点到了 1000001 个点，那就只能在圆外面另选一个点，重新来试，最后总有一条线会成功的。这就是所谓的馅饼理论的一个简单例子。

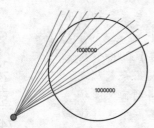

067 10 个人

图中有 5 个脑袋，但是可以数出 10 个完整的身体。

068 圆桌骑士

n 个骑士在圆桌旁的排列应该有：

$$\frac{(n-1) \times (n-2)}{2}$$ 种，即：

$$\frac{(8-1) \times (8-2)}{2} = 21$$ 种。另外的 20 种排列方法如图所示。

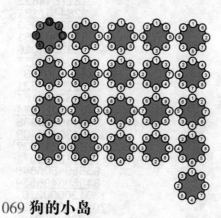

069 狗的小岛

你可以同时看到一个岛屿和两只狗。

070 彩色词

当词和它的颜色不一致的时候，许多人的速度会慢下来。当你试图说出一种颜色时，你通常也会看一下词。这两种不同的信息来源冲突了，从而延长了你的反应时间。

071 比舞大赛

两个舞伴的每个人都分别换了一次姿势。

只有在两张照片中他们是变换了姿势的（也就是说，成镜像），其他照片中显示的都是他们在旋转。

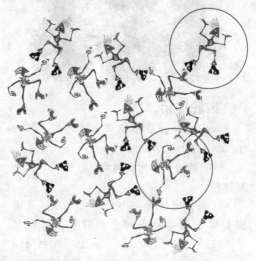

072 4 个力

可以把每 2 个力相加，按顺序算出它们的合力，直到得到最后的作用力，或者把它们按照下面所示加起来。

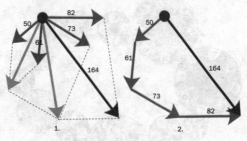

073 类同变化

F。大的部分变小，小的部分变大。

074 齿轮游戏

将中间的齿轮逆时针旋转一个颜色格，所有齿轮相接处的颜色都会相同。

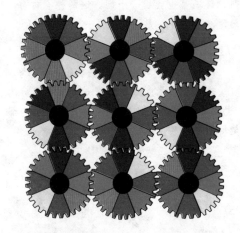

075 齿轮片语

如图所示，最后组成的句子是："The impossible takes longer."

最大的齿轮顺时针转动 1/8 圈就可以得到这句话。

这句话出自于一个无名氏之手，是美国海军工程营纪念碑上的碑铭，其原文是："The difficult we do at once; the impossible takes a bit longer."（困难我们可以马上克服，不可能的任务多一点时间就能完成。）

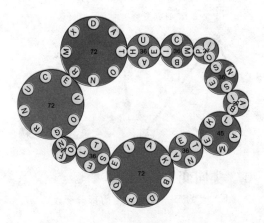

076 回文

希望你没有花太多的力气就得到了一个回文顺序的数。

马丁·加德纳得出结论：在前 10000 个数中，只有 251 个在 23 步以内不能得到回文顺序的数。曾经有一个猜想说："所有的数最终都会得到一个回文顺序的数。"但是这个猜想后来被证明是错误的。

在前 100000 个数中，有 5996 个数从来都不会得到回文顺序的数，第一个这样的数是 196。

89
98
187
781
968
869
1837
7381
9218
8129
17347
74371
91718
81719
173437
734371
907808
808709
1716517
7156171
8872688
8862788
17735476
67453771
85189247
74298158
159487405
504784951
664272356
653272466
1317544822
2284457131
3602001953
3591002063
7193004016
6104003917
13297007933
33970079231
47267087164
46178076274
93445163438
83436154439
176881317877
778713188671
955594506548
845605495559
1801200002107
7012000021081
8813200023188

终于得到一个回文顺序的数了！

077 排列法

一共有 64 种排列方法，如图所示。

078 木板组合

1236+873+706+257+82=3154，加起来可以精确地达到所要求的长度。

虽然把 5 个数字加起来得到 3154 很容易，但是从 8 个数字中准确地找出这 5 个数字就不容易了。

从一个方向操作很简单，但是从反方向操作就相当困难了，我们的题目对于这个事实是一个很好的佐证。这种思想被广泛地应用于密码学的一个新分支，叫作公钥加密。

079 螺旋的连续正方形

11 个连续正方形可以呈螺旋状排列并且不留空隙，但是如果再加入第 12 个正方形，就出现空隙了。

080 20 面的色子

号码球更倾向于从左边的容器移动到右边的容器，直到两边达到一个平衡（即两边容器的号码球相等），这之后变动不是特别大。

因此刚开始几轮左边容器的游戏者更容易赢，他的这种优势甚至一直保持到左边容器变空为止。

但是计算显示出，如果这个游戏持续的时间足够长，所有的号码球最终会全部回到左边的容器中，尽管这需要相当长的时间。

081 苍蝇

大多人都认为苍蝇飞行的最短的路线是从 A 点先到 D 点，然后沿着边飞到 B 点。运用勾股定理，线段 AD 的长度约为 84.85 厘米（勾股定理是指直角三角形的斜边长度等于另外两条直角边的平方和的平方根）。再加上线段 DB 的长度（即 60 厘米），这样，我们得到的总长度为 144.85 厘米。如果，我们从立方体的顶部一条边的中点 C 画出线路 AC，它的长度约为 67 厘米，同时，线段 CB 的长度也是 67 厘米。这样，我们得到的总长度为 134 厘米，很明显这要比第一条路线短得多。

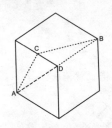

082 贪婪的书蛀虫

书蛀虫一共走了 2.5 厘米。书蛀虫如果要从第 1 册第 1 页开始向右侧的第 3 册推进的话，第 1 件事情就是先从第 1 册的封面开始破坏，之后是第 2 册的封底，接着是 2 厘米的书，然后是第 2 册的封面，最后是第3册的封底。其间，一共经过2个封面、2个封底以及1册书的厚度，即享用了2.5厘米的美味。

083 图形与背景

如果你盯着这个图案看，你会交替地看到放射线条纹部分和同心圆环部分凸显出来。拿绿色的同心圆来说，你既可以把它看成主体图形，而过一会儿之后它看上去又像背景。

我们的眼睛不能从这个部分之中选择主体图形，当眼睛在纸面上来回扫动时，我们看到其中一个部分为主体，而过了一段时间，又看到另外一个部分为主体。这两种印象交替出现。

084 发散幻觉

旋转45°之后，错觉就消失了。

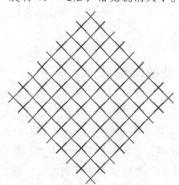

085 哈密尔敦路线

解法之一。

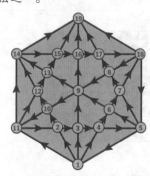

086 中断的直线

绿色的线。

087 图案上色

如图所示，需要4种颜色。

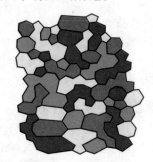

088 卡罗尔的迷宫

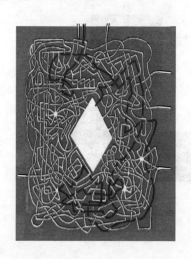

089 第 5 种颜色

　　格雷格的地图只是愚人节的一个玩笑罢了。

　　四色定理在 1976 年被证明，也就是说平面中的任何地图只需要 4 种颜色上色。

　　在马丁·加德纳这篇文章发表后，马上就收到了成百上千的读者来信，信中是他们用 4 种颜色上色的格雷格的地图，下图就是其中的一种。

090 货车卸运

　　如图：

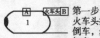
第一步
火车头搭载上货物B行驶到A处，倒车，然后运到如图所示的位置，卸车。

第二步
火头搭载上货物A，行驶到如图所示位置，卸车，然后火车头穿过隧道，到达货物B处。

第三步
火车头搭载上货物B，倒车。

第四步
火车头行驶到货物A处，将A一起搭载上。

第五步
火车头载着货物A和B到达如图所示的位置。

第六步
卸车后火车头环绕铁轨一周，将货物A搭载在车头上。

第七步
将货物A和B运送到如图所示的位置，将B卸下。

第八步
载着A倒车到如图所示的位置。

第九步
将A卸下后，火车头环绕铁轨行驶到如图所示的位置。

第十步
搭载上货物B向货物A处倒车。

第十一步
将货物B运送到如图所示的位置，然后火车头返回到原先位置。

091 玻璃杯

　　最少需要 3 次。

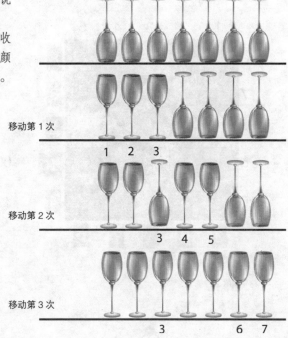

移动第 1 次

移动第 2 次

移动第 3 次

092 有钉子的心

　　如图所示。

093 对结

　　这 2 个结不能互相抵消，但是可以挪动位置，使 2 个结位置互换。

094 折叠问题

这些纸条的折叠顺序应该是 3-8-1-10-5-7-4-6-2-9。

095 弹孔

答案如下图：

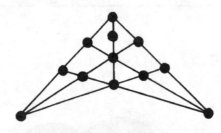

096 中断的圆圈

红色的圆弧。

第六章　急智思维名题

001 球和阴影

相对位置相同。两图唯一的不同在于投影的位置，在上图中，球好像落在方格表面上，并向远处滚动；下图中，球好像悬在方格上方，在上升而不是向远处滚动。

002 拼整圆

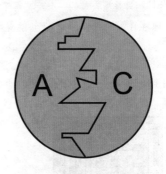

003 数字展览

奇数乘以奇数结果为奇数，一个奇数的任何次幂还是奇数，因此所有的首项都是奇数。图中的画除了第 2 幅以外其余结果都是偶数。

004 加法

答案如下：

$$1+2+3+4+5+6+7+8 \times 9 = 100$$

005 数一数

当然，你可以一个一个地数，但这样花的时间绝对要超过规定的时间。

你可以先迅速分析一下图形的特点，然后再算出点的数量，这样做能够大大提高速度。

每个小正方形中有 10 个点，一共有 9 个这样的小正方形，因此一共是 90 个点。

006 组合正方形

2. BDE。

007 打喷嚏

当你睁开眼睛时你的车已经行驶了约 9.03 米，因此你刚刚避免了一场交通事故。

1千米＝1000米，因此，按照65千米/小时的速度你在半秒钟内行驶了（65×1000）/（60× 60×2）≈9.03米，从而可以避免这场交通事故。

008 遛狗

首先看这9个女孩可能组成多少对。

如右边表格所示，一共可以组成36对。

每一组3人中可以组成不同的3对，因此每一对在12组（每天3组，一共4天）中只会出现一次。下面是符合条件的分组方法：

第1天	123	456	789
第2天	147	258	369
第3天	159	263	348
第4天	168	249	357

1－2
1－3
1－4
1－5
1－6
1－7
1－8
1－9
2－3
2－4
2－5
2－6
2－7
2－8
2－9
3－4
3－5
3－6
3－7
3－8
3－9
4－5
4－6
4－7
4－8
4－9
5－6
5－7
5－8
5－9
6－7
6－8
6－9
7－8
7－9
8－9

009 树的群落

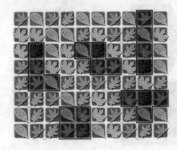

010 瓶子

尽管在解决这个难题时有人会采取将纸带猛拉出来的办法，但是，由于这个纸带太长，因而无法使用。必须先在距离硬币2厘米的地方把纸带从一边剪断或者撕掉才行。然后，抓住纸带的另一端，并且拉直使纸带与瓶子成90度。然后，伸出另一只手的食指，快速击打手与瓶子之间纸带的中间位置。这样，纸带就会快速从硬币下面脱出，同时由于速度很快，硬币会依靠惯性而不至于从瓶子的顶部掉落。

011 检查雪花

完美的雪花是2和7。其他雪花的缺陷在下图中用红色圈圈出来了。

012 数独

2	5	6	9	1	7	3	8	4
1	7	8	3	5	4	9	6	2
9	3	4	8	6	2	7	1	5
5	6	2	7	3	1	8	4	9
3	9	7	2	8	4	1	5	6
4	8	1	5	9	6	2	7	3
6	4	9	1	2	8	5	3	7
7	1	3	6	5	9	4	2	8
8	2	5	4	7	3	6	9	1

013 滑板玩家

一模一样的是B和E。不同：

A．没有后轮上的铁片。

C．短裤变成浅黄色的了。

D．帽子的条纹变成涂满的了。

F．闪电的图案倒了。

G．袖子短了一些。

014 赝品

画：A——眉毛上挑；B——手腕上有手表；C——背景里的云换了位置；D——完美的赝品；E——手的位置反了。

美元：A——没有圆的印；B——完美的

赝品；C——ONE 和 BUCK 位置反了；D——人像方向反了；E——多了蝴蝶领结。

壶：A——完美的赝品；B——长矛变成了三叉戟；C——最上面的那块没有了；D——壶底的颜色反了；E——盾牌上面的星星变成了三角形。

邮票：A——没有火车头最前面的光束；B——工程师头上戴着棒球帽；C——铁轨变成了公路；D——烟囱变成了黄色；E——完美的赝品。

015 多米诺骨牌

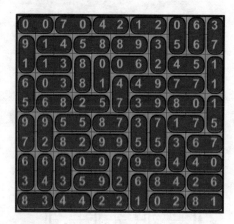

016 网球赛

因为每场比赛都会淘汰一对选手，既然一共有 128 对选手，那么在冠军队伍产生之前会进行 127 场淘汰赛。

017 整数长方形

这种结构的大长方形，要么宽是整数，要么高是整数，或者两者都是整数。这一证明是由数学家斯坦·威根完成的。后来，彼得·温克勒在他的著作《数学智力游戏：极品珍藏》中又给出了一种天才的证明方法。

将大长方形里所有宽为整数的绿色小长方形的上下边线用橘色勾勒并加粗。将剩下的橘色小长方形的左右边线用绿色勾勒并加粗。这样处理之后，最后在这个大长方形中

至少会出现一条连接两对边的路线——要么是从大长方形的左边到右边的绿色路线，要么是从上边到下边的橘色路线（2 种不同颜色的相接处看作其中任意一种颜色，因此最终可能会出现 2 条相交的路线）。从图中可以看出，这个大长方形只有宽为整数。

用这种方法在你自己设计的长方形里试试！

018 面积和周长

如图所示，第 1 组的 4 个图形面积相等，第 2 组的 4 个图形周长相等。这两组中的圆的周长和大小都一样，而第 2 组其他 3 个图形的面积比第 1 组的其他 3 个图形的面积都要小。

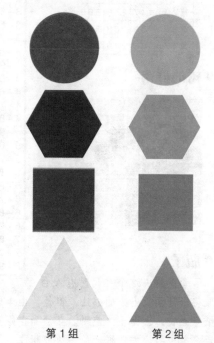

第1组   第2组

019 拇指结

这个结会被打开。

020 数学题

要想不为老师擦车，需要得出下面的答案：

```
  173        8 5
+    4      + 9 2
  177        177
```

021 魔镜，魔镜

　　镜像与原场景的不同：飞机的镜像是错的；飘走的气球成了男孩的头；剧院钟的指针镜像错误；消防员手里多了一个热狗；消防员所在的梯子横杆不见了；输水软管套在了象鼻上；象腿的镜像错误；"Circusis coming" 变成了 "going"；鸟嘴里多了一块比萨；旗子的镜像错误；街灯变成了淋浴喷头；窗户上下颠倒了；仙人掌上下颠倒了；"Toy Story" 里的 R 和 S 镜像不对；剧院上蓝色和橘色的三角形互换了颜色；剧院里女人头发的颜色变了；"EAT" 镜像错误；拿着镜框的男人裤子颜色变了；镜框里面人的镜像和香蕉皮的位置变了；后座乘客的头镜像错误；汽车牌照上的连接符位置变了；轮胎上多了一个大头针；消防水从人行道喷出来；骑车小孩的发型变了；小孩衣服条纹的镜像错了；短吻鳄手里多了一把牙刷；狗的后腿不见了。

022 重要部件

缺少的部件有：

1. 水槽：排水口
2. 皮带：系皮带时需要的金属扣
3. 锅：锅盖柄
4. 喷雾瓶：把液体压入喷雾器的管子
5. 糖果机：糖果出来的出口
6. 铅笔：铅
7. 衬衫：纽扣眼
8. 独轮手推车：支脚

023 飞船

　　如图所示。成对的飞船用字母标示。单独的那个用彩色标示。

024 仔细听

　　成对的是：圆锯和蜜蜂（嗡嗡声），笔和鼠标（敲击声），鞭子和球棒（噼啪声），号角和鹅（雁鸣，喇叭声），钥匙和铃声（叮当声），气球和爆米花（爆裂声），瘪了的轮胎和蛇（嘶嘶声）。

　　问题的答案是：SOUND OFF（大发议论）。

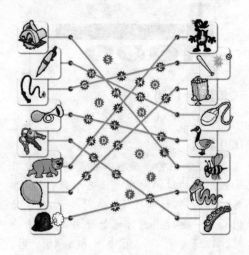

025 动物园

答案如下图：

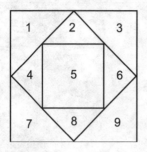

026 找面具

那个生气的面具在第2行右边倒数第2个。

人的感知系统总是能够很容易察觉异常的事物，而完全不需要系统地查找。这个原理被用于飞机、汽车等系统里，从而使它们的显示器能够随时随地地探测出任何异常的变化。

027 8个"8"

028 数字1到9

32547891×6 =195287346

029 赛车

巴里、伯特、哈利和拉里骑车行走1千米所用的时间分别是1/6小时、1/9小时、1/12小时和1/15小时。所以，他们行走一圈所用的时间就分别是1/18小时、1/27小时、1/36小时和1/45小时。

这样，他们会在1/9小时之后第一次相遇（即6$\frac{2}{3}$分钟）。4乘以分钟得出26$\frac{2}{3}$分钟，即他们第四次相遇所需要的时间。

030 总和为15

一共有8组。

735 564 6432 4326

26331 3318 3183

3741

031 动物散步

如图所示，从左下角开始，沿逆时针方向旋转，每4个动物的顺序相同。

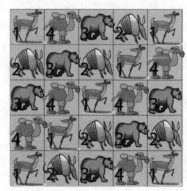

032 四边形组成的十二边形

我们应该观察得出来，在这个十二边形外边再加上12个图片，又会使它成为更大的十二边形，而且这样的图片可以使这个平面无限扩展开去。

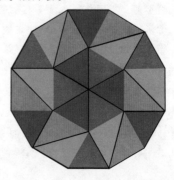

033 迷路的企鹅

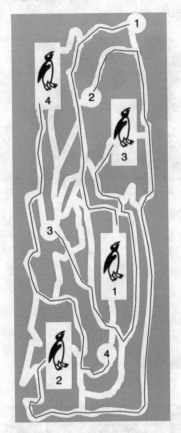

034 鱼网

如图所示，18条"鱼"都可以放进"鱼网"。

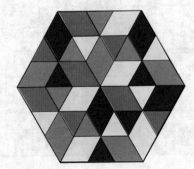

035 封口

12。

036 木头人

他一次都不会跳。因为他是木头做的，所以完全不可能听到钟响！别忘了我提醒过你这是脑筋急转弯。

037 六阶魔方

28	4	3	31	35	10
36	18	21	24	11	1
7	23	12	17	22	30
8	13	26	19	16	29
5	20	15	14	25	32
27	33	34	6	2	9

038 莱昂纳多的结

只用了1条绳子。

039 神谕古文石

这些文字的共性在于它们都是数字。每个数字，即从1到9，都与各自的镜像刻在一起。如果你把每个的左半部分遮住，你就会看到真的是这样。所以，所缺的数字是6。

040 穿过雪花

如图所示：

041 跟随岩浆

如图所示：

042 长跑

完成的路线拼出一个单词 GOLD（金牌）。

043 上色

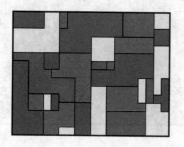

044 积木冲击

答案之一如下图所示。

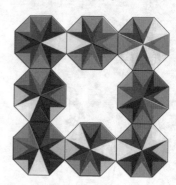

045 替换

答案如下：

$$
\begin{array}{r}
850 \\
850 \\
+\ 29786 \\
\hline
31486
\end{array}
$$

046 穿越马路

如图所示：

047 六边形填色题

一共有 40 个三色六边形。

048 数字图案

每个不在最上面一横行和最左边一竖行的数，都等于它上面的数与它左边的数之和再减去它左上角的数。

1	2	5	6	9
3	4	7	8	11
10	11	14	15	18
12	13	16	17	20
19	20	23	24	27

049 婚礼

举行婚礼的日子是星期日。我们得把他说的话分成两部分。

日	一	二	三	四	五	六
SUN	MON	TUES	WED	THUR	FRI	SAT

第一部分　　　第二部分

在第一部分"那个日子的后天是'今天'的昨天……"，从星期天往前算，就到了星期三，即过了3天。在第二部分"那个日子的前天是'今天'的明天，这两个'今天'距离那个日子的天数相等"，从星期天往后算，这样就到了星期四，即距离星期天有3天。所以，这个答案当然就是问题中所

提到的日子。

050 颜色相同的六边形

如下图所示，至少需要5种不同的上色方法。

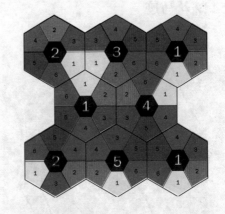

051 加一条线

如图所示。

$$545+5=550$$

052 七巧板数字

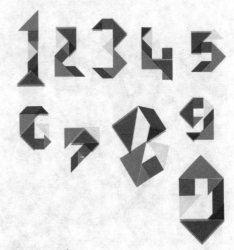

053 玻璃杯

在拿走玻璃杯之前，先把第二根火柴点着。然后，用它点着支撑在两个玻璃杯之间

的那根火柴；当这根也点着时，等一两秒钟，然后吹灭。稍等片刻，这根火柴就会熔贴在玻璃杯上。然后，你可以将另一侧的玻璃杯拿走，这时，这根火柴将会悬在空中。

054 蛛丝马迹

如图所示：

055 交叠的围巾

如图所示：

056 幸运之旅

如图所示：

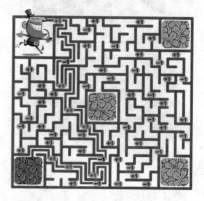

057 开始挖吧

如图所示：

058 玩具车

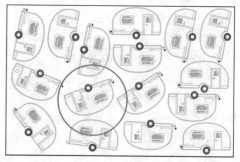

059 方格寻宝

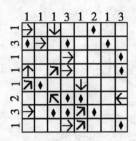

060 足球运动员

B。

061 六角星魔方

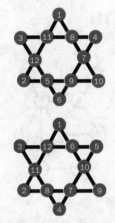

062 连线

答案如图所示。原题中选的是18个点，其实任意多少个点都可以把它们从头到尾相连，且连线不相交。

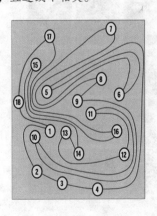

063 不向左转

他走的路线如下图中虚线所示：

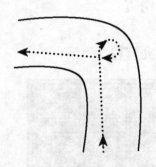

064 三角形数

查尔斯·W.崔格发现了136种不同的排列方法。如图所示是其中4种。

065 不可能的任务

不管你把旗杆插到哪里，总是有比那一点更高的地方。

066 第3支铅笔

第7支铅笔。

067 与众不同

左数第2个与众不同。

068 彩色方形图

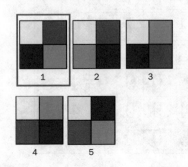

069 捉老鼠

黑鼠。

070 练习滑雪

E。

071 字母九宫格

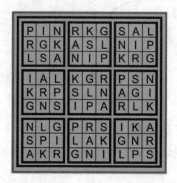

072 雪橇之谜

最后选中的雪橇是标价 32 美元的蓝色雪橇,雪橇上有斑纹。

073 网格里的数字

1.9999	2.8000
3.7744	4.4884
5.444	6.9090
7.202	8.1728
9.3125	10.1400
11.9988	12.22000
13.118120	

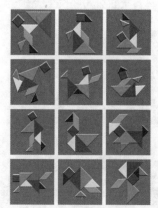

074 书法

下图展示了内尔的有趣练习。

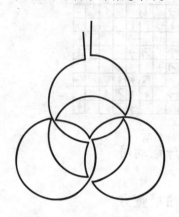

075 相邻的数

如图所示。

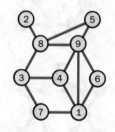

076 纪念碑

这个纪念碑是由 36 个原图形构成的。它本身也可以分割成 36 个与它一样的图形。

077 七巧板

078 五格六边形

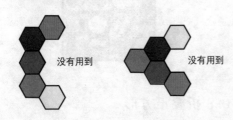

没有用到　　没有用到

079 排列组合

对于 n=4，有 15 种排序方法。

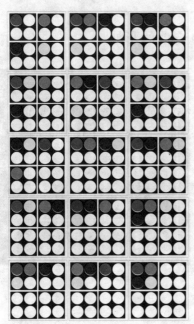

080 碎片正方形

各边数字之和等于 34，正方形中数字的排列如图所示：

1	11	6	16
8	14	3	9
15	5	12	2
10	4	13	7

081 千禧年

因为，正方形正中央的 4 个数字以及四个角的数字相加的结果也是 2000。同时，每个象限的 4 个数字相加的结果都是 2000。另外，还有两组数字的相加结果等于 2000，那么，就看你能不能找到了。

499	502	507	492
506	493	498	503
494	509	500	497
501	496	495	508

082 字母等式

$$\begin{array}{r} 10 \\ \times\ 10 \\ \hline 100 \end{array} \qquad \begin{array}{r} 55 \\ +\ 55 \\ \hline 110 \end{array}$$

$$\begin{array}{r} 919 \\ +\ 191 \\ \hline 1110 \end{array} \qquad \begin{array}{r} 545 \\ +\ 455 \\ \hline 1000 \end{array}$$

083 小火车与猫咪

084 骑士与龙

085 哪个不相关

D。B、C图形为图形A每次逆时针旋转90°所得。

086 折叠8张邮票

首先左右对折，将右边的4张折到下面去。这样5在2上面，6在3上面，4在1上面，7在8上面。

然后再上下对折，这样4和5相对，7和6相对。

然后将4和5插到3和6中间，最后将1折在2上面。

087 穿孔卡片游戏

如图所示。将4张卡片重叠，最后每个小正方形里的4个圆圈就分别呈现出4种不同的颜色。

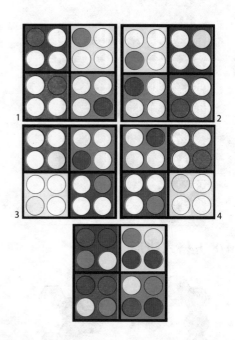

088 折叠正方形

A.4　　B.1　　C.1　　D.3

089 黑色还是白色

Z应该是黑色。因为所有的黑色字母都能一笔写完，白色的字母就不能。

090 弯曲的彩虹

091 第一感觉

092 最小的图形

这6幅图中只用了一种基本图形，如图所示。

每一种图案都是由这一种基本图形合成的，该图形通过旋转可以有4种方向。

100年前，皮尔·多米尼克·多纳特引入了这个概念：由一个最基本的图形单元通过不同的排列以及对称可以形成各种不同的图案。

1922年，安德烈亚斯·施派泽出版了《有限组合的理论》，在书中他分析了古代的装饰物，他说，这些装饰物的图案完全不能用某个数学公式来计算它们的复杂性。在这种意义上甚至可以说不是数学产生了艺术，而是艺术产生了数学。施派泽通过单个图形单元的对称、变形、旋转和镜像得到了这些复杂的图案（通过各种方法组合得到最终的图案：他一共用了17组，用这17组基本图形可以组成所有人们想得到的图案）。

093 翻身

D。

094 锯齿形彩路

如图所示，黄色能形成一条封闭的环形线路。

095 图案速配

1	2	3	4	5
6	7	8	9	10
11	12	13	14	15
16	17	18	19	20
21	22	23	24	25
26	27	28	29	30

5	27	13	28	8
30	11	18	3	20
23	16	7	15	29
2	17	10	6	26
9	14	22	1	24
21	4	19	25	12

096 金字塔迷宫

如图所示。

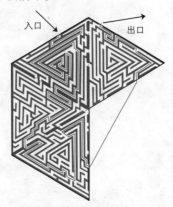

097 中心点

从左数第4个点是该大圆的圆心。

098 排队

099 纸条的结

4与其他5个都不同,其他的都只有1个连续的结,而4是由2个结组成的。

100 正方形熨平机

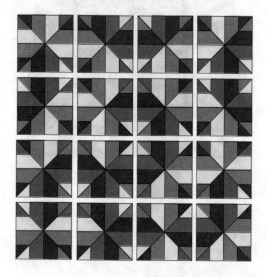